前厅服务实务

主编◎平文英 翟 玮

经济管理出版社
ECONOMY & MANAGEMENT PUBLISHING HOUSE

国家级中等职业改革示范校系列教材

编 委 会

序

为深入推进国家中等职业教育改革发展示范学校建设，努力适应经济社会快速发展和中等职业学校课程教学改革的需要，贵州省商业学校作为“国家中等职业教育改革发展示范学校建设计划”第二批立项建设学校，按照“市场需求，能力为本，工学结合，服务三产”的要求，针对当前中职教材建设和教学改革需要，在广泛调研、吸纳各地中职教育教研成果的基础上，经过认真讨论，多次修改，我们编写了这套系列教材。

这套系列教材内容涵盖“电子商务”、“酒店服务与管理”、“会计电算化”、“室内艺术设计与制作”4个中央财政重点支持专业及德育实验基地特色项目建设有关内容，包括《基础会计》、《财务会计》、《成本会计》、《会计电算化》、《电子商务实务》、《网络营销实务》、《电子商务网站建设》、《商品管理实务》、《餐厅服务实务》、《客房服务实务》、《前厅服务实务》、《AutoCAD室内设计应用》、《3Ds Max室内设计与应用》、《室内装饰施工工艺与结构》、《室内装饰设计》、《贵州革命故事人物选》、《多彩贵州民族文化》、《青少年犯罪案例汇编》、《学生安全常识与教育》共19本教材。这套教材针对性强，学科特色突出，集中反映了我校国家改革示范学校的建设成果，融实用性与创新性、综合性与灵活性、严谨性与趣味性为一体，便于学生理解、掌握和实践。

编写这套系列教材，是建设国家示范学校的需要，是促进我校办学规范化、现代化和信息化发展的需要，是全面提高教学质量、教育水平、综合管理能力的需要，是学校建设职业教育改革创新示范、提高质量示范和办出特色示范的需要。这套教材紧密结合贵州省经济社会发展状况，弥补了国家教材在展现综合性、实践性与特色教学方面的不足，在中职学校中起到了示范、引领和辐射作用。

目　录

项目一

预订服务

旅游者在出行前通常都会安排好自己的行程，其中最重要的环节就是对下榻处所的安排。因为酒店就是旅游者的“家外之家”，有了这个“家外之家”，旅游者才会觉得安稳和踏实。酒店开展预订业务，正是满足了旅游者的这一基本需求，使他们免遭酒店客满的风险，保证他们能及时入住理想的房间。

预订是酒店的一项重要业务，是酒店重要的销售方式和销售渠道之一，开展预订业务，对于酒店来说就是客房产品的预销售，可以使酒店最大限度地利用客房，开拓客源，为酒店争取最大利润。预订可以使酒店掌握未来一定时段内的业务量情况，合理安排各部门和各岗位的人力、物力资源，特别是在酒店业务量比较大的时间段，避免出现由于人手紧张和物料准备不足而影响服务工作的正常运转。开展酒店预订，也是酒店保持、提升、扩大品牌知名度的重要手段。

项目导图

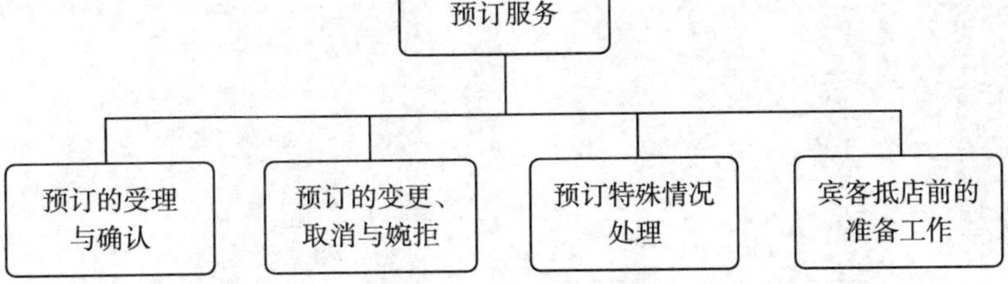

图 1–1　酒店预订服务

学习目标

知识目标

1. 能迅速熟练地按要求做好岗前准备工作，准确填写预订部各类表单、报表

2. 能按照要求独立受理各种预订业务，进行预订的确认，处理预订的变更、取消与婉拒工作

3. 会根据客人的特点、要求与酒店的销售政策向客人推销最合适的客房

4. 能熟练地做好宾客抵店前的准备工作

5. 能在团队的协助下，处理好各种突发事件

技能目标

能按要求独立完成各种客房预订业务，并能有条理地处理相关的突发事件

任务1　预订的受理与确认

任务目标

了解客房预订业务的内容和范围，掌握预订服务的基本程序及技术要领。通过本次任务实训，学生应当完整地了解和掌握预订业务的基本内容，并能达到服务标准。

项目任务书

<table>
<tr><td>任务名称</td><td>预订的受理与确认</td><td>任务编号</td><td></td><td>课时要求</td><td></td></tr>
<tr><td>训练要求</td><td colspan="5">1. 掌握预订服务的工作环节和服务程序，能熟练完成各项业务工作
2. 熟练填写各种表格或报表
3. 准确接收各方面的信息，能够随机应变，耐心、细致地回答客人的提问，以良好的服务做好客房预订工作</td></tr>
<tr><td>培养能力</td><td colspan="5">了解客房预订业务的内容和范围，掌握预订服务的基本程序及技术要领</td></tr>
<tr><td>涉及知识</td><td colspan="5">预订的方式、预订的种类、预订员需掌握的相关业务知识、前台与客房部常用的专业术语、互联网相关知识</td></tr>
<tr><td>教学地点</td><td>教室、实训室、酒店</td><td>参考资料</td><td colspan="3"></td></tr>
<tr><td>教学设备</td><td colspan="5">投影设备、电话、电脑、传真机、前厅软件、预订表格、纸、笔</td></tr>
<tr><td colspan="6">训练内容</td></tr>
<tr><td colspan="6">1. 散客电话订房业务的受理
2. 计算机网络预订的受理
3. 传真预订的受理
4. 团体订房业务的受理</td></tr>
<tr><td colspan="6">实训成果评价标准</td></tr>
<tr><td colspan="6">1. 电话预订
(1) 服务要快捷、准确、高效，不能让客人久等，预订员需对客房情况非常熟悉，能及时向客人提供其需要的信息
(2) 预订员必须详细记录客人的预订要求，并能以复述的方式与客人核实订房信息
(3) 若因特殊情况不能马上答复，应请客人留下电话号码和姓名，等了解清楚情况之后再告知客人
(4) 接听电话语言应亲切、有礼貌，服务应耐心、周到
2. 传真与网络订房
(1) 认真阅读，弄清客人所提出的要求
(2) 记录要准确及时
(3) 根据客人所提的要求，通知有关部门，让其早做准备
(4) 如果客人提供的资料不够详细，须按地址或客人留下的联系方式与客人联系，弄清有关情况</td></tr>
</table>

引导案例

在旅游旺季，各酒店出租率均较高，为了保证经济效益，一般酒店都实行超额预订。一天，经大堂经理及前台的配合，已将大部分客人安排妥当。当时2305为预留房，客人直至18点时才来前台办理延住手续，而此时，2305房间的预抵客人已经到达（大堂经理已在下午多次打电话联系2305房间预留客人，但未找到）。大堂经理试图向刚刚到达的客人解释酒店超额预订，并保证将他安排在其他酒店，一旦有房间，再将其接回，但客人态度坚决，称这是酒店的问题，与他本人无关，他哪儿也不去。鉴于客人态度十分坚决，在值班经理的允许下，大堂经理将客人安置到了值班经理用房，客人对此表示满意。

思考：遇到这样的情况，应该如何处理？

知识链接

一、预订的方式

常见的客房预订方式有电话预订、面谈预订、传真与网络预订、合同预订等，预订员应针对各种情况进行灵活处理。

1. 电话预订

电话预订方便、快捷，是最常见的订房方式。

2. 面谈预订

面谈预订是指客人直接来到酒店，当面预订客房。其优点是沟通方便，能通过客人的神态、表情等，洞察其心理因素，便于预订员推销客房，必要时甚至可以安排参观客房以促使客人做出选择。

3. 传真与网络预订

传真与网络预订共同的优点是准确、正规、便捷，可以把客人的预订资料原封不动地保存下来，不容易出现纠纷，是目前国际上尤其是高星级酒店常用的预计方式。

4. 合同预订

合同预订是指酒店与旅行社或一些社会团体之间通过签订合同，长期出租客房的销售形式。预订员在接待这类有订房合约的客人时，注意应按照合同上的优惠政策给房。

二、预订的种类

酒店订房类型包括非保证类预订和保证类预订两种。

1. 非保证类预订

非保证类预订又分为临时性预订、确认类预订和等候类预订。

临时性预订是指客人的订房时间与抵店时间很接近，对于这类预订酒店一般不必给客人寄确认函，口头确认即可。

确认类预订指酒店已接受了客人的订房要求并以书面形式予以确认的订房形式。对于确认类预订客人酒店一般是向其声明为其保留客房的时间期限（一般是当天18:00），过了规定时间，如客人未抵店，也未与酒店联系，酒店有权将预订的客房出租给其他客人。

等候类预订是指酒店在客满的情况下，因考虑到取消、变更等因素，按一定数量安排客人等候订房。

2. 保证类预订

保证类预订是客人通过支付一定数量的预付款、与酒店签订订房合同或用信用卡授权等形式向酒店保证前来投宿，否则将承担经济责任。因此，酒店无论在任何情况下都要优先落实此类预订。如果没有接到订房人取消订房的通知，应将此类客人的房间保留到退房时间，否则酒店将承担经济责任。

在实际工作中，一些客人有时会因各种原因无法按期抵达酒店或者取消订房，其中有相当一部分客人不会将变更信息及时、主动地通知酒店。因此在客人抵达酒店之前要通过电话或者书信等方式主动与客人进行核对，一旦获悉变更信息，应及时调整并通知相关部门，以便将闲置的客房重新出租给其他客人。

三、预订员必须掌握的其他业务知识

（1）掌握酒店客房的分布情况及各种房间的类型、特征、价格标准。

（2）掌握各种房型的价格及优惠政策。

（3）熟练掌握前厅、客房常用专业术语。

客房状态除了用文字表示外，为了操作时直观方便，通常在计算机管理系统界面上用不同的颜色来表示不同的房态，如红色表示维修房；绿色表示在住房；白色表示空净房；绿色与灰色相间表示占用脏房；白色与灰色相间表示脏空房；等等。

（4）熟记与酒店签有合同的公司、单位的房价标准。

（5）熟悉预订部常用表格、报表并能准确填写。

四、前台与客房部常用专业术语

1. 客房状态（Room Status）术语

住客房（Occupied，OCC）：表示客人正在住用的房间。

走客房（Check Out，C/O）：表示客人已结账并已离开客房。

空房（Vacant，V）：昨日暂时无人租用房间。

未清扫房（Vacant Dirty，VD）：表示该客房为没有经过打扫的空房。

外宿房（Sleep Out，S/O ）：表示该客房已被租用，但住客昨夜未归的房间。

维修房（Out of Order，OOO）：亦称病房。表示该客房因设施设备发生故障，暂不能出租。

请勿打扰房（Do not Disturb，DND）：表示该客房的旅客因睡眠或其他原因而不愿服务人员打扰。

贵宾房（Very Important Person，VIP）：表示该客房住客是饭店的重要客人。

常住房（Long Staying Guest，LSG）：即长期由客人包租的房间,又称“长包房”。

请即打扫房（Make Up Room，MUR）：表示该客房住客因会客或其他原因需要服务员立即打扫的房间。

轻便行李房（Light Baggage，L/B）：表示住客行李很少的房间。为了防止逃账，客房部都应及时通知总台。

无行李房（No Baggage，N/B）：表示该房间的住客无行李，应及时通知总台。

准备退房（Expected Departure，E/D）：表示该客房住客应在当天中午12：00以前退房，但现在还未退房的房间。

2. 预订状态（Reservation Statues）术语

Arrivals　预抵

Arrived　已到店

Stay Over　在店

Due Out　预离

3. 房间类型（Room Type）术语

（1）按床具种类分。

Twin-size Bed　单人床

Double-size Bed　双人床，包括大号双人床（Queen-size Bed）和特大号双人床（King-size Bed）

Murphy Bed　隐蔽床

Baby Bed　婴儿床

Extra Bed　加床

Rollaway Bed　折叠床

（2）按客房类型分。

Single Room　单人间

Standard Room　标准间：放置两张单人床，我国酒店的大多数客房属于这种类型

Double Room　大床间：该房间放置一张双人床，一般适合夫妻或商务客人使用。新婚夫妇使用时称“蜜月客房”

Triple Room　三人间：一般是房内放置三张单人床，供三位宾客同时入住，属经济房间。目前在中高档酒店中此类房间极少，多以在双人间加一张床的方式来满足三人同住一间客房的要求

Suite Room　套房

Junior Suite　普通套间

Deluxe Suite　豪华套间

Duplex Suite　立体套间

Presidential Suite　总统套间

Handling Room　特殊客房（残疾人客房）

Inside Room　内景房

Outside Room　外景房

Corner Room 角房

Connecting Room 连通房

Adjoining Room 相邻房

附：酒店客房预订单

NANYANG HOTEL ROOM RESERVATION FORM
南洋酒店客房预订单

客人姓名：________ Guest Name：________

到店日期：________ Arrival Date：________

离店日期：________ Departure Date：________

房型及数量（请选择）

Room Type and Quantity of Rooms（please select）

房型 Room Types	房价 Room Fee	参会人员折扣房价 Room Fee for Conference Attendee	房数 Quantity of Room
商务客房 Business Room	1038 RMB/night	758 RMB/night	
行政客房 Executive Room	1288 RMB/night	858 RMB/night	
豪华客房 Deluxe Room	1288 RMB/night	978 RMB/night	

须知：以上价格包含一份早餐，房间免费宽带，免费使用酒店健身房

Note：The room fee includes 1 breakfast，internet and gym.

请提供信用卡信息完成以下表格，支付酒店房费。

Please pay the room charge by credit card and complete the form.

信用卡号：

Credit card No：

____/____/____/____

有效期：

Expiry Date：__/__

持卡人姓名：

Cardholder Name：________

持卡人地址：

Cardholder Address：________

____

持卡人签名：

Cardholder Signature：________________

请将订房表格回复至酒店预订部（传真：________）

或邮件地址：________

酒店总机：________

如果需要接机服务请联系酒店礼宾部（分机号码：×××）

Please fax the form to Nanyany Hotel________________

Or send the E-mail to ________________

Hotel operator is ________________

If you need airport pick up service，please contact concierge department，the extension is ×××.

须知：

请于×月×日前确认酒店预订，否则房价将根据酒店出租率上调。

服务流程

一、电话预订

电话预订的程序与标准，如表1-1所示。

表1-1　电话预订的程序与标准

服务程序	操作步骤
1. 接电话	铃响三声之内拿起电话
2. 问候客人	(1) 问候：早上好，下午好，晚上好 (2) 报部门：××饭店预订部
3. 聆听客人的预订要求	(1) 问清客人姓名、预订日期、用房数量、房间种类、住店天数 (2) 查看预订记录（计算机或预订汇总表）
4. 询问客人姓名	(1) 询问客人姓名及英文拼写 (2) 复述确认
5. 推销客房	(1) 介绍房间种类和房价，注意尽量采取由高到低报价 (2) 询问客人的公司名称 (3) 查询客人资料，确认是否属于合同单位以确认优惠价
6. 了解客人的付款方式	(1) 询问客人付款方式，并在预订单上注明 (2) 如果公司或旅行社承担费用，则要求在客人抵店前做付款担保
7. 了解客人的抵达情况	(1) 询问抵达航班及时间 (2) 向客人说明房间保留时间，或建议客人做保证性预订
8. 询问客人的特殊要求	(1) 询问客人是否有特殊要求 (2) 详细记录客人的特殊要求，并复述确认
9. 询问预订申请人的有关信息	(1) 询问预订申请人的姓名、单位、联系方式和电话号码 (2) 详细记录以便联系
10. 复述核对预订内容	(1) 抵店日期、航班 (2) 房间种类、用房数量、房价 (3) 住店客人姓名、特殊要求 (4) 付款方式 (5) 代理人情况
11. 完成预订	向客人致谢

二、网络预订

网络预订的程序与步骤如表 1–2 所示。

表 1–2　网络预订的程序与步骤

服务程序	操作步骤
1. 进入网络	客人进入饭店预订中心网上系统
2. 获悉房间出租情况	预订中心通过计算机系统获悉各饭店的房间出租情况
3. 核查请求	确认客人的预订请求
4. 接受请求	计算机自动判断是否接受客人的预订请求
5. 发出预订通知单	预订中心分别向客人和饭店发出预订确认单
6. 存档	预订资料的整理归档
7. 保留客房	饭店根据预订确认单为客人保留客房

三、传真预订

传真预订的程序与步骤如表 1–3 所示。

表 1–3　传真预订的程序与步骤

服务程序	操作步骤
1. 收传真	收到预订传真后，先进行分类
2. 核查判断	查看已预订情况，确定是否受理预订
3. 主管签字确认	主管进行签字确认
4. 回传真	根据是否受理预订与客人进一步进行联系
5. 存档	根据预订受理情况分类存档

案例分析

巧妙推销豪华套房

某天，某酒店的客房预订员小王接到一位美国客人从上海打来的长途电话，想预订两间每天收费在 120 美元左右的标准双人客房，三天以后开始住店。小王马上翻阅了一下订房记录表，回答客人说由于三天以后酒店要接待一个大型国际会议的多名代表，标准间客房已经全部订满了。小王讲到这里并未挂断电话，而是继续用关心的口吻说："您是否可以推迟两天来，要不然请您直接打电话与××酒店联系询问如何？"

美国客人说："我们人地生疏，你们酒店比较有名气，还是希望你给想想办法。"小王暗自思量以后，感到应该尽量勿使客人失望，于是用商量的口气说："感谢您对我们酒店的信任，我们非常希望能够接待像您这样尊贵的客人，请不要着急，我很乐意为您效劳。我建议您和您的朋友准时前来贵阳，先住两天我们酒店内的豪华套房，每套每天也不过收费 280 美元，在套房内可以眺望优美的景色，室内有红木家具和古玩摆饰，提供的服务也是上乘的，相信您和您的朋友住了以后会满意的。”

小王讲到这里故意停顿一下，以便等待客人的回话，对方沉默了一些时间，似乎在犹豫不决，小王于是开口说：“我料想您并不会单纯计较房价的高低，而是在考虑这种套房是否物有所值，请问您什么时候乘哪次航班来贵阳？我们可以派车到机场去接，到店以后我一定陪您和您的朋友一行亲自去参观一下套房，再决定不迟。”

美国客人听小王这么讲，倒有些感到情面难却了，终于答应先预订两天豪华套房。分析小王运用了什么巧妙的推销方式？

【案例分析】

预订员在平时的岗位促销时，一方面要通过热情的服务来体现；另一方面则有赖于主动、积极的促销，这只有掌握销售心理和语言技巧才能奏效。

上面案例中的小王在促销时确已掌握所谓的“利益诱导原则”，即客人的注意力集中于他付钱租了房后能享受哪些服务，也就是将客人的思路引导到这个房间是否值得甚至超过他所付出的。小王之所以优秀，在于他用比较婉转的方式报价，以减少对客人的直接冲击力，避免使客人难以接受而陷入尴尬。小王的一番话使客人感觉自己受到了尊重并且小王的建议是中肯、合乎情理的，在这种情况下，反而很难回答个“不”字，终于实现了酒店积极主动促销的正面效果。

酒店服务名言

酒店服务的“十个用心”：细心、耐心、真心、热心、爱心、贴心、尽心、诚心、平常心、随喜心。

知识拓展

星级酒店的划分标准

一、定义

星级酒店是由国家（省级）旅游局评定的能够以夜为时间单位向旅游客人提供配有餐饮及相关服务的住宿设施，按不同习惯它也被称为宾馆、酒店、旅馆、旅社、宾舍、度假村、俱乐部、大厦、中心等。其要达到一定的条件和一定的规模。所取得的星级表明该酒店所有建筑物、设施设备及服务项目均处于同一水准。

二、划分

根据《中华人民共和国星级酒店评定标准》，将酒店按等级标准分为一星级到五星级5个标准。星级以镀金五角星为符号，用一颗五角星表示一星级，两颗五角星表示二星级，三颗五角星表示三星级，四颗五角星表示四星级，五颗五角星表示五星级，五颗白金五角星表示白金五星级。最低为一星级，最高为白金五星级。星级越高，表示旅游酒店的档次越高。

1. 五星酒店

这是旅游酒店的最高等级。设备十分豪华，设施更加完善，除了房间设施豪华外，服务设施齐全。各种各样的餐厅，较大规模的宴会厅、会议厅，综合服务比较齐全。是社交、会议、娱乐、购物、消遣、保健等活动中心。

2. 四星酒店

设备豪华，综合服务设施完善，服务项目多，服务质量优良，室内环境艺术，提供优质服务。客人不仅能够得到高级的物质享受，也能得到很好的精神享受。

3. 三星酒店

设备齐全，不仅提供食宿，还有会议室、游艺厅、酒吧间、咖啡厅、美容室等综合服务设施。这种属于中等水平的饭店在国际上最受欢迎，数量较多。

4. 二星酒店

设备一般，除具备客房、餐厅等基本设备外，还有卖品部、邮电、理发等综合服务设施，服务质量较好，属于一般旅行等级。

5. 一星酒店

设备简单，具备食、宿两个最基本功能，能满足客人最简单的旅行需要。

职业能力训练

一、填空题

网络预订特点是客人可通过网络了解饭店的______，同时在同一地区也具有较多的选择，能寻找到最适合自己的饭店。是一种最______的预订方式，可以减少昂贵的长途费用。

二、单选题

预订的种类包括（　　）。

A. 临时性预订和确认类预订　　B. 确认类预订和等候类预订

C. 非保证类预订和保证类预订　　D. 临时性预订和等候类预订

三、多选题

客房预订的操作形式有（　　）。

A. 手工操作预订系统　　B. 半自动操作预订系统

C. 全自动操作预订系统　　D. 计算机操作预订系统

四、简答题

1. 在受理电话预订时，预订员应注意哪些细节？

2. 客房预订工作的程序是什么？

技能训练

1. 参观酒店，现场观看酒店员工受理预订工作程序。

2. 受理团队预订客房的程序。

观念应用训练

一天下午6点前，一位客人找到端坐在大堂一侧的值班经理，“我是从美国来的史密斯”，客人显得有些生气的样子作自我介绍。原来，这位客人在3天前给饭店客房预订部打过电话，要求预订一间高层向阳的标准间，当时预订部人员按客人要求为其办理了预订手续，但当客人到店办理入住手续时，接待人员却告诉他向阳的标准间已经全部住满了，问客人是否可以更换房间。客人当即表示：既然在3天前做了预订，就不应该出现此类情况。值班经理很快查明原因：原来，当日上午一位未办理预订手续的客人也提出要高层向阳的房间，接待人员未见史密斯先生到店，以为他不会来了，便将此房间安排给了另一位客人。值班经理知道上述情况后，马上向客人道歉。并为客人安排了一间高层向阳的豪华间，房价仍按标准间收取。第二天，前厅部为史密斯先生安排了一间高层向阳的标准间，并安排行李员协助客人换房。

思考：

1. 如何掌握“取消预订”的时限？

2. 客人没有得到预订的房间怎么办？

3. 如果因为房间紧张，即使升级也没有房间时，应该如何应对此种尴尬的情况？

情景模拟训练

材料：百特房地产有限公司 George Smith 先生致电酒店预订部，要求为其公司两位客人预订两间商务单间，住宿时间为本月15~19日，共四天。客人将于15日早上11:00左右到达酒店，两位客人的住宿费由百特房地产有限公司结算，餐费及其他费用客人自理。请受理 George Smith 先生的电话预订业务。

要求：

1. 正确填写预订登记表、预订确认函。

2. 接听电话符合礼仪规范。

3. 受理预订模拟演练，要求语言简练、礼貌，动作娴熟，不遗漏预订细节。

（1）学生两人一组，分别扮演客人与预订员，礼貌而规范地受理 George Smith 先生的电话订房业务，并发出预订确认函。

（2）不断更换客人的订房要求，请学生按散客电话订房的规范完成预订业务。

（3）请假设情景，试着向客人介绍酒店的客房类型、相近房型之间的区别及房价。

（4）学生之间角色互换，试着向各种不同的客人推销客房，体验推销客房技巧。

4. 妥善处理预订过程中出现的特殊问题。

任务2　预订的变更、取消与婉拒

任务目标

通过对预订取消、变更与婉拒流程的学习，掌握办理取消订房业务的能力、办理变更订房业务的能力以及能够不失礼貌地婉言拒绝客人的订房要求。要求学生具备与客人的沟通能力、礼貌问候能力。

项目任务书

任务名称	预订的变更、取消与婉拒	任务编号		课时要求	
训练要求	1. 掌握预订取消相关知识，能够熟练完成预订取消工作 2. 掌握预订变更相关程序与注意事项，能够熟练完成预订变更工作 3. 掌握婉拒客人预订相关语言、服务技巧，能够顺利完成婉拒工作				
培养能力	能够按要求独立受理各种预订业务，进行预订的确认，处理预订的变更、取消与婉拒工作				
涉及知识	预订取消与变更流程、婉拒用语				
教学地点	教室、实训室	参考资料			
教学设备	投影设备、电话、电脑、传真机、前厅软件、预订表格、纸、笔				
训练内容					
1. 散客电话预订取消 2. 计算机网络订房变更日期 3. 传真订房变更日期 4. 团体电话订房取消					
实训成果评价标准					
1. 电话预订取消工作： (1) 服务要快捷、准确、高效，不能让客人久等，预订员需对客房情况非常熟悉，能及时向客人提供其需要的信息。面对客人要求取消订房的要求，要做到礼貌、周到，语言温和，诚恳邀请客人有机会下榻本店 (2) 预订员必须详细记录客人的预订取消要求与原因，并能以复述的方式与客人核实订房信息 (3) 请客人留下电话号码和姓名，详细记录客人取消预订的理由 (4) 接听电话语言应亲切、有礼貌，服务应耐心、周到 2. 传真与网络订房变更、婉拒工作： (1) 认真阅读，弄清客人所提出的婉拒、变更要求 (2) 记录要准确及时 (3) 根据客人所提的要求，通知有关部门，取消之前为预订所做的准备，客房一旦取消或变更后便允许接待其他客人 (4) 如果客人提供的资料不够详细，须按地址或客人留下的联系方式与客人联系，弄清有关情况					

引导案例

陈女士是一名从江苏来到三亚旅游的游客。在来三亚之前，她已在网上安排好自己所有的行程，并预订了亚龙湾某酒店。8月17日当天，由于台风来袭，交通十分不便，几乎无法出行。于是，她便向该酒店提出退房。后来，酒店方表示，团购价不予以退款，并诚恳地表示愿意派车接送，不过得缴纳150元车费。“以团购价260元预订的房间，不入住酒店不退房。”无奈之下，她表示只要酒店愿意接送，她愿意出车费。可是，酒店后来又以司机下班为由，不愿意接送。最后，她去不了该酒店也拿不了退款。陈女士认为，是因天气原因导致交通不便，取消预订房间理所当然。酒店拒绝退款，有霸王条款之嫌。陈女士是在网上以团购价预订该酒店房间的，订房时双方已有协议，若客观原因造成顾客无法入住，酒店可以退房并退还全款。若因主观原因任意选择退房，属于违约，酒店不予退款。该酒店负责人表示，17日当天陈女士本人已在大东海附近。当时，陈女士致电该酒店表示，因台风天气，某景区不对外营业，所以要退房。酒店向陈女士解释不能退房的原因后，陈女士又表示因交通不便，无法前往亚龙湾。虽然台风来袭，但并没有导致交通瘫痪。酒店大巴不能对外运营，为了给陈女士提供便利，酒店愿意临时接送陈女士。由于陈女士要求免费接送，酒店也无可奈何。所以，是陈女士违约在先，酒店不存在霸王条款。

知识链接

一、规范酒店取消、变更客房预订

(一) 预订取消、变更的定义

(1) 预订取消是指酒店协议单位（包括但不限于特约客户单位、会议单位、旅行社、网络预订公司等）通过酒店预订部提前预订酒店客房并经预订部确认后，非因不可抗力原因不能或未能按确认使用时间使用客房，从而取消预订的行为。

(2) 预订变更是指酒店协议单位（包括但不限于特约客户单位、会议单位、旅行社、网络预订公司等）通过酒店预订部提前预订酒店客房并经预订部确认后，在确认使用时间未能按确认预订用房量使用客房，从而减少用房量的行为。

(二) 预订取消、变更的规定

1. 预订取消的规定

(1) 旅游团队：于确认入住日平季提前3天、旺季提前7天以上取消预订的，可不承担房费，但已交付定金的，不退返定金；于确认入住日前平季3天、旺季7天内取消预订的，承担50%的房费；确认入住当日取消预订的，承担100%的房费。

(2) 会议团队：于确认入住日提前3天以上取消预订的，酒店不退还会议定金；于确认入住日前3天内取消预订的，承担50%的房费；确认入住当日取消预订的，承担100%的房费。

(3) 特约客户单位的散团：于确认入住日提前1天以上取消预订的，可不承担房费，但已交付定金的，不退返定金；确认入住当日取消预订的，承担100%的房费。

(4) 黄金周、节假日、旺季、平季周末、大型会议和酒店重大活动期间以及某些特殊时段，在提前10天以上书面通知的情况下，酒店可实行预付房款或以信用担保的方式预订客房。取消预付房款或以信用担保的预订，所有单位或个人均须按预订房总房费全额承担费用。

（5）由于不可抗力原因造成的预订取消，订房单位可免责，但应及时以书面形式通知酒店，并提供不可抗力事件的证明。

2. 预订变更的规定

（1）旅行社变更预订减少的房数允许不超过该团预订房数的15%或当日预订总房数的10%，会议单位变更预订减少的房数允许不超过当日预订房数的10%，特约客户单位变更预订减少的房数允许不超过当日预订房数的15%，否则，应比照上述取消预订的规定承担超过部分的预订房费用。

（2）变更减少预付房款或以信用担保的预订，所有单位或个人均须按预订房总房费全额承担费用。

（3）控制管理预订取消、变更的特别办法。

为避免因频繁取消或变更预订影响商务会议和商、散预订，造成客房闲置率偏高，同时也在酒店旺季、平旺季过渡时段以及年末商务会议高峰时段等月份，全月有过半数的天数出现预订用房紧张的情况下，酒店可采取担保预订方式控制和管理预订取消或变更，即酒店允许订房单位取消或变更预订减少的房数不超过当日预订总房数的10%，超额部分须全额承担房费，订房单位须以书面形式承诺认可。本特别办法的启用，由酒店预订部根据酒店预订状况于实行前1个月书面报酒店总经理批准后以书面形式通知营销中心，由营销中心（销售经理）通知订房单位。订房单位可按月或按次提交预订担保书。

二、预订的婉拒

1. 无预订客人的“婉拒”

定义：无预订的临时投宿客人。

程序：介绍客人到同档次酒店居住。如果客人愿意，可以将姓名和入住酒店名称留在前台。

2. 声称有预订客人的“婉拒”

定义：客人入住时声称有预订但计算机内找不到，而酒店此时已经客满。

程序：需填写“预订声明表格”并尽力查找预订。如果客人的预订最终找到，询问客人是否愿意以后几天继续回本酒店居住，酒店将为客人报销一天房费，尽一切努力说服客人回本酒店继续居住。

3. 延迟入住客人的“婉拒”

定义：客人有一个指定时间的保留预订并且客人过时未到。尽力帮助客人多保留1小时的房间。

程序：将客人安排在同档次酒店，并由本酒店代付交通费。将客人的姓名留在前台，并尽量安排第二天将客人接回本酒店，如果客人愿意回本酒店，应于客人抵达前准备好房间并按照贵宾接待。

4. 有担保和确认预订客人的“婉拒”

定义：客人用个人信用卡或公司担保的预订，或者客人比指定的时间早到，而酒店无法提供房间。

程序：安排客人到同档次的酒店入住并由本酒店负担一天的房费和交通费。如果客人要求，可以免费打长途电话（最长不超过 3 分钟）。第二天优先安排房间和车辆接客人回本酒店。将客人的信息输入计算机以便查询。如果客人愿意回本酒店，应由前厅部经理或宾客服务经理引领至房间内登记。按照贵宾接待并由总经理签发道歉信。

5. 经验常识

（1）第二天必须接客人回本酒店继续入住。

（2）在处理第 3 种和第 4 种情况时，要将“婉拒记录表格”打印并复印必要材料给相关部门。

（3）在处理第 4 种情况时，要发放本酒店付费的确认信给客人，或直接传送到相关酒店。

（4）“婉拒”的情况要由前厅部经理、宾客服务经理或当班主管负责，以便严格执行酒店的规定。

服务流程

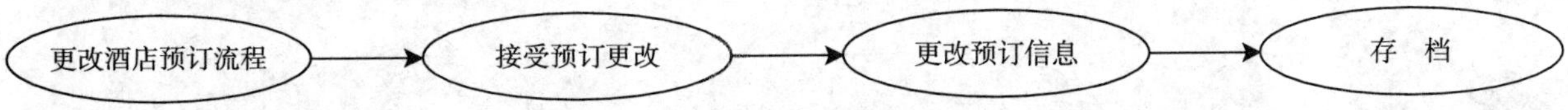

案例分析

预订的房间被换了

10 月 24 日，一位伍先生打电话给酒店订房处，声明“我是你们酒店的一名常客，我想预订 10 月 29~30 日房号为 2618 的房间两天”。预订员小边当即查阅了 29~30 日的预订情况，表示酒店将给他预留 2618 房至 10 月 29 日下午 18:00。

10 月 29 日下午 15:00，伍先生和他的一位朋友来到前厅，在出示证件要办手续时，接待员小李查阅了预订后说：“对不起，伍先生，你没有预订啊？”“怎么可能，我明明在四天以前就预订了。”“对不起，我已经查阅了，况且本酒店的 2618 房间已出租，入住是一位吴先生，请问您是不是搞错了？”“不可能，我预订好的房间，你们也答应了，为什么这么不讲信誉？”接待员小李一听，赶紧核查预订才发现，原来预订员一时粗心把“伍”与“吴”输出错误，当吴先生登记入住时，小李认为这就是预订人，随手就把吴先生安排进了 2618 房间，接待员小李向伍先生抱歉地说：“伍先生实在抱歉，您看这样行不行，您和您的朋友就入住2619号房吧，2619房间的规格标准与2618房间也完全一样。”伍先生不同意，认为酒店有意欺骗他们，立即向大堂经理投诉。

【案例分析】

从本案例中不难发现，这是由于预订员在接受电话订房时疏忽大意造成的，致使客人抵达酒店后不能顺利入住，从而投诉酒店。作为酒店的服务窗口的接待部门应该吸取教训。

在预订中容易发生的问题是：协调不够、房态显示错误、记录资料不全、预订员对房价变更缺乏了解等。酒店的顾客，无论是度假、公务旅行还是商务旅行，都渴望有一种愉快的消费经历，这种愉快的经历是培养忠诚顾客最好的土壤。相反，如果这次光顾酒店令顾客不愉快，必定影响他以后的入住。同时当一位常住顾客熟悉并喜欢了某酒店的某间客房，在他的心里就形成了一种固定的模式。这就是顾客消费的“心理定式”。从事服务工作，一般只有顺应客人的这种心理定式，服务工作才能做好。针对本案例的做法一般要诚恳地向顾客解释原因并致歉。

作为酒店的服务员，能够让客人有感到轻松、愉快的经历，才是优质的“经历型产品”，轻松、愉快的经历就是为客人提供优质的“心理服务”，经历作为产品，似乎不像彩电、冰箱、洗衣机等物质产品那样“实在”，然而愉快的经历保存在人们的脑海里，它会变成美好的回忆，所以它是世界上最短暂、最经久、最耐用的产品。

酒店服务名言

酒店服务的“四个凡是”：

(1) 凡是酒店员工见到客人都是热情友好的；

(2) 凡是客人见到的地方都是清洁美观的；

(3) 凡是客人使用的设备设施都是完好有效的；

(4) 凡是酒店提供的食品都是安全的。

知识拓展

青岛海景花园大酒店恒安保险公司VIP接待方案

一、接待任务

客户/团队名称：恒安保险业务培训（Meeting of Heng An Standard Life. QD）

接待日期：2012 年 3 月 25 日

参会人数：350 人

住宿需求：团队统一入住

早餐、午餐、晚餐安排：早餐、午餐自助餐厅就餐/晚餐统一公司晚宴

会议需求：早 9:00 到晚，18:00 宴会厅会议加晚宴

二、前厅部接待方案

（一）准备工作

（1）贵宾等级确定为 VB，承接部门提前下发《贵宾接待通知单》，注明贵宾等级及相关部门的接待服务和接待准备要求，由相关部门签收。

（2）提前一天打印出次日抵店人员名单，检查有无特殊要求，对有特殊要求的客人，提前做好准备。

（3）服务员整理好仪容仪表。

（4）检查前厅卫生。

（5）检查排房是否合理。

（6）检查房卡是否正确，以及欢迎卡的准备是否齐全。

（7）VIP 抵店前，正门站立 4 名礼宾员及 3 名经理迎接，负责迎接的人员在大堂门口等候，服装整洁、挺括、精神饱满、面带微笑。

（二）客人抵店时的工作

（1）大堂经理在客人抵达前 20 分钟通知相关人员前来大厅等候，并告知客人具体抵达时间。

（2）VIP 客人由酒店派专车迎接，机场代表在接到客人后应通知大堂经理客人抵店的时间。

（3）恒安保险全体成员入住期间，在酒店门前的电子屏幕上显示出欢迎词。

（4）大堂经理、前厅服务员在客人到达前 10 分钟都必须到达大厅准备欢迎。

（5）大堂经理提前安排好专门的行李员提供行李服务，根据要求提前送达房间或于客人抵店 5 分钟内送达。

（6）当客人抵达酒店时，由门童开车门并用酒店标准语言欢迎客人光临本酒店。

（7）大堂经理代表酒店欢迎客人，并把客人介绍给主要负责接待的总经理或副总经理。

（8）房务部经理、大堂经理陪同客人直接进房。

（9）房务部经理率当值管理人员及优秀服务员在楼层迎接。

（10）房务部经理或大堂经理向客人简单介绍酒店的服务设施和客房设施，并负责办理客人入住登记手续。

（11）房务部经理、大堂经理与客人暂别，并祝愿客人入住愉快。

（12）大堂经理负责保证VIP客人行李正确无误地送至客房。

（三）前厅应注意的事项

（1）提前准备名人题词，签名簿，供VIP客人留言。

（2）总台、总机、服务中心要熟悉VIP客人和房号、姓名、职务，当接到客人打来的电话时，应立即称呼客人的姓名、职位，为客人提供服务。

（3）提前询问客人是否需要叫早服务，若客人需要应指定专人负责，提供电话叫早和人工叫早两种服务。

（4）提前询问VIP客人是否需要免电话打扰，若是需要则将其房间设定为免电话打扰状态。

（5）提前准备好团队客人的房间，尽量安排在相近楼层。

（6）团队客人入住时间不同，提前准备好客人名单以便登记入住。

（7）为客人提供订票服务、问询服务、洗衣服务等。

（8）团体客人的房间应提前将长途电话锁死，若是客人需要则需客人自行付费。

（9）在客人离店前提前准备好账单，账单要清晰明确。

（10）客人离店时指定专门的行李员提供行李服务。

（四）客人离店服务

（1）客人入住最后一天询问客人是否需要续住。

（2）客人离店后的第一时间，打扫客房卫生，查看是否有客人不小心遗留下的物品并及时上报联系客人。

（3）在确定客人离店后，做好与前厅客房的交接工作，做好账单，与客人负责人联系。

（4）在客人离店前做好送机服务，提前预订好个人的机票、时间和接送车辆，叮嘱客人查看随身携带的贵重物品。

（5）客人延住时，为客人另行安排好房间。如果所安排的房间已预订，可为客人安排同等标准的房间；如果所安排的房间没有预订，在客人没有换房要求的前提下，让客人续住此房间。

（6）为客人建立详细的客史档案。包括客人姓名、性别、年龄、出生日期、婚姻状况以及通信地址、电话号码、公司名称、头衔等。建立习俗、爱好档案，这是客史档案中最重要的内容，包括客人旅行的目的、爱好、生活习惯；宗教信仰和禁忌；住店期间要求的额外服务。了解这些资料有助于为客人提供有针对性的“个性化”服务。

（7）在客人离店后，以电子邮件或者信件的形式向客人发送致谢信，感谢客人的入住，请客人提出宝贵建议，并欢迎客人的再次入住。

（8）准确落实客人离店时间，并通知相关部门做好相应离店准备工作。

（9）执行总经理带队，相关经理参与，在主要通道口欢送，直到客人离开酒店。征求客人意见或填写“顾客回访表”。

(10) 准备车辆欢送。

(五) 突发事件及处理方案

突发事件：接待员在帮客人拿行李时，行李箱的拉链突然开了导致行李内的物品外掉，客人抱怨。行李员收拾好后，一名客人过来告诉行李员这个箱子的拉链坏了，让行李员小心。这时那个抱怨的客人很尴尬……

处理：行李员向客人道歉，承认是自己工作的失误，没有拿好行李箱。那位客人告诉行李员拉链坏了以后，行李员要告诉客人拉链没有开，行李完好。避免抱怨客人的尴尬。

三、客房部接待方案

(一) 迎客的准备工作

(1) 客人到来前，入住房间卫生合格，房内用品准备齐全，房间要由客房部经理或主管严格检查，最后由大堂经理最后检查认可，检查后退出房间并锁上房门。

(2) 在房间桌子上摆放一份报纸或者杂志。

(3) 在VIP客人入住前一小时摆设好鲜花（百合）和果篮（葡萄、苹果、樱桃、菠萝）或者摆放一些小点心和茶叶。

(4) 贵宾抵店前30分钟，打开房门，开启室内照明灯。

(5) 在贵宾入住5分钟内，根据客人数送上欢迎茶和小毛巾。

(6) VIP客房准备好总经理的欢迎信和名片。

(7) VIP客房摆放好印有客人名字的文具用品、毛巾、浴衣等。

(二) 客人到店的迎接工作

(1) 梯口迎宾，抵达楼面时，客房部主管、服务员要在楼梯口迎接问候。

(2) 分送行李，将客人的行李快速并且准确地送达客人房间。

(3) VIP客人在房内办理入住手续的，手续办理完毕后，工作人员立即退出房间。

(三) 客人住店期间的服务

(1) 在客人开会之前打扫房间，补充客人用品，每天一次。

(2) 夜床服务。住客房进行晚间寝前整理，方便客人休息，整理干净使客人感到舒适，体会到家的温馨。

(3) 洗衣服务。客人将要洗的衣物和填好的洗衣单放进洗衣袋，服务员负责送洗客衣工作，衣物洗好之后，由客房服务员送入客房。

(4) 客房小酒吧服务。客房配备一定数量的饮料和干果，服务员每天上午清点冰箱内饮料食品的耗用量，与收费单核对。

(5) 叫早服务。根据VIP客人的需要提供叫早服务，防止会议迟到。

(6) 擦鞋服务。VIP客人的客房内备有擦鞋纸、擦鞋巾，为客人提供擦鞋服务。

(7) 延期入住问题。因为离开的时间不同，有些客人可能会延长入住时间，或牵涉换房问题，客房要及时联系前厅，处理好延期入住问题。

（四）送客服务

（1）行前准备工作，为VIP客人预订机票。

（2）行时送别工作，客房部主管、服务员将VIP客人送下楼层。

（3）善后工作，检查房间物品。

（五）突发事件及处理方案

突发事件：客人投诉，进入房间后没有电。但酒店听到客人描述后知道，房间没有电是因为客人没有把房卡插入卡槽……

处理：先向客人致歉，承认是酒店制作的房卡的问题。立刻给客人重新制作一张房卡，和客人一起进入房间，现场给客人演示一遍取电的过程，然后将房卡给客人，再次致歉。

四、会议接待方案

（一）会议准备阶段

（1）会议场地桌子的安排：剧场型，参加该会议的人数较多，安排为剧场型，所容纳的人员较多。

（2）在会议桌上准备好纸、笔、水杯、矿泉水、开会所使用的文件、资料袋。

（3）在讲台上准备立式麦克风以及白板笔。

（4）准备一个VIP休息室，在会议茶歇或结束期间便于与会人员的交谈。在休息室摆放点心、饮料等食品。

（5）准备茶歇服务，茶歇设置为自助餐形式，准备点心、饮料、水果等，标准是元/位。同时，由于客人在会中讲话，嗓子比较劳累，应准备润喉的含片或者茶水。

（6）检查灯具、音响、桌椅、空调是否完好，如有破损，及时报修。

（7）做好会议室内卫生工作，保持桌面、地面及各个角落的整洁。

（8）检查窗帘、沙发套是否干净、整齐。

（9）准备好屏幕、投影仪等设施设备。调试投影设备，在会前与会议联系人做好投影仪的调试工作，以免会中出现差错，激光笔放置到位。

（10）及时预订好鲜花，根据会议要求，摆放到位。

（11）铺好桌布，做到干净整洁，无破损。

（12）根据会议要求在会议室门前摆放签到桌。

（13）设置好桌签，提前摆放到指定座位上。

（14）在指定的自助餐桌上摆放好茶歇期间准备的水果、点心、饮料等。

（二）会中服务阶段

（1）在会议开始前一小时，打开门、灯，调节好室内温度。打开音响，播放轻音乐，更换麦克风电池。

（2）暖水瓶装好开水，以备会议开始后使用。

（3）水果清洗或切好装盘，放上水果叉，摆放美观，用保鲜膜封好，放在会议桌上。同时，摆好小毛巾。

（4）会议开始前30分钟，服务人员在门口站立服务问好，并将客人引领到座位处就座。

（5）待全部客人就座后，开始斟倒茶水，会议开始后，再添一次茶水，此后每隔15~30分钟进入会议室添一次茶水，没有特殊要求，不得随意进入会议室。

（6）会议室正后门有服务员站立服务，为出入客人及时开门，并注意音量大小，及时调节、解决，为客人指引吸烟区、洗手间等。

（7）续水时要将茶杯端起，在客人的右侧后方倒水，不要倒得过快、过猛，防止水溅出，以杯子八分满为宜。

（8）在续水时，服务员还要观察烟缸，缸内烟头超过两个就要进行更换。

（9）会议过程中，服务员要注意观察会议的动向，当宾客有事招呼时，要热情服务，但要注意走路轻、操作轻，以免打扰其他客人，影响会议的正常进行。

（10）会议进行中，要保持会议室周围的安静，做好安全保卫工作，做到不该听的不听、不该问的不问、不该说的不说，不要随便讲述会议情况，做好保密工作。

（11）茶歇期间，安排两名服务员提供巡场服务，为客人斟倒饮料、递点心等。

（12）茶歇期间，要尽快整理会场，补充和更换各种用品。

（13）会议结束后，填写会议室使用记录单。

（三）茶歇菜单

（略）

（四）突发事件及处理方案

突发事件：客人在会议中无意拉到桌布，导致桌子上的水杯打翻，桌布和客人的裤子被打湿。

处理：服务人员立即前往，帮助客人将桌子上的文件拿起避免继续被水浸湿，向客人提供纸巾进行简单的擦拭。随后将客人引领到休息室，拿干净整洁的衣服裤子给客人换上，同时会场服务人员将现场水渍清理干净，铺上新的桌布，将客人的文件烘干处理后整齐地摆放在新布置的桌面上等待客人回来。

五、宴会接待方案

（一）宴会类型

中餐宴会。

（二）宴会场地布置

（1）把宴会厅的卫生打扫好，保证宴会厅的环境。

（2）按照每桌十人的要求摆好台，要注意中餐摆台要求。

(3) 检查灯具、音响等设施是否完好。保证灯光正常，音响要有两个，室内配备空调，保证空调好用。

(4) 将花篮摆放到位。

(5) 提前在宴会场地旁安排两个房间，作为宴会开始前的休息室。一个是VIP客人专用，另一个是普通客人专用。

(6) VIP休息室摆放两个长沙发，可同时供六人以上就座，沙发中间摆放一张茶几。VIP客人进入休息室时，要提供茶水和果盘。普通客人进入休息，要及时提供茶水。

(7) 在休息室安装空调，保证室内温度适宜。

(8) 确保地毯的完整和整洁。

(三) 餐前准备

(1) 仔细检查宴会场所环境卫生和休息室环境卫生是否合格，有污物时要及时清理干净。

(2) 再次检查宴会厅设施设备是否完好。

(3) 宴会开始前，检查桌上餐具是否齐全，摆台是否有误。

(4) 宴会开始前，按客人要求将酒水摆放到位。若客人没有要求，就按每桌两瓶白酒、一瓶红酒、一瓶雪碧、一瓶果汁摆放，啤酒和剩余酒水摆放到服务台旁边。

(5) 宴会开始前一个小时打开宴会场所和休息室的空调，让VIP及客人先在休息室休息，安排服务员倒茶、上水果。并及时补充茶点并清理垃圾。

(6) 宴会开始前半个小时看桌服务员要到位，站在宴会场所门口迎接客人。传菜服务员也要准备就绪。

(7) 大厅门口贴出迎接指示牌，写上“参加恒安保险业务公司晚宴请上一楼”。

(8) 询问宴会总管，问宴会正式开始的时间和要求，如果VIP客人没有特别要求，就按照12点宴会正式开始。

(9) 17:30之前服务员给客人打开餐具包装，并摆放整齐。

(10) 传菜主管通知传菜服务员，17:30上凉菜，18:00宴会开始并禁止上菜，董事长开始讲话，董事长讲话完毕迅速上热菜。

(四) 宴会服务

(1) 上菜时的顺序应是先上主桌（VIP），再上其他桌。

(2) VIP客人就座时，服务员要为其挪椅子并及时倒上茶水。其他客人入座后，负责看桌的服务员也应及时倒好茶水。

(3) 客人用餐时，服务员要随时注意清理客人骨碟里的垃圾，如太多或太脏应及时更换骨碟。

(4) 宴会结束，应等所有人离席后，传菜员方可撤走桌上的餐具以及桌上所剩的餐品，服务员立即打扫宴会厅卫生。

（五）宴会菜单

（略）

（六）突发事件及处理方案

突发事件：客人投诉，宴会厅的某个音响没有声音。但酒店人员在宴会开始前已经全面检查，并且所有设备都完好。最后查明原因是因为客人进场时不小心把设备插座绊掉了……

处理：向客人道歉，承认是酒店的工作失误，确实是设备问题，承诺立即维修。然后找人把插座插好，并把插座和线放到隐秘的地方，防止有客人再次绊到。

职业能力训练

一、填空题

已经做好预订，但接到通知要求更改一些资料，一般如：飞机或火车班次时间，到达或离开日期，客名和房间数量的资料，经办人应取出一张新的订房表，然后在“更改”一栏的小方格上_____。

二、单选题

不符合操作规范的是（　　）。

A. 取消客房预订，经办人签名后，应向客人道谢，以示日后有机会，希望能为其服务

B. 取消订房表应交与订房部主任，便于在订房记录上配合把该预订取消

C. 客人用个人信用卡或公司担保的预订，或者客人比指定的时间早到，而酒店无法提供房间，酒店应该安排客人在同档次的酒店入住并由本酒店负担一天的房费和交通费

D. 为保证酒店住客率，减少酒店损失，对于取消预订者应要求一定程度上的赔偿

三、简答题

住店客人常见的预订方式有哪几种？

技能训练

1. 在前厅实训室，学生分组进行客人预订信息的变更、取消以及婉拒预订工作的练习。

2. 在前厅实训室，学生分组进行团队客房预订信息的变更。

观念应用训练

某客人凌晨一点多入住，进房10分钟后表示房间太小、床太小、不能上网，要求取消入住，并退还所有费用。酒店表示，当时客人是同意入住的，并且房内所有的设施已经动

过，门店已客满，无法为他换其他房型，已过凌晨，电脑已入账，无法退钱，客人表示不能接受，于是投诉。

思考：

1. 面对客人要求，应如何处理？

2. 如何使客人满意，不影响酒店口碑？

3. 如果客人坚持退房，应如何收取房费？

情景模拟训练

张明夫妇准备大年初一一早直飞三亚度假七天。但因家中突然有急事，度假只能推迟一周。但是酒店已经预订，于是打电话到预订酒店更改住店时间。作为酒店预订员的你需要做到以下要求：

（1）接收客人更改预订信息，询问要求更改预订客人的姓名及原始到达日期和离店日期。

（2）询问客人现要更改的日期。

（3）确认更改预订，在确认新的日期之前，先要查询客房出租情况：在有客房情况下，可以为客人确认更改预订，并填写预订单。

（4）将原始预订单找出。

（5）将更改的预订单放在原始预订单上面并订在一起。

（6）按日期或客人姓名存档。

（7）未确认预订的处理：如果客人需要更改的日期，酒店客房已订满，应及时向客人解释，并告知客人预订暂时放在候补名单上，如果酒店有空房时及时与客人联系。

（8）更改预订完成后，要感谢客人及时通知，并感谢客人的理解与支持（未确认时）。

任务3　预订特殊情况受理

任务目标

通过对本任务的学习，能够熟悉处理超额预订的相关知识，可以独立处理因超额订房导致的事故。并且能够掌握预订常见问题产生的原因和处理方法，完成不同预订特殊情况的处理。

项目任务书

任务名称	预订特殊情况受理	任务编号		课时要求	
训练要求	让学生掌握预订问题产生的原因及正确的处理方法				
培养能力	能妥善地处理各种突发事件				
涉及知识	客房预订问题产生的原因；预订特殊情况处理方法				
教学地点	教室、实训室	参考资料			
教学设备	投影设备、电话、电脑、传真机、前厅软件、预订表格、纸、笔				
训练内容					
1. 出现预订特殊情况时，客人要求投诉酒店，应具备安抚客人情绪以及解决问题的能力 2. 预订特殊情况具体案例具体分析					
实训成果评价标准					
1. 预订特殊情况中，解释的语言和处理方法应充满歉意与诚意，让客人感觉尽管酒店工作出现失误，但还是在尽力弥补并做出了很大努力，希望把对客人造成的不便的影响降到最低 2. 在各种特殊预订情况处理中特别关照客人情绪，努力将酒店与客人的损失都降到最低					

引导案例

6月份是哈尔滨一年一度的哈洽会期间，也是酒店的接待高峰期，为了保证酒店的经济效益，一连几天前台都实行了超额预订。一个下雨天，一位来自北京的客人要入住酒店，可是他没有提前预订房间，而且此时酒店房间已全部出租，没有空余的房间。当前台服务员向客人解释时，客人却不理睬。这位客人提着行李在大堂大喊大叫，说自己第一次来哈尔滨又冒着大雨，是因为公司与酒店签了协议才来的，因此是不会走的。这时大堂经理走过来，将客人引领到大堂经理工作台前，细心地向客人解释，可这大雨天也得让客人有地方住才行，最后大堂经理打电话与同星级的酒店联系，终于在附近的酒店找到了一间房，价格相近，之后又经请示派出酒店的车辆将客人送至附近的酒店，这时客人的气才消了。大堂经理将客人安顿好后，北京的客人对大堂经理说他对酒店的服务感到非常满意，并承诺下次再来时会提前预订房间。

知识链接

1. 客房预订问题的产生

（1）未能掌握可售房数，具体原因如下：

①与开房组、销售部的沟通不良；

②与预订中心系统及订房代理处的沟通不良。

如果酒店忘记通知预订中心系统本酒店近期超额预订的情况，或者提前结束与中心预订系统的联系，有时又拖后与中心预订系统的联系，这些都会造成预订业务方面的错误。酒店没有及时更改有关客房的可使用情况及客房价格变化的最新数据。

预订中心系统及订房处理耽误或延迟通知酒店受理的一切预订，影响酒店做好预订系统存档和接待安排。

（2）记录、储存预订资料的过程中出现差错，具体表现如下：

①记录不正确的到达或离店日期；

②姓名拼错或者是姓和名颠倒，或电话预订者为他的朋友或公司预订而常常无意中将他的名字留给预订部；

③项目遗漏；

④存档的次序；

⑤变更及取消的处理。

（3）未能满足客人的要求，具体表现如下：

①因疏忽、遗忘而未能落实。例如客人打电话到酒店要求订房，预订员同意接受，但事后并未寄出确认书，客人抵店时无房提供；客人声称办了订房手续，但接待处没有订房记录。

②客人对行业术语理解不一致而造成的误解，具体表现如下：

以为“确认性预订”与“保证性预订”是一回事；

以为“双床间”内有两张床；

不能正确区分相邻房与连接房。

（4）政策不熟。

在价格上发生争执或因不理解酒店入住和住房方面的政策及当地法规而产生不满。

（5）预订中心失误，预订中心系统预订员所出现的工作失误。

2. 预订特殊情况处理

（1）使用预订单记录客人的订房要求，电话预订或面洽预订，应复述客人的预订内容，解释酒店专用术语的确切含义，避免出现错误或遗漏。

（2）由专人负责标注客房预订汇总表。

（3）建立与开房组保持有效沟通的必要制度，由于酒店可售房的数量经常会由于包房、维修、保养等原因而减少，定期统计可售房的数量是十分必要的。其次，开房组应正确地统计预订未抵店或提前抵店的客房数，以及延期离店、未经预订直接抵店、临时取消及住店客人换房变化数，每天应按时将上述统计数字汇报。

（4）对订房变更及取消的受理工作应予以重视。

（5）加强检查，避免错误存放预订资料。

（6）预订员应在自己制作的表格上签名，发往其他部门的表格必须经过预订主管的审查。

（7）加强与预订中心、订房处理处的沟通：

①将来往的信息编号，避免遗漏；

②指定专人负责沟通。

（8）管理人员每年至少审查一次客房预订工作的程序及预订工作中需要使用的表格是否满足酒店经营的要求，是否有进一步修改的必要。

（9）加强对预订员的培训工作。

服务流程

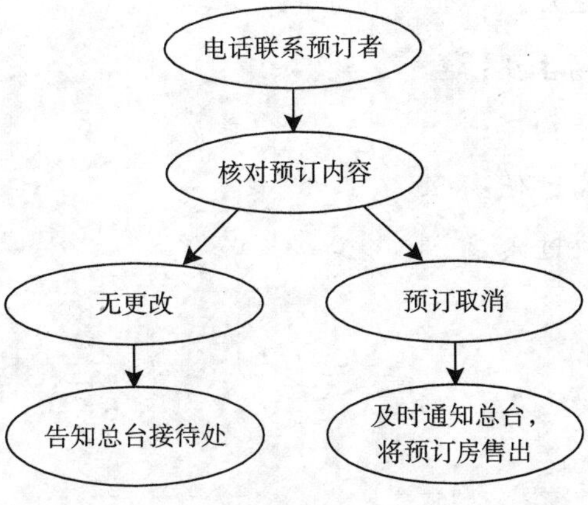

案例分析

Y 公司是一家知名公司，一次该公司安排一名重要客户入住酒店，由于预订员的疏忽没有看清预订单上标明客人有吸烟要求，因此将客人派入了无烟房间。预订单上注明客人入住时在 VIP 室办理手续，未注明享受 VIP 待遇，且客人无 VIP 客史，预订员也未向销售部核实便按一般客人安排，使这位高档商务客人未享受贵宾待遇，Y 公司对此提出严重的投诉。

【案例分析】

预订业务是一种技术性较强的工作，如果不认真仔细就有可能出现差错。预订员的职责就是要按照预订单上客人的要求做好预订工作。做预订工作时需要仔细审阅预订说明，细心、认真、负责地做好预订工作。

（1）预订员在做预订工作时不可丢项、缺项尤其是客人是否吸烟、是否享受 VIP 待遇等，遇有不清楚的问题一定要与有关部门或有关人员核实清楚。

（2）假如 Y 公司的重要客人因为未享受 VIP 待遇而拒绝与 Y 公司洽谈生意，使 Y 公司受到重大损失，Y 公司进行强烈投诉，此事解决起来将非常棘手。

（3）部门经理、主管、领班应对员工加强工作责任心的教育和培训，加强现场的督导检查。

酒店服务名言

服务人员的语言文明讲究“八要、八不要”：

一要简练明确，不要啰唆絮叨；

二要主动亲切，不要干涩死板；

三要谦虚诚恳，不要傲慢矜持；

四要委婉灵活，不要简单生硬；

五要吐字清晰，不要含糊吞吐；

六要沉着大方，不要过分拘谨；

七要单调柔和，不要过高过低；

八要速度平缓，不要过快过急。

知识拓展

客房的超额预订

一、超额预订概念

所谓超额预订是指接受超过宾馆可供房数的订房，超额预订的房间数与可供房数的比就是超额预订率。为了使客房出租率尽可能接近 100%，一般的宾馆经理都接受超额预订。长期以来，由于宾馆的管理者较多地关心如何扩大销售量，为此，各种各样的营销方法亦应运而生，这当然无可厚非，但另一个问题就往往被忽略了：酒店业是以向客人提供优质服务为盈利前提的，即对服务质量不能置之不理。

二、超额预订问题的提出

据美国亚特兰大的摄政—凯悦大厦（Regency Hyatt House）统计，那儿每100个预订宾客中有18位不来入住。就国外大多数宾馆来说，未取消预订但到时不来入住的宾客人数（No Show）比例一般占预订总数的10%~12%。

一个简便的办法是：为了达到100%的出租率，以相同的比例超额接受预订，当客人实际到达超过预计数时，就将客人介绍到别的宾馆。但这并不能解决深层次的问题。美国运通公司曾作过一项调查，该公司信用卡持有者中1/4以上的人虽有确认的预订单却未被接待，其中至少有半数以上的人表示，以后再也不会到那些宾馆去了。这种因宾馆失信于客而造成的服务质量下降，在许多经理看来同样不能容忍。为此谢拉顿公司（Sheraton Co.）制定的“十戒”中就包括一条：不能拒绝接待持有确认预订的客人。

一些宾馆管理者干脆完全不去理会超额预订，单纯地依赖调节价格（房价）来使客房的“需求—供给曲线”保持平衡。可问题依然存在，在客房供不应求时，宾馆大幅提价所增加的部分利润不得不被因预订客人不出现造成的收入减少相抵消。从这个角度来看，房价提得越高，销售损失也就越大。一方面不断需要预订的客人因宾馆已被订满而遭拒绝；同时，相当数量的房间却因客人不到而白白空着。尽管许多经理已经意识到超订的好处，却仍然不敢贸然使用，超额预订的问题仍然时时困扰着宾馆经理们。而手持订单的顾客，到达后却无房可住的现象依然经常发生。这已和付小费、排长队等候办理退房手续及宾馆内偷窃等一样，成了顾客投诉频率最高的问题之一。

三、超额预订问题的分析

1. 客房出租率达100%就是最佳吗

管理者们追求100%的客房出租率，显然是误解了盈亏平衡点图的作用。平衡点分析针对的是平衡点，它把成本和销售收入（即效益）作线性关系处理等。实际上，由于成本中含有半变动成本，使变动成本与出租率随市场价格一起变化，影响总成本的盈利，因此呈非线性。经济学在研究此类问题时，常把工厂能够生产的最大值称为工程能力，把单 位产出费用最低的产量称为工厂的经济能力，经济能力总是低于实物产出的最大能力，即临近工程能力的90%；产出可以高于此值，其代价是增加单位产出的费用。在宾馆业中，工程能力就是可供出租的客房总数，而经济能力就是最佳客房出租率。一旦超过最佳出租率，服务质量便开始下降，由此造成的名誉受损，就算提了价也是弥补不了的。 特别是那些有相当名气，一向以豪华、高贵著称的宾馆都视保持服务质量比赚钱本身更重要。为此，应该考虑选用成本效益分析。显然，最佳出租率应该在90%左右。以此为前提讨论最佳超订率才会有效。

2. 最佳超订率

影响超订率的因素有许多，这些因素在各个宾馆的状态不一样，其超订率也应不同。归纳起来，下面几点造成了超订率的不同。

（1）时间的影响。出租率在不同的年份和月份是不一样的。

（2）宾馆类型的影响。一般来说，连锁店凭借完善的统一预订系统和庞大的分店数量，可以适当提高超订率以提高利润；独立经营的宾馆则只能保守一点。

（3）预订形式的影响。宾馆通常采用三种预订方式：临时性预订、确认性预订和保证性预订。临时性预订的客人如在当天“取消预订时限”（6:00 PM）还没到达宾馆，该预订即被取消，故超额预订的弹性也大。确认性预订有充分的时间给予书面确认，向他们收取欠款的风险较小，同时宾馆在失诺时的责任也相对较大，故超额预订的弹性就小。保证性预订确保宾馆在出现预订宾客不来入住的情况下仍有客房收益；因此，对待保证性预订的那些房间，宾馆不应该再超订。相反，宾馆应保留比预订数量稍多的空房间以确保这种预订的宾客来到时有房可住，这可称为“减额预订”。

（4）宾客类型。团体预订房间，如果团体不在抵达前的某一合适时间确认所留的全部房间，多数饭店会将预留房取消。但是散客预订通常可以将预订和确定同步进行。很显然，他们的超订率亦不会相同。

（5）天气情况。恶劣的天气常造成航班被取消、渡轮停驶，如这种天气出现在预订到达当天，那么“已经预订的客人到期不出现率”（以下简称为“不出现率”）肯定会大幅提高，对天气情况的预测便成为超订率制定的重要依据。

（6）特发性事件。倘若在客人的预订到达期前两三天，其所在地发生不利的特发性事件，肯定会影响客人的行程。但往往由于事发突然，客人来不及取消。对酒店来说，适当增加到达当天的预订量，无疑是明智的。

四、超额预订处理工作标准

1. 条件

（1）在客房预订已满的情况下，再适当增加订房数量以弥补客人不到或临时取消的空房。

（2）事先掌握周边同星级酒店的情况。

2. 掌握标准

一般情况下超额预订标准控制在超额预订率的5%左右，其计算公式为：

超额预订率=超订量/可订量×100%

超订量=预订房量×临时取消率-预期离店房量×延期住房率

可订量=房间总量-续住房量

3. 预订处理

(1) 按正常预订履行手续。

(2) 告知房类待定。

4. 客人到店有房的处理

(1) 按客人要求安排房类。

(2) 没有客人满意的房间，向客人道歉，或是提供致意品或免费早餐，直到用房价打折留住客人，或用同样的价格让客人住高一档房间。

5. 客人到店，客房已售完的处理

(1) 酒店负全部责任。

(2) 介绍离本酒店最近的同城酒店，或是事先联系好其他备用酒店。

(3) 承担房间差价（订房的客人多数为协议客人，协议价往往低于其他酒店房价）。

(4) 免费提供车辆送、接客人到别的酒店。

(5) 客人离店前做第二天预订，收定（押）金，按 VIP 客人礼遇接待。

五、超额预订案例分析

在春节旅游旺季，各酒店出租率均较高，为了保证经济效益，一般酒店都实行超额预订。一天，经大堂经理及前台的配合，已将大部分客人安排妥当，剩下的预订都是担保入住的、一定会到的预订。当时 1015 客人为预离房，直至 18 时才来前台办理延住手续，而此时，1015 房间的预抵客人已经到达（大堂经理已在下午多次打电话联系 1015 房间预离客人，但未找到）。前台人员试图向刚刚到达的客人解释酒店超额预订，并保证将他安排在其他酒店，一旦有房间，再将其接回，但客人态度坚决，称这完全是酒店的问题，与自己无关，哪里也不去。鉴于客人态度十分坚决，而且多次表示哪怕房间小一点也没关系，他就是不想到其他酒店住宿，在总经理的允许下，大堂经理将客人安置到了总经理用房，客人对此表示满意。

【评析】

宾客向酒店订房，并不是每位客人都做出保证类订房，经验告诉我们，即使酒店的订房率达到 100%，也会有订房者因故不到、临时取消或者住店客人提前离店，使酒店出现空房。因此，酒店为了追求较高的住房率，争取获得最大的经济效益，往往实施超额预订。

超额预订是订房管理艺术的最高体现，处理得好会提高客房出租率，增加酒店的经济效益。但是如果超额过度，预订客人又都在规定的时限内抵达酒店，而酒店却因客满无法为他们提供所订住房时，必然会引起客人的不满，这无疑会给酒店带来很大的麻烦。因为接受并确认了客人的订房要求，就是酒店承诺了订房客人具有得到“自己的住房”的权利。发生这种情况属于酒店的违约行为，所以，必须积极采取补救措施，千方百计调剂房间，开拓房源，最大限度地满足客人的预订要求，妥善安排好客人住宿，以消除客人的不满，挽回不良影响，维护酒店的声誉。

凡是有预订的客人一般都愿意按预订入住，出于种种原因一般不愿到其他酒店去，因此满足客人的要求就成为最重要的问题。上述案例中由于客人不愿意去其他酒店，而超额预订又成为一道难题，经过有关人员的共同努力，终于让客人入住到总经理的用房，满足客人的要求又为酒店增加了收入，这种做法是值得提倡的。

在处理超额预订时，只有实在挤不出房间时才可以考虑将客人送往其他酒店，因为，有时客人入住其他酒店就有可能成为其他酒店的回头客，这对于送出客人的酒店来说将是一个损失。

职业能力训练

一、填空题

1._____就是客人抵店的预先订约。

2. 在客房预订服务中，_____是非常重要的，它不仅可以更大限度地销售酒店产品，更有助于在客人心目中树立酒店的良好信誉。

二、单选题

预订资料按字母顺序存放，其主要特点是（　　）。

A. 可以很方便地查找客人的订房资料　　B. 便于掌握某一时期或某一阶段的预订数量

C. 便于掌握预计入住客人数量　　D. 便于客人退房

三、简答题

对于在规定时间内抵店的持保证性或确认性预订证明的宾客，宾馆可按照国际惯例及酒店的管理常规，对预订失约行为我们可采取哪些处理方法?

技能训练

1. 上网查阅相关特殊预订案例，进行案例分析。

2. 模拟特殊预订场景，利用所学知识解决问题。

观念应用训练

1月14日夜里00:30，一位有些醉意的客人到酒店要求入住，前台员工根据客人的要求将其安排到豪华间706房间，但是误给他做了一把705房间的钥匙。服务中心员工接到电话后立即通知楼层服务员706房间有客人入住，并在登记本上将706房间的入住时间与当晚10:15入住的703、704房间写在了一个时间栏内。

1月15日早上，客房部7层领班在查房时猛然发现705房内有一名男士在睡觉，而电脑却显示为空房，便立即向前厅部经理汇报此事。15日上午9:37，该房客人到前台通知客房部查走客房时，客房领班查后发现，为706房的客人做过钥匙，未做过705房的钥匙。

保卫人员又到服务中心查看住客登记本，登记本上也没有当晚零点左右到店客人的记录，遂又询问当班主管客人的入住情况。这时保卫人员认为，前台员工很有可能私自给客人开房，私收了客人的住宿费而没入电脑。所以又继续查问前台员工杜某，杜某否认自己有违纪行为。为深入调查此事，保卫人员到财务部对前台电脑入账时间和做钥匙时间进行反复查证，最终发现705房钥匙是00:45传入电脑的，电脑里有706房的入住房登记，根据这一线索，保卫部又到楼层，向当班主管了解706房当晚的入住情况，并通过读取钥匙卡，证实706房间确实无住客、无做钥匙记录。结论是：前台员工做错钥匙了。

思考：

1. 当班员工所犯错误都有哪些？

2. 员工粗心大意为酒店带来的损失包括哪些？

3. 房间显示为空房，如该房为住客房，将是在派错房的基础上派重房，会引起两位客人的投诉，后果是怎样的？

情景模拟训练

住店客人毛先生通知前台，他们公司有几间房都在10层，明天他们的老板到店，订的套房能否也安排在同层。前台员工小焦经查询电脑后，答应客人没有问题，房号为1005。当天一位有预订的客人入住，订的是套房。另一位前台员工小钱查询电脑只有一间1005房，查电脑看第二天有预抵客人占上了此房。于是就把此房号从该预订上解锁下来，先出租给当天到店的客人。待第二天毛先生带着公司老板到前台办理入住手续时，前台给客人分了1522房，毛先生当时很是不解，讲昨天已订好住1005房。但前台一查电脑1005房已经出租给别的客人，于是毛先生由于无法向自己的老板交代，很是生气，马上要求找酒店负责人投诉。

要求：

（1）学生分角色扮演客人与前台员工、其他同事、领班，模拟场景。

（2）当前台员工接到客人的要求后如能够满足，则与当班的其他同事相互知会一下，保证不再外租，在电脑中BLOCK打上该房号，并在电脑备注中注明：房号勿动！

（3）在交接班本上做详细记录，让其他同事也知晓此事。每个班次接班前应仔细阅读交接班本。上一班次员工应将本班次或以前未办完需下一班次注意的事情，都要进行详细交接。

（4）前台员工在租客房挑选房号时，在电脑中确认此房号是无人占用的、干净的如发现有预订占用房号应查明原因。不可擅自就将房号删除，直接参与出租。

（5）当班领班清楚当班所有情况，随时注意每位员工的操作，发现问题及时调整。随时提醒员工操作的注意事项。多注意加强对员工工作程序的培训，尤其是责任感的培养。

任务4　宾客抵店前的准备工作

任务目标

通过对本任务的学习，熟悉宾客抵店前酒店所需做准备工作的具体流程、规范、要求及技巧。能够顺利完成客房预订工作、提前排房、前台和客房的准备工作。

项目任务书

任务名称	宾客抵店前的准备工作	任务编号		课时要求	
训练要求	1. 掌握预订核对工作的具体环节和服务程序，能熟练完成各项业务工作 2. 能够根据标准准确完成预分房工作 3. 明确宾客抵店前的具体准备工作，以良好的服务做好工作				
培养能力	能够掌握订房核对工作要点，顺利完成抵店前前厅的各项准备工作				
涉及知识	宾客抵店前准备工作操作流程				
教学地点	教室、实训室	参考资料			
教学设备	投影设备、电话、电脑、传真机、前厅软件、预订表格、纸、笔				
训练内容					
1. 订房核对工作训练 2. 预分房工作训练 3. 宾客抵店前相应准备工作训练：客房预订、提前排房、前台准备、客房准备、相关岗位准备 4. VIP 客人接待工作训练					
实训成果评价标准					
1. 订房核对工作符合规范、细致、标准，三个核对过程掌握清晰 2. 预分房工作符合酒店分房原则并与实际情况相结合					

引导案例

某日晚 19:40，某星级酒店常客李先生携带着三件行李，匆匆来到总台声称自己三天前订过一件商务房，晚间有几位朋友相约来拜访他，要求马上办理入住手续，可总台却无法找到其预订资料。且此时酒店已无空房。

思考：

1. 发生此类问题是谁的责任？

2. 按照国际惯例或酒店业常规应如何处理？

知识链接

一、订房核对（分三次进行核对）

（1）第一次订房核对在客人入店前一个月进行。主要的核对内容为抵店日期、人数、房间类型、住店天数等。接待员可用电话或传真的方式进行此次核对工作。

（2）第二次订房核对在客人进店前一周进行。核对要求与第一次核对大体相同。

（3）第三次订房核对在客人入店前一天进行。本次核对是保证客人住房的必要步骤。由于时间的原因，本次核对只适用于电话核对。

为了保证预订的准确性，对于提前订房时间超过一个月的客人，尤其是 VIP 客人、会员客人或订房数量较大的团体客人，在其进店前要进行三次订房核对。

二、提前排房

（1）提前排房的概念：提前排房是指当天客人来到之前，为客人预先编排好房间。

（2）提前排房的意义：①减少客人入住时的混乱；②满足客人的个性化需求，增加对酒店的满意度和忠诚度。

（3）排房时考虑的内容：①客人提出的要求；②客人抵达的时间；③客人的类型；④熟客对某房间的特别要求。

（4）排房顺序。①重要客人 VIP；②团队客人（以政府邀请团队为先）；③保证类预订客人；④要求延期的预期离店客人；⑤普通预订客人；⑥常客；⑦无预订的散客；⑧不可靠的预订客人。

（5）排房技巧。①团体客人或会议客人应尽量安排在同一楼层或相近的楼层，同一类型的房间。②行动不方便或带小孩的客人应尽量安排在离电梯和服务台较近的房间。③内、外宾不宜安排在同一楼层。④对 VIP 客人应安排在同类客房中最好的房间。⑤常客和有特殊要求的客人应给予特殊照顾。⑥敌对国家的客人不应安排在同一楼层或者相近的房间。

注意事项：

(1)注意房间号码的忌讳。

(2)经营淡季可集中使用几个楼层的房间。

三、前台的准备工作

客人在抵店之前，前台做的准备工作有：

（1）VIP：确定房间、房卡（做房卡）、餐券，备好入住登记单、押金收据等票据。

（2）团队客人：房卡、餐券。

（3）散客：日常准备。

四、客房的准备工作

为客人提供一间舒适的房间。

五、其他岗位的准备工作

1. 餐饮部

（1）获取客人对饭菜的特殊口味和要求。

（2）如客人需要立即用餐，提前为客人准备好。

2. 礼宾部

（1）为团队客人准备行李车；

（2）准备迎接 VIP 客人。

3. 接机服务（酒店代表）

（1）准备。

①提前从前台获得需要接机客人的姓名、航班号等信息。

②准备接机牌，打印接机单。接机牌最好是中英文对照。

③提前向机场确认航班是否准时。

④通知车队按时派车。

（2）迎接客人。

①举接机牌站立出口处，确保仪容仪表、行为规范符合酒店要求。

②向接到的客人致欢迎词。

（3）返回酒店。

①帮助客人搬运行李，送客人上车，并确认行李数目。

②途中向客人介绍酒店及当地情况。

③到达酒店，帮客人拉车门，再次确认行李数目。

④送客人到前台办理入住手续。

表 1-4　预期抵达客人名单

____年____月____日

预订号	序号	客人姓名	房间号	预期到店日期	预期到店时间	备注
1						
2						
3						

审核________　制表________

表 1–5　预期离店客人名单

____年____月____日

预订号	序号	客人姓名	房间号	预期离店日期	预期离店时间	备注
1						
2						
3						

审核________　制表________

4. 登记服务

（1）核对所有第二天预期抵达的团队和散客预订。将所有的预订按客人姓氏的第一个英文字母顺序排列；团队则按代号的第一个英文字母顺序排列，打印“日预期抵达客人名单”。

（2）重要客人和常客要分别用“VIP”和“RG”注明。

（3）“日预期抵达客人名单”经前台部主管审阅后，复印分别发给总经理室、饮食部、客房部、财务部、行李部、问询处、总机、前厅部。

表 1–6　酒店 VIP 接待通知单

宾客名称			人数		
抵店时间			离店时间		
房间种类					
客房房号					
客房要求					
客房房价					
用餐地点					
场地布置					
特殊要求	餐饮				
	客房				
	其他				
备注					
付款方式		接待单位		联系人	
分送：		____年____月____日		通知人：	

服务流程

客人抵店接待流程：

（1）提前一周将客人信息提供给有关部门。

（2）客人抵店前夕，将接待安排书面通知有关部门。

（3）客人抵达当天，提前预分房。

（4）通知有关部门，做好细节准备。

案例分析

一日，酒店即将到店的客人中，有两位是日本某跨国公司的高级行政人员。该公司深圳方面的负责人员专程赴酒店为这两位客人预订了行政楼层的客房，并要求酒店安排VIP接待，该公司其他客人的房间则安排在普通楼层。客人到店之前，相关部门均做好了准备工作。管家部按客人预订要求，提前清洁行政楼层及普通楼层的客房；前台及行政楼层接待处准备好客人的钥匙及房卡；大堂经理部则通知相关部门为VIP客人准备鲜花和水果，并安排专人准备接待。然而，就在一切准备就绪，等待VIP客人到店之际，其中一位VIP客人出现在酒店，并声称已入住在普通楼层的客房。

经过一番查证，发现客人确已下榻酒店普通楼层的客房。但这并非客人要求，而是由于接待员的工作失误造成的。由于VIP客人与其他客人一行三人抵达酒店时，前台接待员A只核实了第一位客人的姓名与预订单上客人姓名相符，未进一步在电脑系统中查询另外两位客人的预订，而这三位客人自称来自同一公司，又是一起抵达酒店，A主观判断是预订单上标示的客人名字出现了偏差，这张预订单上的三位该公司客人本应入住普通楼层的预订，A在只核实了其中一位客人入住普通楼层的情况下，不经进一步核实就将本应入住行政楼层客房的客人与其他客人一起安排在了普通楼层。

A安排上述人员入住后，实际应入住普通楼层的客人在抵店时，接待员B无法查到该客人的预订。B虽然请客人出示该公司名片后确认客房为该公司员工，并马上安排此客人入住，但已使客人对酒店的服务水平产生怀疑。在查清造成上述错误的原因之后，当值大堂经理马上与客人联系，但当致电客人房间时，客人均已外出。于是酒店一方面在行政楼层为客人保留了房间，另外在VIP客人房间内留下一封致歉信，就此事向客人致歉。在接到VIP客人回到酒店的通知后，大堂经理亲自向他致歉，并询问是否愿意转回行政楼层。客人在接受酒店道歉之后，表示对下榻的客房比较满意，无须再转去其他房间。第二天当VIP客人离开酒店时，当值大堂经理又专程向客人当面致歉。客人表示并不介意此次不愉快的经历，并对酒店对于他的重视很满意。虽然在VIP客人入住时，接待员未仔细查询客人的预订而使客人未按预订入住行政楼层，导致了一系列问题的产生，但由于当值大堂经理妥善安排，及时向客人致歉，才使客人接受酒店的道歉，并使此次事件得以补偿，顺利平息。

如果此事未能处置妥当，可对酒店产生以下影响：

由于此客人为酒店重要商务客人——某跨国大公司的VIP客人，酒店接待工作因疏忽给客人留下不愉快的印象，使客人对酒店的信任产生动摇，很有可能因此失去这位重要客户。而使酒店产生不可估量的经济损失，酒店的声誉和形象也随之受到负面影响。

阅读上述资料，进行案例分析。

【案例分析】

对VIP客人的接待，当班员工未能引起足够的重视；当值主管未尽其监督之职。工作不细致，未在客人抵店时仔细查询客人预订。VIP客人未入住已准备好的房间，使酒店相关部门为此次接待工作所做的一切准备付诸东流。虽然经酒店方的努力，客人接受了道歉，但此次接待任务的失败势必使客人对酒店的印象打了折扣。工作准确性不够。接待员在发现客人名字与预订单不符时，主观判断是预订单上名字写错，将已预订的名字直接更改为当时客人的名字，造成其他员工无法查到已预订普通楼层房间但随后到店客人的名字，使该客人无法按预订入住。

正确的参考处理办法：

此次VIP客人接待工作的失败，是由于接待员的疏忽造成的。酒店前台接待员应端正工作态度，加强工作的细致性和准确性，以便为客人提供周到、优质的服务。

“失之毫厘，谬以千里”，因为前台接待员工作中一个环节的疏忽，造成客人到店后产生一系列的问题，影响到后续各个工作部门的工作。所谓“100-1=0”，由于一位员工的疏忽，而使酒店所有部门所做的工作都在客人心目中大打折扣。虽然酒店事后尽所有努力弥补，各相关部门花费大量的时间和精力希望客人能接受酒店的歉意，却再也无法给客人留下良好的印象了。

工作的准确性和细致性是服务性行业的基本工作准则。酒店各岗位的工作人员，仍需在工作中认真对待每一个工作细节，踏踏实实地完成每一个工作步骤，以保证服务工作的顺利进行。对于在将服务看作行业第一生命要素的酒店业来说，只有给客人提供准确到位、细致周到的服务，才能使客人对酒店留下良好的印象，使酒店在竞争中立于不败之地。

酒店服务名言

礼貌用语要做到“七声”、“十字”：“七声”即问候声、征询声、感谢声、道歉声、应答声、祝福声、送别声；“十字”即您好、请、谢谢、对不起、再见。

知识拓展

酒店 VIP（贵宾）接待标准

一、VIP 等级

1. A 等

主要包括：①国家元首、政府首脑、皇室成员、国会和军界要员以及有杰出影响的政治家；②世界著名财团、企业的总裁、董事长或总经理；③前任党政军首脑；④在世界上有重要影响的其他人物。

2. B 等

主要包括：①部长级政府官员，各国驻华大使；②国内外著名旅行社总裁、总经理；③酒店集团首脑人物；④社会名流；⑤其他应该属于 B 等的人物。

3. C 等

主要包括：①各地企业界、金融界人士，商人，名流等；②各省市领导人；③各地旅游局长，旅行社总经理，酒店董事长及总经理；④其他应该属于 C 等的人物。

4. D 等

主要包括：①前任党政军领导人（退休干部）；②特邀的名演员、名教师；③协约消费大户的负责人，执法工作人员；④其他应该属于 D 等的人物。

二、接待 A 等 VIP

（1）前厅部准备高楼层、向阳的套房，将房号提供给销售部；

（2）销售部下 VIP 接待单至相关部门，接待单详细列出 VIP 介绍、行程以及各部应布置的工作等相关内容；

（3）楼层主管、前厅部经理检查房间设施设备良好状况及客房卫生清洁状况；

（4）客房部准备高档鲜花一束，附带总经理名片一张于 VIP 到店前一小时配入客房；

（5）餐饮部准备高档水果篮一个，同时附带口布、水果刀、洗手盅若干于 VIP 到店前一小时配入客房；

（6）前厅部准备小欢迎席签于 VIP 到店前一小时配入客房；

（7）前厅部于 VIP 到店前一小时制作好欢迎卡与房卡，准备好登记单；

（8）销售部做欢迎无字牌于 VIP 到店前一小时置于大堂；

（9）客房部于 VIP 到达之前一小时在大堂铺好红色欢迎地毯；

（10）销售部安排制作欢迎条幅于 VIP 到达前三小时悬挂于大堂；

（11）销售部安排摄影、摄像人员于 VIP 到店之前半小时到大堂等候；

（12）销售部安排迎宾人员至少4名于VIP到达之前半小时到大堂等候；

（13）前厅部准备鲜花一束由大堂经理当VIP到来时向VIP敬献；

（14）大堂经理在VIP到达前三小时检查欢迎条幅的到位情况；

（15）大堂经理在VIP到达前一小时检查客房状况、鲜花、水果篮、口布、水果刀、洗手盅、总经理名片、欢迎席签、欢迎卡、房卡、登记单、无字牌、欢迎地毯、前厅部鲜花等的到位或准备情况，于VIP到达前半小时督促摄影、摄像人员及迎宾人员到位，及时将发现的问题通知前厅部经理；

（16）前厅部经理于VIP到达前半小时检查所有各部应准备之事项；

（17）VIP到达前半小时前厅部经理、销售部经理到大堂迎候；

（18）VIP到达前半小时大堂经理通知行李员、保安员到位；

（19）总经理于VIP到站前半小时到车站、机场或高速路口迎接；

（20）VIP到店，大堂经理向客人献上鲜花；

（21）大堂经理引领VIP到房间，查看客人有效证件，并请客人在接待单上签字；

（22）客人离店时，销售部经理提前半小时通知各部门经理随时到大堂欢送VIP；

（23）应属接待A等VIP的其他内容。

三、接待B等VIP

（1）前厅部准备高楼层、向阳的套房，将房号提供给销售部；

（2）销售部下VIP接待单至相关部门，接待单详细列出VIP介绍、行程以及各部应布置的工作等相关内容；

（3）楼层主管、前厅部经理检查房间设施设备良好状况及客房卫生清洁状况；

（4）客房部准备高档鲜花一束，附带总经理名片一张于VIP到店前一小时配入客房；

（5）餐饮部准备高档水果篮一个，同时附带口布、水果刀、洗手盅若干于VIP到店前一小时配入客房；

（6）前厅部准备小欢迎席签于VIP到店前一小时配入客房；

（7）前厅部于VIP到店前一小时制作好欢迎卡与房卡，准备好登记单；

（8）销售部做欢迎无字牌于VIP到店前一小时置于大堂；

（9）客房部于VIP到达之前一小时在大堂铺好红色欢迎地毯；

（10）销售部安排制作欢迎条幅于VIP到达前三小时悬挂于大堂；

（11）销售部安排摄影、摄像人员于VIP到店之前半小时到大堂等候；

（12）销售部安排至少4名迎宾人员于VIP到达之前半小时到大堂等候；

（13）前厅部准备鲜花一束由大堂经理当VIP到来时向VIP敬献；

（14）大堂经理在VIP到达前两小时检查欢迎条幅的到位情况；

（15）大堂经理在VIP到达前一小时检查客房状况、鲜花、水果篮、口布、水果刀、洗手盅、总经理名片、欢迎席签、欢迎卡、房卡、登记单、无字牌、欢迎地毯、前厅部鲜花等的到位或准备情况，于VIP到达前半小时督促摄影、摄像人员及迎宾人员到位，及时将发现的问题通知前厅部经理；

（16）前厅部经理于VIP到达前半小时检查所有各部应准备之事项；

（17）VIP到达前半小时前厅部经理到大堂迎候；

（18）VIP到达前半小时大堂经理通知行李员、保安员到位；

（19）销售部经理于VIP到站前半小时到车站、机场或高速路口迎接；

（20）大堂经理于VIP到达前半小时通知总经理到大堂迎候；

（21）VIP到店，大堂经理向客人献上鲜花；

（22）大堂经理引领VIP到房间，查看客人有效证件，并请客人在接待单上签字；

（23）客人离店时，销售部经理提前半小时通知各部门经理到大堂列队欢送VIP。

四、接待C等VIP标准

（1）前厅部准备高楼层、向阳的套房，将房号提供给销售部；

（2）销售部下VIP接待单至相关部门，接待单详细列出VIP介绍、行程以及各部应布置的工作等相关内容；

（3）楼层领班及主管检查房间设施设备良好状况及客房卫生清洁状况；

（4）客房部准备中档鲜花一束，附带总经理名片一张于VIP到店前一小时配入客房；

（5）餐饮部准备水果篮一个，同时附带口布、水果刀、洗手盅若干于VIP到店前一小时配入客房；

（6）前厅部准备小欢迎席签于VIP到店前一小时配入客房；

（7）前厅部于VIP到店前一小时制作好欢迎卡与房卡，准备好登记单；

（8）销售部做欢迎无字牌于VIP到店前一小时置于大堂；

（9）客房部于VIP到达之前一小时在大堂铺好红色欢迎地毯；

（10）大堂经理在VIP到达前一小时检查客房状况、鲜花、水果篮、口布、水果刀、洗手盅、总经理名片、欢迎席签、欢迎卡、房卡、登记单、无字牌、欢迎地毯等的到位或准备情况，及时将发现的问题通知前厅部经理；

（11）VIP到达前半小时大堂经理通知行李员、前广场保安员到位；

（12）前厅部经理于VIP到达前半小时检查所有各部应准备之事项；

（13）VIP到达前半小时大堂经理通知销售部经理、前厅部经理到大堂迎候；

（14）大堂经理于VIP到达之前十五分钟通知总经理到大堂迎候；

（15）大堂经理引领VIP到房间，查看客人有效证件，并请客人在接待单上签字。

五、接待 D 等 VIP 标准

（1）前厅部准备高楼层、向阳的标准间或套房，将房号提供给销售部；

（2）销售部下 VIP 接待单至相关部门，接待单详细列出 VIP 介绍、行程以及各部应布置的工作等相关内容；

（3）楼层领班及主管检查房间设施设备良好状况及客房卫生清洁状况；

（4）客房部准备中档鲜花一束，附带总经理名片一张于 VIP 到店前一小时配入客房；

（5）餐饮部准备水果篮一个，同时附带口布、水果刀、洗手盅若干于 VIP 到店前一小时配入客房；

（6）前厅部准备小欢迎席签于 VIP 到店前一小时配入客房；

（7）前厅于 VIP 到店前一小时制作好欢迎卡与房卡，准备好登记单；

（8）大堂经理在 VIP 到达前一小时检查客房状况、鲜花、水果篮、口布、水果刀、洗手盅、总经理名片、欢迎席签、欢迎卡、房卡、登记单等的到位或准备情况，及时将发现的问题通知前厅部经理；

（9）VIP 到达前半小时大堂经理通知行李员、保安员到位；

（10）VIP 到达前半小时大堂经理通知销售部经理、前厅部经理到大堂迎候；

（11）大堂经理引领 VIP 到房间，查看客人有效证件，并请客人在接待单上签字；

（12）销售部经理通知总经理 VIP 已到。

职业能力训练

一、填空题

提前排房是指________________________。

二、单选题

1. 有关订房核对次数正确的是（　　）。

A. 一次　　B. 两次　　C. 三次　　D. 四次

2.（　　）不是主要核对的内容。

A. 抵店日期　　B. 人数　　C. 房间类型　　D. 客人身份

三、简答题

1. 宾客抵店前的准备工作程序是什么？

2. VIP 的接待程序有哪些？

技能训练

1. 在前厅实训室，为团队客人做好抵店前的准备工作。
2. 在前厅实训室，为 VIP 客人做好抵店前的准备工作。

观念应用训练

一个月前，酒店的重要客户单位——德国 DOLD 公司上海分公司的总经理秘书于小鹿女士为其德国总部领导人一行五人在酒店订了一间总统套房和三间豪华行政单人间，住宿时间为 10月 12~15 日，今天上午 10:18，这批客人在上海分公司总裁姜先生和于女士等人的陪同下抵达酒店。

思考：如何礼貌周到地为这批 VIP 客人办理好入住手续？

情景模拟训练

2003 年 2 月 23 日，星期日，大堂经理一上班照例查看当日的预订情况，发现当日有××公司领导安排的客人到店。虽然不是 VIP 接待，但是大堂经理还是从总台拿了该房间的房卡和客房部经理一起对 807 预订房进行检查。在检查完房卡开门取电没有故障后，接着对房间卫生进行检查。进门第一眼就看见了南边床头框上有散落的水泥小碎块，房间其他设施设备及卫生良好。此时，电脑的房态显示的是 OK 房，客房领班也已检查完，客人可以随时进房。经一步一步调查，原来是客房领班在检查该房间时发现南边一侧的床头灯歪了，向工程部报修，在维修后没有再次检查就向客服中心提供该房是 OK 房的信息，客服中心报总台是 OK 房，可以进店。大堂经理决定将此房改为维修房重新清扫，并要总台重新安排一间较好的房间，以备不时之需。并且，找来了工程部经理和客房部经理，说明事情和处理意见。次日晨会，客房部将加强工作责任心作为本周重点工作，工程部规定修理时产生的垃圾自己处理带走，并通知维修部门检查。事情得到圆满解决。

阅读上述资料，请就此事发表评析。

项目二

礼宾服务

随着奢华酒店的定位不断攀升，酒店礼宾服务至私人管家的负责范畴不断扩大深入，从标准化服务，到个性化服务再到定制的独家服务，高级酒店因为酒店礼宾司的存在，渐渐成为旅行者们在世界各地的家。酒店礼宾服务员、门童、行李生、领班、私人管家……所有这一系列称谓，都指向酒店中直接和住客打交道的礼宾部。从入住的那一刻开始，礼宾服务员就成为客人在酒店下榻期间的生活问题联络人。他们代表着酒店品牌的软件高度，为奢华的起居空间注入关怀和温度，为客人指引解读酒店内外的资讯文化，像艺术家一样谱写出客人的下榻生活画卷。

项目导图

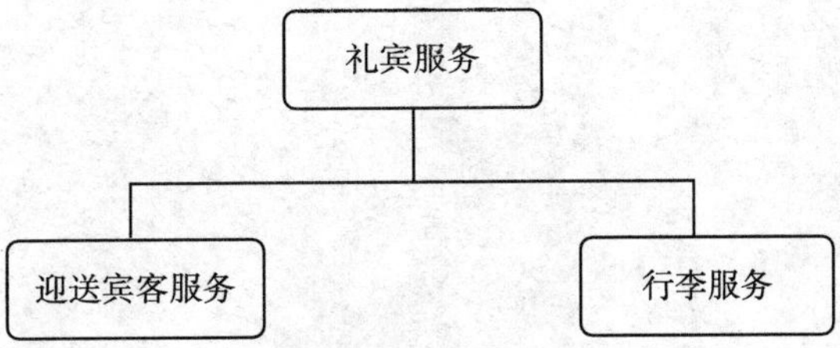

图 2–1　礼宾服务

学习目标

知识目标

1. 能迅速熟练地按要求做好岗前准备工作
2. 能按要求准确填写礼宾部的各类表单、报表
3. 能按要求独立完成散客与团队客人的门厅迎接工作
4. 能按要求独立完成散客与团队的行李抵店、离店、存取服务工作
5. 会根据客人的特点妥善地与客人沟通、熟练地向客人介绍酒店的设施设备等情况

技能目标

1. 迎送宾客服务
2. 行李服务

任务1 迎送宾客服务

任务目标

了解掌握本任务基本程序及技术要领。通过本任务实训，学生应当完整地了解和掌握迎送宾客服务的基本内容，并能达到服务标准。

项目任务书

任务名称	迎送宾客服务	任务编号		课时要求	
训练要求	1. 掌握迎送宾客服务过程中职业形象的设计，通过仪容、仪表、仪态的训练进一步提高服务人员的素质 2. 掌握接待服务流程和服务技巧				
培养能力	1. 迎接和送别散客及团队客人 2. 注意礼仪规范，包括手势、开关车门等				
涉及知识	迎送宾客、贵宾服务				
教学地点	教室、实训室	参考资料			
教学设备	投影设备、电话、电脑、传真机、前厅软件、预订表格、纸、笔				
训练内容					
将学生分成10人一组，扮演客人和服务员进行模拟练习，并进行角色替换，注意正确的服务姿态。 进行情景模拟，完成： 店外接送服务 店内迎送服务					
实训成果评价标准					
能够熟练地进行店内外接送服务，态度耐心，普通话流利标准，能够按照礼仪规范完成服务					

引导案例

一位常住的外国客人从酒店外面回来，当他走到服务台时，还没有等他开口，服务员就主动微笑地把钥匙递上，并轻声称呼他的名字，这位外国客人大为吃惊，由于酒店对他留有印象，使他产生了强烈的亲切感，如回家一样。

还有一位客人在服务台高峰时进店，服务员准确地叫出："××先生，服务台有您一个电话。"这位客人又惊又喜，感到自己受到了重视，受到了特殊的待遇，不禁添了一份自豪感。

另一位外国客人第一次来住店，前台接待员从登记卡上看到客人的名字，迅速称呼他以示欢迎，客人先是一惊，而后作客他乡的陌生感顿时消失。

此外，一位VIP客人随着陪同人员来到前台登记，服务人员通过接机人员的暗示，得悉其身份，马上称呼客人的名字，并递上打印好的登记卡请他签字，使客人感到自己的地位不同，由于受到尊重而感到格外的开心。

学者马斯洛的需要层次理论认为，人们最高的需求是得到社会的尊重。当自己的名字为他人所知晓就是对这种需求的一种很好的满足。

在酒店及其他服务性行业的工作中，主动热情地称呼客人的名字是一种服务的艺术，也是一种艺术的服务。通过酒店服务台人员尽力记住客人的房号、姓名和特征，借助敏锐的观察力和良好的记忆力，做出细心周到的服务，给客人留下深刻的印象，客人今后在不同的场合会提起该酒店如何如何，等于是酒店的义务宣传员。

目前国内著名的酒店规定：在为客人办理入住登记时至少要称呼客人名字三次。前台员工要熟记 VIP 的名字，尽可能多地了解他们的资料，争取在他们来店报家门之前就称呼他们的名字，当再次见到他们时能直称其名，是作为一名合格服务员最基本的条件，同时，还可以使用计算机系统，为所有下榻的客人做出历史档案记录，对客人做出超水准、高档次的优质服务，把每一位客人都看成是 VIP，使客人从心里感到酒店永远不会忘记他们。

知识链接

门厅迎送宾客服务

门厅迎送宾客服务，是对宾客进入酒店正门时所进行的一项面对面的服务。门厅迎接员（Doorman），亦称迎宾员或门童，是代表酒店在大门口迎接宾客的专门人员。是酒店的“门面”，也是饭店形象的具体体现。因此，门童必须服装整洁，仪容仪表端正、大方，体格健壮，精神饱满，与保安员、行李员相互配合，保证迎客、送客服务工作的正常进行。迎宾员要承担迎送，调车，协助保安员、行李员等工作的任务。门厅迎送宾客服务内容如下：

1. 迎宾服务

当客人抵店时，门童要主动相迎，为来店客人拉开车门，热情欢迎客人。协助客人下车并卸下行李，提醒客人清点行李以防物品遗留在车上，并招呼前厅行李员，将客人引领入店。

2. 送行服务

当客人离店时，门童要将客人的用车召唤至大门口，协助行李员将客人的行李装上车，并请客人核对行李，协助客人上车坐好，轻关车门，向客人致意送别，并表示欢迎客人再次光临。

3. VIP 迎送服务

贵宾接待，是酒店给下榻的重要客人的一种礼遇。门童要根据预订处发出的通知，做好充分准备，要讲究服务规格并在向贵宾致意时有礼貌地称呼其姓名或头衔。根据接待规格的需要，迎接员还要负责升降该国国旗、中国国旗、店旗或彩旗等。

（1）A 级迎送。总经理和部分服务员在大厅门口列队迎送客人。

（2）B 级迎送。总经理、大堂经理、迎宾员等人员在大门口迎送客人。

（3）C 级迎送。总经理或副总经理或大堂经理在大厅门口等候迎送客人。

4. 安全保卫

负责注意门厅出入人员动向，做好防爆、防盗工作。协助保安人员做好贵宾抵离时的安全保卫工作。

5. 门前调度

确保酒店门前车道畅通，指挥正门前交通及车辆停放事宜。为住客召唤出租车，负责大门口附近车辆的清理工作。

6. 检查环境

负责检查门厅环境卫生及室温。

7. 机场代表的迎送服务

酒店根据自身的服务规格及要求，在机场、火车站、码头等派出代表，即“酒店代表”（有些酒店在机场、火车站等设有固定的接待点），代表酒店对客人的抵达表示热烈欢迎，并致亲切问候，热情协助他们去酒店或送客离去。

8. 回答客人问询

因工作岗位所处位置的特殊性，经常会遇到客人问询，对此，应以热情友好的态度，准确地答复客人的问询，对没有把握的问题，应向客人表示歉意，并礼貌地请客人到问询处询问。绝不可使用“不知道”、“不清楚”等简单生硬的否定性语言答复客人。

服务流程

1. 门厅迎送宾客服务程序

迎送步骤和标准

操作步骤	主要操作内容	注意要点
准备工作	1. 了解当天即将抵店的重要客人和团队 2. 了解饭店当日举行的大型活动	准备工作要充分
迎接客人	1. 将客人所乘车辆引领到适当的地方停车，以免门前交通阻塞 2. 趋前开启车门，用手臂挡车门为客人护顶，并协助客人下车。原则是应优先女宾、老年人 3. 面带微笑地使用恰当的敬语欢迎前来的每一位客人 4. 协助行李员卸下行李，注意检查有无遗漏物品	1. 热情礼貌 2. 动作规范 3. 配合行李员工作 4. 老人、儿童行动不便的要搀扶
欢送客人	1. 离店时，为客人打开大门，问候并询问客人离店后所去地点，调度、召唤出租车，并注意看管随客人而出的行李 2. 协助行李员将客人行李放入车后行李箱，为客人拉开车门，护顶，请客人上车，并祝客人旅途愉快 3. 驱散可疑闲杂人员，维持店前秩序	1. 根据客人的需要，及时提供服务 2. 送别时招手示意，直到看不见车为止

2. 驻机场代表服务程序和标准

驻机场代表服务步骤和标准

程序	标准
准备工作	1. 定时从预订处取得需要接站的客人名单（Expected Arrival List，EAL） 2. 掌握客人的姓名、所乘的航班（车次）、到达的时间、车辆要求及接待规格等情况 3. 根据预订航班、车次或船次时间提前做好接站准备，写好接站的告示牌，安排好车辆，整理好仪容仪表，提前半小时至 1 小时到站等候 4. 备好接机牌，正面刻有酒店的中、英文名称，反面是客人的姓名，牌子手把的长度在 0.5 米左右
到达 机场迎接客人	1. 注意客人所乘航班、车（船）次到达时间的变动，若有延误或取消，应及时准备通知酒店总台 2. 站立在显眼位置举牌等候、主动问好、介绍自己、代表酒店欢迎客人 3. 根据预抵店客人名单予以确认 4. 帮助客人搬运行李并确认行李件数，挂好行李牌，迎领客人前往接站车前
送客人上车	1. 开车前 10 分钟应将客人送到开车地点，引导客人上车，协助客人将行李装上车 2. 然后向客人道别，开车时站在车前右方 2 米左右，微笑着并挥手向客人道别 3. 如果需要随车同行，在行车途中，可以根据具体情况，或简要介绍酒店服务项目内容和当地风貌，或陪同客人聊天，或放音乐让客人自便 4. 将客人接到酒店后，引领客人到总台办理入住手续，并询问客人是否需要提供离店服务。VIP 客人接站到店后，请大堂经理为客人办理入住登记手续
通知客人抵店信息	1. 电话通知大厅值班台客人到店的有关信息：客人姓名、乘车号、离开车站时间、用房有无变化等 2. 若没有接到 VIP 客人或指定要接的客人，应立即与酒店接待处取得联系，查找客人是否已乘车抵达酒店。返回酒店后，要立即与前台确认客人具体情况并弄清楚事实及原因，向主管汇报清楚，并在接站登记簿上和交班簿上写明

3. VIP 客人服务程序和标准

VIP 客人服务步骤和标准

操作步骤	主要操作内容	注意要点
准备工作	1. 了解当天即将抵店的重要客人和团队 2. 了解 VIP 客人接待规格	准备工作要充分
迎接客人	1. 将客人所乘车辆引领到店门前停车 2. 趋前开启车门，用手臂挡车门为客人护顶，并协助客人下车 3. 面带微笑并使用恰当的敬语欢迎前来的客人 4. 协助行李员卸下行李，注意检查有无遗漏物品	1. 热情礼貌 2. 动作规范 3. 卸下行李
欢迎仪式	1. 按 VIP 客人接待级别，安排接待礼仪规格 2. 视 VIP 客人级别安排欢迎仪式：列队欢迎，致欢迎词 3. 驱散可疑闲杂人员，维持店前安全秩序 4. 大堂经理（部门经理或总经理）陪同客人上电梯，到客房	1. 提前下发 VIP 客人接待报告 2. 根据 VIP 客人接待报告安排迎接

案例分析

7 月 10 日一早就开始下雨，礼宾员小白上班后就接到了接车任务——到东站接酒店客人朴先生。接到任务后，小白看了最新的火车时刻表。时刻表上显示朴先生的到站时间是 8:50。于是小白准备好写有朴先生名字的接车牌，提前到达车站软席出口处等候。等到 8:50 小白也不见朴先生的身影。原来朴先生的列车提前 10 分钟到站，而朴先生又随着人流从硬席出口出来，朴先生拖着行李，在滂沱大雨中怎么都寻不见接站的酒店员工，他十分失落，自己坐计程车到了酒店，直奔大堂经理处投诉。小白接到酒店“客人已到达酒店”的信息，随即跟车返回，听说客人已经投诉后，小白还不明白客人是如何从他眼皮下走过的。

回答下列问题：

(1) 为什么客人要投诉？

(2) 小白怎么做可以避免接不到客人？

【案例分析】

在此例中礼宾员小白没有做好因天气因素而造成列车早到或晚到的时间预测，亦没有及时咨询火车站工作人员该列车到站的准确时间，在没有了解清楚客人所乘坐列车是软席还是硬席，只是单一地选择在软席出口等候客人，导致未能接到客人。

(1) 礼宾员应及时准确地了解列车到站时间，做好突发事件的预防措施。

(2) 在收到客人接车预订时，应与客人沟通，协调好具体的接车位置。

(3) 在接车的同时，应掌握客人的联系方式，将被动变主动，方便联系客人，及时获取客人的信息。

酒店服务名言

在和宾客交谈的过程中，保持和宾客的眼神接触，这不但有助于沟通，更能够使客人感觉到你诚心地想帮助他，这样即使最后无法满足宾客要求，他也不会太在意。

知识拓展

什么是个性化服务？

要使顾客高兴而来，满意而归，光凭标准的、严格的、规范化的服务是不够的，只有在规范化的基础上，逐渐开发和提供个性化服务，才能给客人以惊喜，才能让客人感觉到“宾至如归”，才能使客人“流连忘返”。下面列举几个客人可采纳的个性化服务项目，供大家参考。

(1) 绝大多数客人晚上休息时，喜欢将客房的遮光窗帘拉合好，才会睡得香甜，因而客房服务程序中规定对住客房间开夜床。然而有的客人却因一天的工作劳累，常常一觉到天明，为了不影响第二天的繁忙工作，希望将遮光窗帘中间留出一条缝，这就需要细心的服务员发现、分析、判断，在夜床服务时提供给客人满意的服务。

（2）服务员早上清扫房间时发现，客人将开夜床时已折叠好的床罩盖在床上的毛毯上，再看空调是23℃。这时服务员立即主动加一张毛毯给客人，并交待中班服务人员，夜床服务时将温度调到26℃左右。

（3）服务员清扫房间时，发现客人的电动刮须刀放在卫生间的方石台面上，吱吱转个不停，客人不在房间。分析客人可能因事情紧急外出，忘记关掉运转的刮须刀，这时，服务员要主动为客人关闭刮须刀开关。

（4）服务员清扫房间时，发现一张靠背椅靠在床边，服务员仔细观察，才发现床上垫着一块小塑料布，卫生间还晾着小孩衣裤，原来是母亲怕婴儿睡觉时掉到地上，服务员随即为客人准备好婴儿床放入房间。

（5）服务员清扫房间时，发现床单、毛毯、床垫等都有不同程度的污秽。服务员马上意识到，是客人游玩时因饮食不慎引起肠胃失调，将所有脏的物品更换一新，还通过楼层主管及时与导游联系，并通知医生及时治疗，让客人得以康复。

（6）服务员清扫住房时，发现暖水瓶盖开着，不知是客人倒完开水忘记盖好瓶塞，还是客人喜欢喝凉开水故意打开瓶塞的。为满足客人的需要，服务员为客人送去了装满凉开水的凉水瓶；同时，暖水瓶照例又更换好了新的开水。

（7）服务员发现客房中放有西瓜，想必是旅客想品尝一下当地的西瓜，绝对不会千里迢迢带个西瓜回家留个纪念。所以服务员主动为客人准备好了托盘、水果刀和牙签。

职业能力训练

一、填空题

1.____是员工最起码应有的表情，面对客人要表现出____、____、____、____，必要时还要有____的表情，做到____、____、____。

2. 前厅部位于酒店的____，是负责招揽并接待客人，推销客房及餐饮等酒店服务，联络和协调酒店各部门对客服务，同时为客人提供各种____服务的部门。

二、单选题

前厅接待服务在很大程度上依赖于准确、有效的客房状况控制，这是由客房产品的（　）特点所决定的。

A. 增值　　B. 不可储存　　C. 投资成本小　　D. 投资成本大

三、多选题

销售客房通常包括（　）。

A. 受理宾客预订　　B. 接待未预订客房而直接抵店的零散宾客

C. 办理宾客的入住登记手续　　D. 分配房间，确定房价

技能训练

在实训室，模拟酒店员工前台如何进行迎宾服务。

观念应用训练

冬日，江苏某饭店大堂，两位外国客人向大堂经理值班台走来。大堂经理小灿立即起身，面带微笑地以敬语问候，让座后两位客人忧虑地讲述起他们心中的苦闷："我们从英国来，在这儿负责一项工程，大约要三个月，可是离开了翻译我们就成了睁眼瞎，有什么方法能让我们尽快消除这种陌生感？"小灿微笑着用英语答道："感谢两位先生光临指导我店，使大厅蓬荜生辉，这座历史悠久的都市同样欢迎两位先生的光临，你们在街头散步的英国绅士风度也一定会博得市民的赞赏。"熟练的英语所表达的亲切的情谊，一下子拉近了彼此间的距离，气氛变得活跃起来。于是外宾更加广泛地询问了当地的生活环境、城市景观和风土人情。从长江大桥到六朝古迹，从秦淮风情到地方风味，小灿无不一一细说。外宾中一位叫克里斯的先生还兴致勃勃地谈道："早就听说中国的生肖十分有趣，我是1918年11月6日出生的，参加过第二次世界大战，大难不死，一定是命中属相助佑。"

说者无心，听者有意，两天之后就是11月6日，谈话结束之后，小灿立即在备忘录上做记录。11月6日那天一早，小灿就买了鲜花，并代表饭店在早就预备好的生日卡上填好英语贺词，请服务员将鲜花和生日贺卡送到克里斯先生的房间。克里斯先生从珍贵的生日贺礼中获得了意外的惊喜，激动不已，并连声答道："谢谢，谢谢贵店对我的关心，我深深体会到这贺卡和鲜花之中隐含着许多难以用语言表达的情意。我们在南京逗留期间再也不会感到寂寞了。"

阅读上述资料，分析小灿行为的利与弊。

情景模拟训练

某广告公司章先生在A酒店订了两间商务单间，按照他订房时的要求，酒店将提供接机服务。章先生乘坐的航班将于上午10:00到达机场，礼宾部小李准备好了接机牌，并在上午9:40到达机场出口处等待。他和同事将如何迎接客人呢？

要求：学生分组，模拟以上情景。

任务2　行李服务

任务目标

了解行李服务的基本知识，熟练地掌握行李服务相关知识技能。

项目任务书

任务名称	行李服务	任务编号		课时要求	
训练要求	1. 具备信息处理能力 2. 具备较强的语言表达能力				
培养能力	1. 做好散客抵店、离店的行李服务 2. 注意引领客人时的姿势要正确，行李服务动作娴熟规范，介绍房间方法得当 3. 能正确区分不同团队行李，能妥善核对、分拣行李以及将行李装车 4. 妥善正确处理特殊寄存要求的行李 5. 妥善正确处理客人遗失行李寄存牌下联的事故				
涉及知识	1. 模拟散客、团队抵店行李服务情景对话 2. 模拟行李寄存服务情景对话				
教学地点	教室、实训室	参考资料			
教学设备	投影设备、投影幕布、能上网的电脑				
训练内容					
模拟训练：为散客和团队进行行李服务					
实训成果评价标准					
能熟练地做好散客抵店、离店的行李服务；引领客人时的姿势正确，行李服务动作娴熟规范，介绍房间方法得当；能正确区分不同团队行李，能妥善核对、分拣行李以及将行李装车；妥善正确处理有特殊寄存要求的行李；妥善正确处理客人遗失行李寄存牌下联的事故					

引导案例

××饭店按常规每天派一名“金钥匙”前往火车站为几列豪华旅游列车接站。中日友好协会的某旅行团乘车抵达，该团成员皆为老人。不知是因为导游的粗心没有通知酒店，还是此团将要下榻的酒店没有接站服务，只见这批老人在拥挤的站台上，手提肩背沉重的行李左冲右突。××饭店的“金钥匙”小王，正巧没有这趟车的接站任务，看到这种情况他略加思索，便飞步上前征得随团陪同的同意，用简单而准确的日语告诉客人，他是××饭店的“金钥匙”，可以为大家提供无偿的行李服务。请大家先将大件行李集中，清点数目。然后迅速地推来行李车把行李一一搬上，跟着团队向停车场走去。日本客人看着小王推着行李车，心里都有一种到家见到亲人的感觉。次日，由于所下榻酒店的服务质量低下，因为昨天小王的义举打动了他们。该团全体成员要求当天下午搬至××饭店入住，当他们在××饭店大堂见到小王时，那亲切的招呼声引来了许多客人的好奇目光。一个月后，同一系列的团队也改住××饭店，××饭店因此受益匪浅。

知识链接

行李服务

行李服务是前厅服务的一项重要内容，由行李员负责提供，包括客人行李的搬运和行李保管服务。由于散客和团队的客人有许多不同的特点，因此，行李服务的规程也有所不同。

一、散客行李服务

1. 散客入住行李服务

（1）散客乘车抵店时，行李员应主动上前迎接表示欢迎，帮助客人卸下行李，并请客人清点过目，准确无误后帮客人提携。但对于易碎物品和贵重物品不必主动提携，如客人需要帮助时，行李员须特别小心，要轻拿轻放，以防丢失破损。

（2）行李员提着行李走在客人的左前方，引领客人到接待处办理入住登记手续，如属大件行李，则需要借助行李车。

（3）引领客人到达接待处后，行李员应放下行李，站在总台前客人侧后 1.5 米处，并随时听候接待员及客人的召唤。

（4）客人办完入住手续后，应主动上前从接待员手中接过房卡，引领客人进入客房。

（5）引领客人到达电梯门时，应放下行李，按下电梯按钮。当电梯门打开时，用一只手扶住电梯门，请客人先进入电梯，然后进入电梯靠右侧站立并按楼层键。电梯到达后，请客人先出，行李员随后提行李跟出，继续引领客人到所在房间。

（6）到达客房门口时，行李员先放下行李，按饭店既定程序敲门、开门，以免碰到重复租房给客人造成不便。房内无反应再用钥匙开门。

（7）打开房门后，将房卡插入取电盒内使房间通电，推开客房门以手势示意请客人先进。

（8）将行李放在客房行李柜上，然后简要介绍房间设施、设备及使用方法，介绍时手势不能太多，时间不能太长，应控制在 2 分钟以内，以免给客人造成索取小费的误解。如果客人以前曾住过本店，则不必再介绍。

（9）房间介绍完毕，应征求客人是否还有要求，在客人无其他要求时，应礼貌地向客人道别，并祝客人在本店住得愉快。离开时，将房门轻轻拉上。

（10）离开房间后，迅速从员工通道返回礼宾部，填写“散客行李（入店/出店）登记表”。

2. 散客离店行李服务

（1）当礼宾部接到客人离店搬运行李的通知时，要问清客人的房号、姓名、行李件数及搬运行李的时间，并决定是否要带上行李车，然后指派行李员按房号收取行李。

（2）在征得客人同意后方可进入房间，并与客人核对行李件数，检查行李是否有破损，如有易碎物品，应贴上易碎物品标志。

（3）弄清客人是否直接离店，若客人需要寄存行李，则填写行李寄存单，并将其中的一联交给客人作为取物凭证，向客人道别，将行李送回行李房寄存保管。待客人来取行李时，核对并收回寄存单。

（4）如客人需直接离店，装上行李后，应礼貌地请客人离开客房，主动为客人叫电梯，引领客人到前厅收银处办理退房结账手续。

（5）客人离店时协助行李装车，向客人道别，并祝客人旅途愉快。

（6）完成行李运送工作后，将行李车放回原处，填写“散客行李（入店/出店）登记表”。

二、团队客人行李服务

团队客人的行李一般从车站、码头、机场等地装车运抵酒店，而酒店行李员的工作只是按团队名称清点行李件数，检查行李有无破损，做好交接手续，负责店内行李的运送与收取。

1. 团队入住行李服务

（1）团队行李到达时，行李员推出行李车，与行李押运员交接行李，清点行李件数，检查行李有无破损，然后双方按各项规定程序履行签收手续。如发现行李有破损或短缺，应由行李押运单位负责，请行李押运人员签字证明，并通知陪同及领队。如行李随团到达，则还应请领队签字确认。

（2）填写《团队行李登记表》，见表 2–1：

表 2–1　某饭店团队行李（入店/出店）登记表

团队名称		人数		入店日期		离店日期	
	时间	总件数	饭店行李员		领队	行李押运员	车号
入店							
出店							
房号	入店件数			离店件数			备注
	行李箱	行李包	其他	行李箱	行李包	其他	
合计							

（3）清点无误后，立即在每件行李上贴上行李标签或系上行李牌。如果该团队行李不能及时分送，应在适当地点摆放整齐，用行李网将该团队所有的行李罩在一起，妥善保管。要注意将入店行李与出店行李，或是几个同时到店的团队行李分开摆放，避免出错。

（4）在装运行李之前，应再清点检查一次，无误后才能装车，走行李通道送行李上楼层。装运行李时应遵循“同团同车、同层同车、同侧同车”的原则。

（5）行李送到楼层后，按房号分送行李。

（6）送完行李后，将每间客房的行李件数准确地登记在团队入店行李登记表上，并按团队入住单上的时间存档。

2. 团队离店行李服务

（1）根据团队客人入住登记表上的离店时间，做好收取行李的工作安排，带上该团队订单和已核对的登记行李件数的记录表，领取行李车，上楼层搬运行李。

（2）在规定的时间内依照团号、团名及房间号码到楼层收取客人放在房门口的行李，并做好记录。收取行李时要核实行李上所挂或所贴的标签是否一致。

（3）行李员收取行李时，应从走廊的尽头开始，以避免漏收和走回头路。如有客人的行李未放在门口，应通知该团陪同，并协助陪同通知客人把行李拿出房间，以免耽误时间。对置于房间内的行李则不予运送。

（4）将团队行李汇总到前厅，再次核对并严加看管，以防丢失。核对实数与记录相符，领队或陪同一起过目，并签字确认。与团队的行李押运员一起检查、清点行李，将行李罩好，并贴上表格。做好行李移交手续，特别要和领队核实该行李总件数是否包含领队的行李。

（5）将行李集中，运到行李部，检查后，在“行李进出店登记单”上签字。

（6）行李完成交接后，由领班填写“团队行李（入店/出店）登记表”并存档。

三、行李寄存服务

由于各种原因，有的客人希望将一些行李暂时存放在礼宾部。礼宾部为方便客人存放行李，保证行李安全，应开辟专门的行李房，建立相应的制度，并规定必要的手续。

1. 对寄存行李的要求

（1）行李房不寄存现金、珠宝、玉器、金银首饰等贵重物品，以及护照等身份证件。上述物品应礼貌地请客人自行保管，或放到前厅收款处的保险箱内免费保管。已办理退房手续的客人如想使用保险箱，须经大堂经理批准。

（2）饭店及行李房不得寄存易燃、易腐烂、易碎及具有腐蚀性的物品，不得寄存违禁物品。

（3）不接受宠物寄存，饭店一般不接受带宠物的客人入住。

（4）提示客人行李上锁，对未上锁的小件行李须在客人面前用封条将行李封好。

2. 行李寄存程序

（1）客人前来寄存行李时，行李员应热情接待、礼貌服务。

（2）应弄清客人行李是否属于饭店不予寄存的范围。

（3）问清行李件数、寄存时间、姓名及房号。

（4）填写“行李寄存单”，并请客人签名，上联附挂在行李上，下联交给客人留存，并告知客人下联是领取行李的凭证。

（5）将短期存放的行李，如半天或一天的行李放置于方便搬运的地方；如客人有多种行李，应用绳索系在一起，以免拿错。

（6）经办人须在“行李寄存单”上进行登记，并注明行李存放的件数、位置及存取日期等。如属非客人亲自寄存的行李，应通知客人前来确认领取。

表 2–2　酒店行李寄存单

行李寄存单（饭店联）

姓名 NAME：　　日期 DATE：　　房号 ROOM NO：

行李件数 LUGGAGE：　　时间 TIME：　　客人签名 GUESTS SIGNATURE：

行李员签名 BELLBOY's SIGNATURE：

行李寄存单（顾客联）

姓名 NAME：　　日期 DATE：　　房号 ROOM NO：

行李件数 LUGGAGE：　　时间 TIME：　　客人签名 GUESTS SIGNATURE：

行李员签名 BELLBOY's SIGNATURE：

日期	时间	房号	件数	存单号码	行李员	领取日期	时间	行李员	备注

3. 行李领取的要求

（1）他人前来领取行李时，须收回“行李寄存单”的下联，请客人当场在下联单上签名；将上下联进行核对，看二者的签名是否相符，核实无误后将行李交给客人，最后在“行李寄存单”上做好记录。

（2）如果是客人寄存、他人来领取，须请客人把代领人的姓名、单位或住址写清楚，并请客人告知代领人凭“行李寄存单”的下联及证件前来领取行李。行李员须在“行李寄存单”的备注栏内做好记录。

（3）如果客人遗失了“行李寄存单”，须请客人出示有效身份证件，核查签名后，请客人报出寄存行李的件数、形状特征、原房号等。确定是该客人的行李后，须请客人写一张领取行李的说明并签名（或复印其证件）。

（4）来访客人留存物品，让住店客人前来领取的寄存服务，可采取留言的方式通知客人，并参照寄存、领取服务的有关条款进行。

（5）帮助客人把行李送到指定地方，并礼貌地向客人道别。

行李寄存和提取的操作程序，如表 2–3 所示。

表 2–3　行李寄存和提取的操作程序

操作步骤	主要操作内容	注意要点
填写行李寄存牌	1. 有礼貌地递给客人行李寄存牌，并向客人介绍行李寄存牌上需填写的项目，提醒客人本店对散客过期不取行李仅保留 30 天 2. 向客人询问所存行李件数和提取行李时间，并亲自在行李寄存牌的上联和下联为客人填写清楚 3. 请客人填写行李寄存牌，须写清当天日期、客人姓名、房间号码 4. 行李员同时在单据上写清自己姓名，撕下下联收据递给客人，并提醒客人凭此提取行李	仔细检查行李寄存牌，要填写清楚

续表

操作步骤	主要操作内容	注意要点
保管客人所存的行李	1. 将存放半天或一天的行李放在屋外侧，以便搬运。将长期存放的物品放在存储室的行李架上，如果一位客人有多件行李，应用绳子连在一起，以免错拿 2. 在行李寄存登记本上登记所存行李情况，标明位置、件数、日期、颜色及存放人姓名和寄存牌编号等，如有贵重物品，应作明显标志 3. 如发现客人逾期不取行李，及时通知行李部经理	1.分类存放 2.存放时间长的行李放里面 3.易爆、易腐蚀、易碎等物品不能寄存
为客人查找提取行李	1. 礼貌地收回客人寄存行李牌下联收据 2. 礼貌地向客人询问行李的颜色、大小及存放时间，以便查找 3. 根据收据上的编号，翻查行李存放登记本，找到行李 4. 把行李取出后，交与客人核实，确认后撕掉行李上的寄存牌和客人的寄存收据，并划去行李存放登记本上的原始记录 5. 帮助客人将行李搬运出店或送到房间 6. 如遇客人遗失收据，应报告当班领班。检验客人身份，核对无误后，方可领取	1.应按寄存单查找行李 2.准确将行李交给客人 3.对丢失寄存单的客人应自己核对，防止行李被冒领

服务流程

1. 散客抵店的行李服务与标准

表 2–4 散客抵店的行李服务与标准

操作步骤	主要操作内容	注意要点
出门迎接	1. 行李员主动迎接抵达饭店的客人，为客人打开车门，请客人下车，并亲切问候 2. 从出租车内取出客人行李，请客人确认行李件数，以免遗漏 3. 迅速引导客人走进店门，到前台办理入店登记手续	1. 要热情礼貌 2. 易碎或贵重物品请客人自己拿 3. 检查行李件数
引领客人入店，办理入店手续	1. 行李员引领客人至前台，把行李放置在离前台 4 米以外的地方，系好本店行李牌，手背后直立站在行李后方，直到客人办理完毕全部入店手续 2. 对于住在豪华楼层的客人，需引导客人至豪华楼层办理入店手续，并需帮助客人搬开并放好登记台前的座椅，请客人入座，退后 3~4 米，站立等候客人办完手续	1. 用左手提行李，行走时身体要自然 2. 过重、过大的行李要用行李车 3. 等待客人办理入住登记时不可左顾右盼，随时听从客人吩咐
引导客人入住房间	1. 客人办理完入店手续后，行李员从前台服务员手中接过客房钥匙，清晰地将房间号码登记在行李牌上 2. 如果几位客人同时入店，应在办理完手续后，请每位客人逐件确认行李，在行李牌上写清客人的房间号码，并礼貌地告诉客人在房间等候，然后迅速将行李送入房间 3. 引导客人至电梯厅，按叫电梯。在途中向客人介绍饭店设施和服务项目，使客人初步了解饭店 4. 电梯叫到，请客人先进电梯间，并为客人按下相应楼层示意键，然后将行李提进电梯间，靠边放置在电梯里，继续向客人介绍饭店有关情况，回答客人问询 5. 电梯到达目的地楼层后，请客人先走出电梯，行李员随后赶上，走在客人之前，引领客人进入客房	1. 准确地在行李牌上写上房号 2. 引领时走在客人左前方两三步远，用右手指示方向 3. 边走边向客人介绍饭店的设施和服务项目 4. 介绍安全通道 5. 上下电梯，客人先进先出

续表

操作步骤	主要操作内容	注意要点
房间服务	1. 引导客人到达房间，把行李放在房门外左侧，并简短地向客人介绍紧急出口及客人房间在饭店的位置 2. 开门之前，向客人介绍如何使用钥匙开门及其他钥匙的用途（如小酒吧钥匙） 3. 为客人打开房门，介绍电源开关，并把钥匙插入开关内 4. 请客人首先进入房间，行李员进入后把行李放在行李架上，并帮助客人把脱下的外衣及要挂的物品挂入壁橱内，帮助客人打开或拉上窗帘 5. 向客人介绍如何使用电视和收看各频道节目，以及饭店内提供的节目 6. 向客人介绍电话使用方法，店内各主要服务部门的电话号码及空调、收音机、床头灯等电器设备 7. 告知客人写字桌上放有饭店介绍，以便客人更多地了解饭店服务信息 8. 向客人介绍小酒吧，并提醒客人注意放在酒吧上的价格表 9. 向客人介绍卫生间内设施，提醒客人注意电源的使用 10. 向客人介绍店内的洗衣服务及电话号码 11. 介绍完毕，询问客人是否还有其他要求，最后祝愿客人居住愉快	1. 先敲门，再开门 2. 按规定介绍房间里的设施设备使用情况 3. 如果客人没事，介绍完迅速退出
登记	1. 待送完客人后，回到行李台登记房号、行李件数、客人入店时间 2. 如遇到早到而暂时无法进入房间的客人，应将行李放在行李台旁，代客人保管，并标明“入店”字样，待客人房间安排好后，再送入房间。 3. 如果客人没有进入房间，而由行李员将行李送入客房	记录及时、准确、完整

2. 散客离店的行李服务与标准

表 2–5　散客离店的行李服务与标准

操作步骤	主要操作内容	注意要点
接到通知，收取客人行李	当客人离店打电话要求收取行李时，行李员必须问清客人的房间号码、行李件数和收取行李时间	问清房号、行李件数
登记	行李员在离店登记单上填写房间号码、时间、行李件数，并根据房间号码迅速去取客人行李	做好记录
收取客人行李	1. 在 3 分钟之内到达客人房间，轻敲三下，并告知客人“行李服务”或待客人开门后，向客人问候 2. 和客人一起确认好行李件数，并帮助客人检查是否有遗漏物品。如发现遗留物品，应直接还给客人或交给行李部经理 3. 行李员把客人行李放置在行李台旁边，告知领班客人房间号码，站在一旁等候客人	1. 及时收取行李 2. 查清行李件数 3. 放好行李，以免拿错
帮助客人离店	1. 确定客人已付清全部房费，办理完离店手续后，引导客人出店，帮助客人将行李放入出租车内 2. 为客人打开车门，并请客人上车护顶 3. 向客人礼貌告别：“欢迎下次再来”	及时将行李放到车上，热情挥手送客直到远去

3. 团队进店的行李服务与标准

表 2–6　团队进店的行李服务与标准

操作步骤	主要操作内容	注意要点
接受行李	1. 当团队行李送到饭店时，由领班向团队行李员问清行李件数、团队人数，并请团队行李员在入店登记表上登记姓名和行李车牌号等 2. 由领班指派行李员卸下全部行李，并清点行李件数，检查行李有无破损。如遇破损，须请团队行李员签字证实，并通知团队陪同及领队 3. 整齐排放行李，全部系上有本饭店标志的行李牌，并用网子罩住，以防止丢失、错拿	1. 分清团队、人数 2. 分清行李件数 3. 系好行李牌

续表

操作步骤	主要操作内容	注意要点
分拣行李	1. 根据前台分配的房间号码分拣行李，并将分好的房间号码清晰地写在行李牌上 2. 与前台分房处联系，问明分配的房间是否有变动，如有变动，须及时更改 3. 及时将已知房间号码的行李送至房间 4. 如遇行李姓名卡丢失，行李应由领队帮助确认	1. 分送行李要准确 2. 同房间同车，同侧同楼层同车 3. 不同团队的行李分车送
送行李到房间	1. 将行李平稳摆放到行李车上，在推车入店时，注意不要损坏客人物品和饭店设施 2. 在进入楼层后，应将行李放在门左侧，轻轻敲门三下，报出“行李服务” 3. 客人开门后，主动向客人问好，固定房门，把行李送入房间内，待客人确认后方可离开。如果客人的行李不见了，应婉转地让客人稍候并及时报告领班 4. 对于破损和无人认领的行李，要与领队或陪同及时取得联系，以便尽快解决	1. 运送行李动作要文明 2. 按规定敲门
行李登记	1. 送完行李后，应将送入每个房间的行李件数准确登记在团队入店登记单上 2. 如果是开门直接送入，则应注明“开门”字样，并核实总数是否与刚入店时一致	及时记录

4. 团队离店的行李服务与标准

表 2–7 团队离店的行李服务与标准

操作步骤	主要操作内容	注意要点
准备	1. 仔细审阅前台送来的团队离店名单 2. 提前 3 天将欲离团队的团号、房间号、人数与电脑内档案核实 3. 与团队入店时填写的行李表核对，并重新建立新表 4. 夜班领班将核实后的表格转交下一班领班	1. 查清要离店团队的编号名单 2. 夜班编制离店表，交接班时，如有特殊情况要交代清楚
收取行李	1. 依照团号、团名及房间号码到楼层收取行李 2. 与客人确认行李的件数。如客人不在房间，则检查行李牌号及姓名 3. 如客人不在房间，又未将行李放在房间外，则应及时报告领班解决 4. 根据领班指定位置摆放行李并罩好，以免行李丢失	1. 仔细对照名单收取行李 2. 不同的团队分别收取、摆放
核对	1. 统计行李件数的实数是否与登记数吻合 2. 由领班与陪同或领队一起确认件数。若无误，请其在团队离店单上签字 3. 从前台得到该团行李放行卡后，方可让该团队离开	1. 按规定确认、签字 2. 有放行卡，方可放行
行李放行及资料存档	1. 由领班问清行李员所取的团队行李的团号和团名 2. 待团队行李员确认行李件数后，请其在离店单上签上姓名和车牌号 3. 领班把团队离店登记单存档	记录存档

案例分析

某日上午，一位女住客急匆匆地来到酒店大堂的礼宾部，手里还拿着两张发票，她径直走到身着燕尾服的“金钥匙”服务员小方面前：“您是酒店的‘金钥匙’吗？有这样一件事您帮一帮我，今天早上我是乘坐出租车来到你们酒店的，刚才我收拾物品时才发现我把摄影机的架子忘在出租车的后排座位上了，更可气的是司机撕给我的发票是长途汽车的发票，而不是出租车的发票，这让我回去怎么报销呢？”客人语气急促地说。

小方说：“女士，您别着急，让我们一起想一想办法。请问您早上大约几点到达我们酒店的？”

客人说：“具体时间记不清了。”

“请出示一下您的住房卡，”小方接过客人递过来的住房卡并告诉客人在大堂吧稍候一下，随即到前台接待处，查询了这位客人办理入住的具体时间。又到大门口询问是谁帮助这位客人打开的车门。行李员小卢说：“是我接待这位女士的，当时我上前为这位女士拉车门、护顶，她示意让我到车后备厢取行李，打开尾箱后一共拿出了两个皮箱，当时我还仔细看了一下没有其他行李，这时后面又有其他的出租车来了，我就赶紧关了车门，并迅速在提示卡上记下了这辆出租车车号交给了她，帮着提着行李来到了前台。”小方分析，一方面，是客人自己遗失了一件行李，她可能怕把摄影架压坏弄脏，自己坐在前排，摄影架没有放在车后备厢而单独放在了车的后排，下车时忘了提醒行李员；另一方面，行李员也够粗心的了，一时疏忽也没有检查一下。现在唯一的办法是看能不能找到出租车司机，那就要通过行李员留给客人的那张提示卡了。小方快步来到大堂吧，那位女士充满期盼地迎了过来。

小方说：“让您久等了，我问一下早上您下车时，行李员给您的那张提示卡还在吗？”

客人：“好像还在，我找一下。”于是在手提箱里翻找起来，终于找到了一张揉成一团的提示卡。

“就是这张小小的提示卡，上面有那辆出租车公司的名字和出租车牌号。给我吧，我马上去和该公司联系一下。”小方微笑着说。

小方立即通过礼宾部联系到了出租车调配中心，找到了这家出租车公司的电话，在电话里向对方说明了情况，对方表示将以最快的速度联系司机，态度诚恳地做出了口头承诺：“我们马上派人在半小时内把发票和摄影架送到酒店前厅部，绝不耽误客人的时间，抱歉了。”

20分钟后，一辆出租车停在酒店门口，司机把发票和摄影架送到了前厅部。小方迎上前去，对司机表示了感谢，司机也向客人表示了歉意。拿到摄影架和发票的客人高兴地笑着说：“太谢谢你们了，谢谢你们的细心和周到，还有这张给我留下美好回忆的提示卡。”客人感激不已，脸上露出了灿烂的微笑。

阅读上述资料，试着分析客人为什么能找回行李？小方怎样帮助了客人？

【案例分析】

这是一个帮助客人及时解决困难的服务案例。

在酒店服务程序中，很多酒店在客人上下出租车时，都要作一个提示卡的记录，上面写有出租车公司的名字和车牌号。虽然是一个简单的服务项目，关键时刻起到很大作用。在本案例中，小方接到客人的求助之后，就是从一张提示卡着手打开了缺口，帮助客人拿到了摄影架和发票。这充分地说明，酒店向客人发放的提示卡是完善酒店服务中必不可少的服务项目，小小提示卡在酒店服务中起着重要作用。虽然比较烦琐，还应该这样做。客人求助酒店完成本职以外的工作时，有关人员一定要尽力满足客人的要求，这是十分重要的。

方便、及时、急人之所急，是客人的普遍心理需求，无论是哪种消费目的的顾客，都希望能够为自己提供尽量方便的条件和及时的服务。

酒店服务名言

做事勤一点，谈话轻一点。

知识拓展

金钥匙服务

一、国际酒店金钥匙在中国的发展

国际酒店金钥匙组织拥有 34 个成员国和地区，分别是：澳大利亚、奥地利、比利时、巴西、加拿大、中国、丹麦、英国、捷克、法国、德国、俄罗斯、希腊、荷兰、中国香港、匈牙利、爱尔兰、以色列、意大利、日本、卢森堡、马来西亚、墨西哥、摩洛哥、挪威、新西兰、菲律宾、葡萄牙、罗马尼亚、新加坡、西班牙、瑞典、瑞士、美国。1997 年 1 月在意大利首都罗马举行的国际酒店金钥匙年会上中国被接纳为国际酒店金钥匙组织的第 31 个成员国。

现在在中国的酒店里，出现了这样一群年轻人，他们身着一身考究的西装和燕尾服，衣领上别着一对交叉的金钥匙徽号，永远的彬彬有礼，永远的笑容满面，永远的机敏缜密。他们是国际酒店金钥匙组织的成员——中国饭店金钥匙。

国际酒店金钥匙的服务哲学，是在不违反法律的前提下，使客人获得满意加惊喜的服务，特别是目前中国的旅游服务必须考虑到客人的吃住行娱游购六大内容。国际酒店金钥匙的一条龙服务正是围绕着宾客的需要而开展的。例如从接受客人订房，安排车到机场、车站、码头接客人；根据客人的要求介绍各特色餐厅，并为其预订座位；联系旅行社为客人安排好导游；当客人需要购买礼品时帮客人在地图上标明各购物点等。最后当客人要离开时，在酒店里帮助客人买好车、船、机票，并帮客人托运行李物品；如果客人需要的话，还可以订好下一站的酒店，并与下一城市酒店的金钥匙落实好客人所需的相应服务。让客人从接触到酒店开始，一直到离开酒店自始至终，都感受到一种无微不至的关怀。从而，人们不难想象酒店金钥匙给城市旅游服务体系、酒店本身和旅游者带来的影响。

国际酒店金钥匙是在中国的逐渐兴起，是中国的经济形势的发展以及旅游总体水平的发展需要。它将成为中国各大城市旅游体系里的一个品牌，即代表着热情好客、独具酒店特色的一种服务文化，并将成为该城市酒店业的一个传统。

二、国际酒店金钥匙组织中国区申请入会条件和程序

1. 基本条件

申请人必须是年满21岁，品貌端正，是在酒店大堂工作的礼宾部首席礼宾司。需具备至少五年酒店从业经验（在酒店的任何职位均可，且至少有三年以上从事委托代办服务工作经验和必须达到一定的工作水平），至少掌握一门以上的外语，参加过国际酒店金钥匙组织中国区的服务培训。

2. 必备文件

申请人必须把申请书（申请表格）连同7份证明和文件递呈国际酒店金钥匙组织中国区总部：

（1）申请人标准一寸彩色照片两张。

（2）申请人工作场所照片。

（3）两位会员（具备资格三年以上的正式会员）的推荐信，在一个月内答复申请。如果该地区没有符合资格的推荐人，则应把申请表格直接寄至总部。

（4）申请人所在酒店总经理的推荐信。

（5）参加金钥匙学习的资格证书复印件。

（6）在酒店工作的新旧证明文件。

（7）申请人在前厅部期间服务的案例（三篇）。

3. 批准程序

如果申请人被审核符合入会资格，总部行政秘书会把国际酒店金钥匙组织的相关资料交给申请人(包括交会员费通知等)。申请人完成以上程序并被审核符合所有申请资格后将收到由总部行政秘书发出的授徽通知。经总部授权专人授徽后，该会员及其酒店才正式成为国际酒店金钥匙组织成员。

相关文件按照程序分别会递呈国际酒店金钥匙组织中国区主席、国际酒店金钥匙组织中国区首席代表、秘书长和申请人所在城市地方的金钥匙分会备案。

三、我国酒店金钥匙组织会员的能力及业务要求

（1）能力要求。

交际能力：善于与人沟通，亲和力强；

语言表达能力：表达清晰、准确；

协调能力：能正确处理好与相关部门的合作关系；

应变能力：能坚持原则，并以灵活的方式解决问题；

身体素质：身体健康、精力充沛，能适应户外工作及长时间的站立工作。

（2）业务知识与技能要求。

熟练掌握本职工作的操作流程。

普通话标准流畅，至少掌握一门外语。

熟练掌握中英文打字及计算机文字处理等技能。

熟练掌握所在酒店的详细信息资料，包括酒店的历史、服务设施、设备、服务时间、产品价格等。

熟悉本地区三星级以上酒店的基本情况，包括地理位置、主要服务项目、特色及价格水平等。

熟悉本市区的主要旅游景点，包括地点、特色、开放时间及消费价格等。

掌握本市高、中、低档的餐厅、娱乐场所、酒吧等（各5个，小城市3个）的基本情况，包括地点、特色、营业时间、价格水平及联系人电话。

能帮助客人购买各种交通票据；了解售票处的服务时间、业务范围和联系人电话。

能为客人代办物品修理，如眼镜、手表、小电器、行李箱、皮鞋等，掌握维修处的地点、服务时间等。

能为客人代办邮寄信件、包裹、快件，懂得办理邮寄事项的要求及手续。

熟悉本市的交通情况，掌握从本酒店到车站、机场、码头、旅游景点、主要商业街的路线、路程及乘出租车的大概费用。

能帮助客人查找航班托运行李的去向，掌握相关部门的联系电话和领取行李的手续。

能帮助外籍客人解决办理签证延期等问题，掌握有关单位的地点、工作时间、联系电话和相关手续。

职业能力训练

一、填空题

1. 行李员服务的程序包括________、________。

2. 酒店代表服务包括________、________。

二、单选题

下列人员中不属于VIP范围的是（　）。

A. 一般单位的领导　　B. 国际组织的高官、要员

C. 名人、明星等知名人士　　D. 有特殊使命的人士

三、简答题

1. 面对客人，行李员应有什么样的态度？

2. 行李牌上应填写什么？

技能训练

在实训室，模拟酒店行李服务。

观念应用训练

某日，饭店机场代表按客人订房时所报的航班，持着写有该客人姓名的欢迎牌到机场出口处接客人。但一直等不到客人，对此你应如何处理？

情景模拟训练

1. 某日中午，一位已订妥酒店房的客人要求前去接机的酒店代表先将他的两件行李送回酒店，待他晚上回来开房后再取行李，你应该怎么做？

2. 某日早上，由于行李员的大意，漏收了某旅游团其中一间房的行李，发现时该团已飞往A城市了，并在该城市逗留两晚，你应该怎么做？

项目三

接待服务

酒店接待礼仪在酒店礼仪培训中占据非常重要的地位，因为现代企业都十分重视树立良好的形象，酒店也不例外。酒店形象取决于两个方面：一是提供的产品与服务的质量水平；二是员工的形象。那么酒店前台的接待人员就是酒店给客户的第一印象，如果第一印象不好的话，酒店以后就需要付出更多的努力来挽留客户。

项目导图

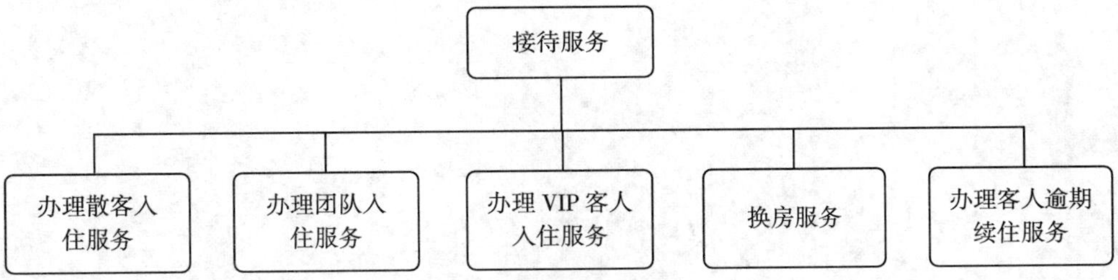

图 3–1　接待服务

学习目标

知识目标

能够按要求独立完成散客、团队、VIP 客人的接待业务，并能有条理地处理简单的突发事件

技能目标

1. 能够迅速熟练地按要求做好岗前准备工作
2. 能够按要求准确地填写各类表单、报表
3. 能针对有预订的散客、团队等不同类型宾客制订客房预分方案

4. 能按要求给不同类型的客人办理入住手续

5. 能妥善地办理转房、加床及客人延期续住等手续

6. 能够运用酒店计算机管理系统进行客房状况的控制与调整；熟练操作打印机、POS机

7. 能够迅速地为客人进行各类结账，准确地为客人兑换外币

8. 能够按照操作规范独立受理住客物品积存服务、留言服务、邮件服务等工作，并且能处理问询服务过程中出现的简单突发事件

任务 1　办理散客入住服务

任务目标

能够达到操作规范、熟练，且能够在实际工作中应用自如。

项目任务书

任务名称	办理散客入住服务	任务编号		课时要求	
训练要求	1. 为未预订的散客办理好入住手续 2. 3 分钟内为已预订的散客办理好入住手续				
培养能力	1. 未预订散客的接待服务技能 2. 已预订散客的接待服务技能				
涉及知识					
教学地点	教室、实训室	参考资料			
教学设备	投影设备、电话、电脑、传真机、前厅软件、预订表格、纸、笔				
训练内容					
1. 办理未预订散客入住 2. 办理已预订散客入住					
实训成果评价标准					
1.未预订散客入住业务： 服务要快捷、准确、高效，不能让客人久等，需对客房情况非常熟悉，能及时向客人提供其需要的信息及客人核实订房信息；亲切、有礼貌，服务应耐心、周到 2.已预订散客入住业务：同上					

引导案例

客人的好参谋

一天晚上，两位台湾同胞带着远道送行的家人，进门就向总服务台的服务员问道："有房间吗？"服务员答："有。""好，给我租一间休息用，再租一间和家人谈心用。"服务员马上意识到如果按客人要求办肯定无可非议，但可以给客人提供更好的安排，服务员马上向客人介绍说："我们酒店有夜酒吧，里面明亮宽敞，又豪华，还可以随时点各种酒水饮料，只收饮料费用。"服务员又建议道："是不是您那间谈心用的房间不用租了？"客人听后非常开心，连声说："好，好，好！你们酒店就是好！我们就像到了家一样，钱我不在乎，有夜酒吧这个好地方，我和我的家人就太满意了。没想到你们想得比我还周到。就这样办吧！"

知识链接

一、入住登记的目的

（1）可以和客人签订住宿合同。

（2）国家法律法规的规定。

（3）可以获得客人的个人资料。

（4）可以满足客人对房间、房价的要求。

（5）可以掌握客人的付费方式，保证客房销售收入。

（6）可以向客人推销饭店的其他服务与产品。

二、入住登记的证件

（1）护照。

（2）签证。

（3）身份证件：

中华人民共和国居民身份证；

中华人民共和国香港特别行政区护照；

中华人民共和国港澳居民来往大陆通行证；

港澳同胞回乡证；

台湾居民来往大陆通行证；

中华人民共和国旅行证；

中华人民共和国外国人居留证；

警官证；

军人身份证。

三、客房的基本类型

1. 按房间床位的设置划分

（1）单人间：单人床 1 张；

（2）双人间：双人床 1 张；

（3）标准间：单人床 2 张；

（4）三人间：单人床 3 张。

2. 按房间的豪华程度来划分

（1）商务间：面积比标间略大，设有标准的办公桌和充足的照明设施，有的还带传真、电脑接口专线等。

单人间　标准间

双人间　三人间

图 3–2

（2）普通套房：设有客厅、卧室，为两间相通的客房。

（3）豪华套房：设施设备豪华，房间数及卫生间均在两间以上，有的还有会议室、书房。

（4）总统套房：面积比豪华套间更大，设有两间主人卧室及豪华浴室，还有客厅、餐厅、厨房、书房、侍从房等。它在酒店内独一无二。

3. 按房间的位置划分

（1）内景房；

（2）外景房；

（3）角房；

（4）连通房。

四、散客（VIP 除外）入住登记

（1）询问查看。

①微笑问候，询问客人是否有预订 。

②查看订房情况。

（2）填表核对。

①请客人填写登记表，如客人已有登记资料的，只需客人签名确认。

②检查登记卡，核对证件。

③再次确认房价、房间种类、离店日期及付款方式。

（3）制作钥匙。

（4）填写房卡。

①拿出预先准备好的住房卡，填写齐全后请客人签名，并介绍其用途和用法。

②将钥匙交给行李员，由行李员带客人进房，祝愿客人住得开心。

（5）整理资料。

①在登记卡上打印上时间。

②整理客人的入住登记资料，将第一联的登记资料输入电脑，然后交问询组。

表 3–1　住宿登记表

REGISTRATION CARO FOR GUESTS

入住日期　　　　　　　　　　　　　　房间号码
Date of arrifval　　____年____月____日　　Room NO.

姓名 Nameinfull	性别 Sex	出生日期 Old	身份证住址 Address on identity card	身份证号码 Identity card document NO	职业 Occupation

进店时间 Time of arrival		拟住天数 Day of stay		离店时间 Date of departure		开通市话 Local Call	Yes	No	开通长话 Longdistance call	Yes	No

<table>
<tr><td rowspan="5">退房时间为中午 12 时整
无论在任何情况下，本人同意支付所有账目现金，贵重物品请您寄存，否则如有遗失，恕不负责
Checking out time is 12noon.
Regardless of charge instructions. I acknowledge that I am person–hally liable for the payment of my statement ofaccounts. Please depostit your cash and valuable goods. Otherwise. the hotel will notbe responsible for any loss
有 Yes　　无 No</td><td>房价
Room rate</td><td>预收房费
Rate in advance</td><td>发票号码
Receipt No.</td><td>收银员
Cashier</td></tr>
<tr><td></td><td></td><td></td><td></td></tr>
<tr><td></td><td></td><td></td><td></td></tr>
<tr><td></td><td></td><td></td><td></td></tr>
<tr><td colspan="4">备注
Remarks</td></tr>
</table>

第一联（白）接待　第二联（红）收银　第三联（黄）楼层

宾客签名　　　　　　　　　　　　　　　接待员签名
Signature　　　　　　　　　　　　　　　Receptionist Signature

服务流程

散客登记入住服务程序

迎候宾客→确认预订→升级销售→登记资料→受理预付款→交付→祝愿宾客→电脑输单→检查→单据存档。

表 3–2

操作程序	操作细则及标准	特别提示
迎候宾客	1. 接待员应随时做好待客准备，在距宾客 3 米处开始关注，2 米处热情礼貌地打招呼 2. 若正在接待其他宾客，应向后来的宾客致歉，并予以目光关注 规范用语例句：您好！请您稍等，马上为您办理	了解预订详情，做好个性化服务
确认预订	1. 有预订宾客：查找预订，与宾客确认预订房间类型、房数、入住天数、房价，是否含早餐，是否需无烟房及其他特殊要求，在电脑中输入入住信息 规范用语例句：×先生/小姐，您好，您通过“华开天下”400 客服专线预订了 B 座的一个高级单人间，房价×元，含×位早餐，对吗 2. 无预订宾客：向宾客推销，通过观察或问询了解宾客来店目的，并针对宾客的类型进行适当的推销和介绍房型 规范用语例句（针对商务客人）：×先生/小姐，我们酒店针对您这样的商务客人，专推出了商务间，房间格调高雅，含一份价值×元的早餐，延迟到下午 2:00 退房，赠送鲜花、水果，还有电脑免费上网，这种房间既符合您的高贵身份，又方便您办公，而且价格很合算。您看可以吗	1. 及时与宾客确认住房信息，做好个性化服务，并将其入住喜好备注于档案中，达到资源共享，以便宾客下次入住时为其提供优质服务 2. 征询客人是否为“华开天下”贵宾会员，之后根据客人不同的回答做出相应会员政策介绍及服务

续表

操作程序	操作细则及标准	特别提示
升级销售	三种常用销售方法： 1. 从高价房到低价房的顺序，向宾客介绍房间类型和房价 2. 一次报 2~3 种房价，提供促销折扣与优惠内容，方便宾客选择 3. 将最新促销内容介绍给宾客，引导宾客选择；针对宾客类型，可适当地做升级销售	1. 向宾客详细介绍房间类型，描述各类型房间的特色、区别、房价、包含的服务项目，如服务费、早餐等 2. 针对会员推销房间时，须先报房型的前台门市价格再报房型的会员价格
登记资料	办理入住，请宾客出示相关证件进行登记，回头客核对证件后，直接在电脑中链接客户档案 规范用语例句： ×先生/小姐，方便出示您的身份证/护照为您登记吗 ×先生/小姐，请问您以前在我们酒店登记过吗	得知宾客姓氏后，至少 3 次用姓氏称呼宾客。实行“一房一证”，对证对人
受理预付款	1. 询问宾客付款方式，是否需要签单消费，提醒宾客如果签单消费较多，可适当多交纳相应的定金 规范用语例句：×先生/小姐，请问您如何付费，用信用卡还是付现金呢 ×先生/小姐，一共收您×元定金 ×先生/小姐，共为您做×元的预授权 2. 告知宾客贵重物品寄存事宜 规范用语例句： ×先生/小姐，如果您有贵重物品可以在前台收银或房间的保险箱内寄存 3. 请宾客签名认可，并告知其房间方位、用餐地点、优惠等	1. 宾客现付时需唱点唱收，现场点清，避免不必要的麻烦和误会 2. 做信用卡预授权时，需核对信用卡主人是否为登记宾客本人 3. 外币需由收银员签收 4. 支票验证需有担保人 5. 转账需核对签单人签名
交付	交付房卡、信用卡定金条、证件（可配送当地三天天气预报，如有多位宾客可准备房号联络表） 规范用语例句： ×先生/小姐，麻烦您在单据上签名认可 ×先生/小姐，这是特意为您准备的房间联络表，方便你们相互联系	
祝愿宾客	询问宾客是否有其他要求，如是否需要行李员引领至房间，并预祝宾客入住愉快 如宾客不需要行李员，则运用语言+手势为其指明电梯方向 规范用语例句： ×先生/小姐，请问还有什么可以为您效劳的吗 ×先生/小姐，请问需要行李员送您去房间吗	与行李员交接，请其引领宾客到房间。通知客务中心相关信息
电脑输单	建立客户资料，记录宾客资料及喜好	
检查	当班负责人及时检查相关单据	确保信息的准确
单据存档	一式两联：接待部、前台收银分别存档	

案例分析

2008 年圣诞前夕的下午，苏州天光大酒店公关销售部吴经理正在大堂忙忙碌碌地张罗圣诞节的环境布置，只见一位身穿西装的先生带着一位身穿夹克衫的男子急匆匆地走到他面前，轻轻地对他说：“吴经理，有件事和您商量一下。我是北京××公司的总经理，这几天和另一位同事住在贵店，开了一间房。这位先生是我的南京客户，刚才和我一起吃完饭，多喝了点酒，我想给他另开一间房，让他休息一下，晚上住一宿，顺便谈点生意。可总台服务员说我已经开了一间房，不能再开了。而这位客户正好没带身份证，也不让登记。这就麻烦了。吴经理，您就帮忙再开一间房吧。您看，这是我的身份证。”他边说边递上身份证，下面还衬着一张没有填写的住房登记表。“吴经理，您就行个方便吧。”旁边那位男子也递上名片求情。

此刻，吴经理感到很为难：这位北京某大公司的总经理是本酒店的常客，他的要求应该尽量满足，如果处理不当，就会失掉一个很有潜力的常客，但如果答应让其客户无身份证入住，又不合酒店住宿的一般规程。他试图找到一个变通办法，便询问那男子：“您有没有证明你身份的其他证件？”男子摇了摇头。“那可不行啊。”吴经理显得无可奈何。那位先生有点急了，赶紧说：“这是特殊情况嘛，请允许我用我的身份证来担保他入住吧。”“好，就这么办吧。”吴经理略一沉思，下了决心答应下来。两位客人喜出望外，连声道谢，表示今后有机会一定再住天光大酒店。

吴经理领两位客人到总台办完入住登记后，又给楼层服务台打了个电话，向值台服务员介绍了那位新入住客人的特殊情况，请她多加注意。

阅读以上资料，分析吴经理的做法是否正确。

【案例分析】

以上吴经理对客人特殊要求的特殊处理，既拉住了一个重要客源，又确保了酒店的安全。

第一，吴经理照顾的客人是一个熟悉的信得过的大公司总经理，此事的基础是稳妥可靠的。

第二，公司总经理以自己的身份证担保客户入住的安全，并办理了有效的登记手续，就正式承担了相应的责任，有据可凭，有案可查。

第三，吴经理最后又请楼层服务员对新入住客人多加注意，再增加了一条保险措施，可以说是慎之又慎，万无一失。

本案例实际上提出了酒店管理者和服务员如何在维护酒店利益的前提下灵活处理遵守规章制度的问题，值得引起酒店同行的思考。有关的例子是不少的，如酒店除了对少数了解熟悉、有信誉的客人，原则上是不予赊账的，但有时对有特殊情况且印象不错的客人，可暂允其赊账；住店客人进房时钥匙被同房朋友带走且身边未带住房卡，但服务员认得出客人，宜先开房让其进去休息；等等。

酒店服务名言

服务的“四快”：入住快、结账快、点菜快、上菜快。

知识拓展

常见问题的处理

1. 客人等候办理入住手续的时间过久而引起抱怨。

（1）客人抵店前，接待员应熟悉订房资料，检查各项准备工作。

（2）根据客情，合理安排人手，客流高峰到来时，保证有足够的接待人员。

（3）繁忙时刻保持镇静，不要打算在同一时间内完成好几件事。

（4）保持正确、整洁的记录。

2. 客人不愿翔实登记。

（1）耐心地向客人解释填写住宿登记表的必要性。

（2）若客人出于怕麻烦或填写有困难，则可代其填写，只要求客人签名确认。

（3）若客人出于某种顾虑，担心住店期间被打扰，则可以告诉客人，饭店的电话系统有“DND”（请勿打扰）功能，并通知有关接待人员，保证客人不被打扰。

（4）若客人为了显示其身份地位，饭店也应努力改进服务，满足客人需求。

3. 遇到有不良记录的客人时：

接待员在遇到有不良记录的客人光顾饭店时，凭以往经验或客史档案，要认真、机智、灵活地予以处理。

（1）对于信用程度低的客人，通过确立信用关系、仔细核验、押印信用卡、收取预付款等方式，确保饭店利益不受损失，及时汇报有关处理的情况。

（2）对于曾有劣迹、可能对饭店造成危害的客人，则应以“房间已全部预订”等委婉的说法，巧妙地拒绝其入住。

4. 饭店提供的客房类型、价格与客人的要求不符，接待员在接待订房客人时，应复述其订房要求，以获得客人的确认，避免客人误解。房卡上填写的房价应与订房资料一致，并向客人口头报价。如果出现无法向订房客人提供所确认的房间，则应向客人提供一间价格高于原客房的房间，按原先商定的价格出售，并向客人说明情况，请客人谅解。

5. 在房间紧张的情况下，客人要求延住。

（1）可以先向已住客人解释饭店的困难，征求其意见，是否愿意搬到其他饭店延住。

（2）如果客人不愿意，则应尽快通知预订处，为即将来店的客人另寻房间，或是联系其他饭店。

6. 住店客人要求保密。

（1）确认客人的保密程度，例如是只接长途电话，只有某位客人可以来访，还是来访者一律不见、来电话一律不接听等。

（2）在值班日志上做好记录，记下客人姓名、房号及保密程度。

（3）当有人来访问要求保密的客人时，一般以客人没有入住或暂时没有入住为理由予以拒绝。

（4）通知电话总机做好客人的保密工作。例如来电话查询要求保密的客人时，电话总机室的接线员应告诉来电话者该客人未住店。

7. 离店团队退房回收钥匙。

（1）团队离店前一天，接待员须打印出次日离店的团队表单。

（2）离店当日，由早班接待员负责将离店团队的钥匙收回。

（3）如发现钥匙有未退回的，应马上与团队陪同联系，请其协助追回钥匙。

（4）若钥匙丢失，须马上通知收银员、大堂经理，由大堂经理与客人交涉索赔事宜。

（5）团队钥匙全部收回后，通知收银员将钥匙押金退还陪同或领队。

职业能力训练

一、填空题

不论饭店的规模和档次如何，客人要入住饭店，都必须首先办理______。

二、单选题

发放客用钥匙卡时，不恰当的做法是（　　）。

A. 凭客人的饭店欢迎卡发放钥匙　　B. 统一由总台接待员制作

C. 不再给丢失饭店欢迎卡的客人发放钥匙　　D. 对于首次入住的客人应主动介绍使用方法

三、简答题

简述散客入住工作的程序。

技能训练

到实训室，现场模拟酒店前台服务员办理散客入住服务。

观念应用训练

一客人在填写登记卡时，只签了姓名而不愿填写其他内容，说他可以交一大笔押金，饭店完全可以信任他。对此应如何处理？

情景模拟训练

早上 8:20，两位男宾客在行李员的引导下来到酒店总服务台，他们是来我市参加博览会的客商，因对原来预订的酒店不满意临时转到我店投宿，事先没有预订客房，客人要求开两间普通单人间，住宿时间为本月 15~20 日，共 6 天。请在三分钟内为客人办理好入住手续。

学生进行情景模拟，为这两位无预订的散客办理好入住手续。

（1）动作娴熟，操作规范，服务过程热情有礼貌。

（2）恰当使用推销手段，讲究销售技巧，在符合客人要求的前提下，推销高价房。

任务2 办理团队入住服务

任务目标

能够达到操作规范、熟练，且能够在实际工作中应用自如。

项目任务书

任务名称	办理团队入住服务	任务编号		课时要求	
训练要求	1. 接待前应掌握的相关信息 2. 住宿登记 3. 分配房间 4. 房租的计算方法 5. 接待处常见问题处理				
培养能力	1. 团队客人接待服务技能 2. 团队服务沟通能力				
涉及知识	团队入住登记				
教学地点	教室、实训室	参考资料			
教学设备	投影设备、投影幕布、能上网的电脑				
训练内容					
1. 在客人到店前，为团队客人进行预分房 2. 填写团队客人住宿登记表，要求格式规范，填写内容正确无误 3. 热情、礼貌、快速地完成旅游团队入住登记、叫早、就餐服务工作 4. 变换客人的住宿要求，如客人要求加床、变更客房类型、增加或减少客房数量、要求租用会议室、临时提出折扣要求等，模拟办理各种旅游团队入住业务					
实训成果评价标准					
办理团队客人入住业务：能熟练地进行登记办理客人入住程序，服务态度耐心、亲切，过程流畅					

引导案例

某日晚上六时许，河南省国际饭店的大堂内灯光辉煌，宾客如云。总服务台的接待员小马正忙着为团队客人办理入住手续。这时两位香港客人走到柜台前对小马说："我们要一间双人客房。"小马说："请您稍等一下，我为这个团队办好手续，就替你们找空房。"其中一位姓张的港客说："今晚七点半我们约好朋友在外面吃饭，希望你先替我们办一下。"小马为了尽可能照顾这两位客人，于是一边继续为团队办手续，一边用电脑查找空房。经过核查，所余空房的房金都是每间218元的。他如实告诉了客人。此时那位姓张的先生突然大发脾气："今天早上我曾打电话给你们饭店，问询房价，回答说双人标准间是每间186元，为什么忽然调成218元了呢？真是漫天要价!"小马刚要回话，这位姓张的客人突然挥掌向小马的面孔打去，小马没有防备，结果吃了一记耳光！他趔趄了一下，面孔变得煞白，真想回敬对方一下。但他马上想到自己的身份，绝不能和客人一般见识，绝不能意气用事，于是尽量克制，使自己镇定下来。接着用平静的语气向客人解释说："186元的房间已经住满了，218元的还有几间空着，由于楼层不同，房金也就不一样，我建议你们住下，尽快把入住手续办好，也好及时外出赴宴。"这时另一位香港客人李先生见他的朋友张先生理亏，想找个台阶下，于是就劝张先生说："这位接待员还算有耐心，既然如此劝说，我们就答应住下吧。"张先生见势也就妥协了。

小马立刻招手要行李员把客人的行李送到房间。然而当时从小马紧握着的那只微微颤抖的手上，可以看出他正在极力压抑着内心的委屈。周围的其他客人都纷纷对那位先生的粗鲁行为表示不满，张先生一声不响地和李先生办好手续便匆匆去客房了。

张先生事后深感自己的不是，在离店时到总台对自己的行为向小马表示歉意。

知识链接

一、前厅部规定和程序

"VIP"团入住时，可先发房间钥匙给客人，让客人先进房间，留下领队及陪同办理入住手续即可；做好团队客人抵店前的准备工作能够避免在客人抵店时饭店大厅内出现拥挤阻塞的混乱现象。

二、旅游团队入住登记工作程序与标准

1. 准备工作

（1）提前两天接预订部团队预订单，团队到达前一天，根据住客情况预留团队房。

（2）仔细审阅团队通知单住房、用餐的人数、日期、餐厅名称、用餐标准及时间等。

（3）团队到达前，预先准备好钥匙及餐券，并与管家部联系房间情况，尽量安排同一楼层。

（4）若有变更，预订部应及时发变更通知单。

2. 接待团队入住

（1）微笑问候。

（2）领班与陪同确认预订和排房情况，由陪同/领队负责排定每位团队成员的房号。

（3）分好房后，领队应让客人到房间休息，避免许多客人在大堂拥挤。

（4）从陪同/领队处获取"团队排房单"、团队签证等。

（5）与陪同/领队，确认早餐、叫醒、出行李、结账时间和总用房数、总人员数。

（6）请陪同在团队总账单上签字，一份交前台收银，另一份接待处保存。

（7）复印"团队名单"，分发至礼宾部、总机房、管家部、餐饮部和前台收银处。

（8）团队入住输入电脑。

（9）团队入住发生用房及日期变化，领队提出的任何变更及特殊要求，应及时通知销售部

团队联络员与领队协商。

(10) 团队入住房号变化时，应及时在“团队名单”修改通知各部，防止叫醒及行李服务出错。

3. 其他辅助工作

(1) 团队入住报管家部、餐饮部、总机。

(2) 填写团队叫醒单送至总机。

(3) 通知礼宾部出行李时间。

(4) 住宿日期超过一天的团队应每天确认次日早餐、叫醒时间，每天夜班检查所有入住团队的各项安排情况。

三、会议团队入住登记接待服务程序与标准

1. 准备工作

(1) 接会议团队通知单。

(2) 通知单须注明住房、早餐用餐人数、日期、餐厅名称及用餐标准、付账方式、会务组结算方式和会议成员自理项目及其会议特殊要求，如长途、迷你吧、会议签字挂账人、开关要求等。

(3) 按会务组要求预先分房。

(4) 确定会务组房间。

(5) 熟记会议地点及其宴会时间、餐厅名称及其会务组特殊要求。

2. 会议团入住

(1) 安排会务组。与会务组负责人确认会议团房数及房号，由会务组分房。检查无误后，接待处为会务组办理入住登记，发放会议钥匙，为会务组办理入住登记，通知前台收银办理会议账户，并与会务组确认签字及用餐安排。给会务组会议登记表，会议客人到齐后，总台向会务组要回。

(2) 将会议团输入电脑。

(3) 通知管家部、总机、大堂经理、房务中心等部会务组房号及会议房号、房数，通知总机按会议要求关闭有关电话等。

(4) 接待会议客人。客人抵达后，请客人到会务组报到，准确回答客人有关会议的询问。

(5) 填全所有资料，晚上10:00从会务组要回会议客人登记表，把会议客人资料输入电脑。会务组人员提前抵达或延期住房，其房价由销售部通知执行。

(6) 接待房费由参会人员自付的会议团队，按会务组每房交费要求按散客入住程序接待参会人员，接待员准确地回答客人有关会议问询。

事前提示：电子式客用钥匙卡在客人办理完入住登记手续后由总台接待员制作、发放，每间客房可根据客人数或要求制作多张钥匙卡。

服务流程

团队入住流程

（1）仔细阅读预订处发来的团队信息，打开团队信息文件夹，将团队预订单以及其他相关信息放在此文件夹中。

（2）夜班负责按团队预订单的要求分房，尽量将同一个团队安排在相同或相邻的楼层。

（3）早班领班检查团队房卡、早餐券的准备情况，将确认后做好的团队房卡、早餐券放在团队信息夹内。

（4）早班领班在团队/会议抵店前 3 小时必须确认完排房；与营销部再次确认团队/会议的预抵时间。

（5）在团队抵达前 1 小时，必须再次核实给预抵团队/会议房间的房态是否都已是 VC。

（6）引领客人们到团队入住登记区域。

（7）拿出准备好的团队登记单与领队或团队陪同确认该团/会议用房数、房型、陪同房号、付费方式、叫醒及用餐信息，并逐一登记于团队确认书上。

（8）所有团队/会议用房的房号确认后，在发钥匙之前，必须抄录在前台的团队确认书上，请陪同/领队签收。

（9）前台接待必须向陪同收取团队/会议名单，确保客人全名、性别、生日、证件号码、签证及对应的房号齐全。

（10）如会议团分批抵达，必须协同营销负责人及时与会务组确认会议客人具体抵店的时间，确认该会议团用房最后保留时间。

（11）前台应及时将由领队、陪同确认过的团队单及时分发到餐饮部、房务中心，总机便于电话叫醒等工作准备。

（12）领队、陪同或会务组房号信息必须在电脑中注明。

（13）按房号录入团队/会议客人的姓名。

（14）检查团队主账的付款方式及团体付费情况。

（15）次日早班领班必须检查前日进店团队/会议房间餐费及其他费用是否已录入电脑及是否有消费账单在前台。

酒店服务名言

处理问题灵活点，待人接物热情点。

知识拓展

酒店发展史（节选）

商业酒店时期：

20世纪初期，世界经济的发展导致了商务旅游的急剧增加。

由于当时西方等级制度的严格限制，商务旅游者没有资格住在大酒店，但他们又不愿住那些廉价的小客栈。

这中间似乎就存在了一个空白，那就是为这些商务旅游者提供的酒店。

20世纪初，当时世界上最大的酒店业主埃尔斯活思·弥尔顿·斯塔特勒为迎合旅行者的需要，在斯塔特勒酒店的每套客房都设有浴室，并制定统一的标准来管理他在各地开设的酒店，增加了不少方便客人的服务项目。他所提出的“客人永远是正确的”至理名言，迄今仍为酒店业推崇恪守，奉若神明。

20世纪50年代末60年代初，旅游业和商务的发展趋势对传统酒店的经营模式带来了革命性的冲击，许多新型酒店大批出现。

现代新型酒店时期，酒店面向大众旅游市场，许多酒店设在城市中心和旅游胜地，大型汽车酒店设在公路边和机场附近。也就是说，从20世纪50年代开始，随着旅游业的发展，特别是国际旅游业的发展，世界上一些著名的酒店公司以其自身的扩展，以酒店联号的模式开始主宰着酒店业。目前世界酒店业的发展和运作仍处于这一时期。

现代酒店时期，酒店的规模在不断扩大，类型多样化，开发了各种类型的住宿设施，服务向综合性发展，酒店不但提供食、住，而且提供旅游、通信、商务、康乐、购物等多种服务，力求尽善尽美，酒店集团占据着越来越大的市场。

美国是世界上酒店联号公司出现最早、规模最大和数量最多的国家。最著名的希尔顿、喜来登、假日酒店等公司系统，在世界各地都拥有大量的客房。

随着世界经济的飞速发展和经营管理方法的增多，战略联盟等新兴的管理模式也在酒店业中得到发展。如最佳西方国际就是其中之一大代表。许多酒店联号还采取在不同的细分市场采用不同品牌的多品牌战略，使每一类酒店有自己独特的品牌和标识。例如，马里奥特（万豪）酒店采用了适应不同消费需求的酒店产品品牌。比如，有专门面对价格敏感的中低收入者的酒店，有高档酒店/度假酒店/公寓客栈等。又如法国雅高集团的索菲特酒店、诺福特酒店、宜必思连锁。

酒店连锁迅速发展的一个主要原因在于市场的“客源优势、采购优势、管理优势、品牌优势”。

酒店业国际化开始得较晚，一般认为，从第二次世界大战结束以后，酒店业才开始了国际化经营的步伐。

职业能力训练

一、单选题

1.（　　）具有身份高、日程安排紧、店外活动多等特点。

A. 旅游观光团　　B. 政府代表团

C. 文艺团队　　D. 文艺代表团

2. 会议团队和体育代表团共同的特点是（　　）。

A. 生活规律性强　　B. 生活无规律

C. 应酬多　　D. 注重服饰

3. 旅游观光团队最大特点是日程安排紧、店外活动多、店内停留时间少，所以他们需要较多的服务是（　　）。

A. 送餐　　B. 酒水　　C. 叫醒　　D. 擦鞋

二、简答题

简述团体入住行李服务程序。

技能训练

在实训室，学生模拟场景，进行团体入住服务。

观念应用训练

如果你遇到团体入住时没有团体签证，应该如何处理？

情景模拟训练

宋先生是一家大公司驻某市的代表，最近他的上司要来该市视察其业务开展情况，为了做好接待工作，宋先生提前10天在市内一家高档酒店预订了一间商务套间。

宋先生是位办事谨慎的人，虽然预订了房间，但是次日他还是打电话到酒店总台与接待员再次确认，当得知房间已安排妥当后，宋先生总算放了心。哪知天有不测风云，就在宋先生与总台接待员电话确认订房的第二天，他接到了总台预订员的电话，被告知商务套间已满，建议其入住豪华套间。

要求： 学生分角色扮演宋先生和酒店方，试着解决订房中出现的问题。

任务3 办理VIP客人入住服务

任务目标

办理VIP客人入住服务能够达到操作规范、熟练，且能够在实际工作中应用自如。

项目任务书

任务名称	办理VIP客人入住服务	任务编号		课时要求	
训练要求	1. VIP客人接待服务技能 2. 与VIP客人沟通技巧				
培养能力	1. 接待前应掌握的相关信息 2. 住宿登记 3. 房租的计算方法 4. 接待处常见问题处理				
涉及知识	VIP入住登记				
教学地点	教室、机房	参考资料			
教学设备	投影设备、投影幕布、能上网的电脑				
训练内容					
1. 根据VIP接待标准，编制一份详细的VIP接待计划书、填写VIP接待申请单 2. 按VIP客人接待规范周到地接待好客人 3. 填写《客史档案卡》，并将你所接待的VIP客人的客史档案资料存入计算机					
实训成果评价标准					
1. 办理VIP客人入住业务、为商务楼层客人办理入住业务 2. 服务要快捷、准确、高效，不能让客人久等，需对客房情况非常熟悉，能及时向客人提供其需要的信息，亲切、有礼貌，服务应耐心、周到					

引导案例

VIP接待是对酒店管理与服务的一个全方位考验。2007年11月5日，中国石油天然气股份有限公司A股成功发行上市之际，上海中油大酒店圆满完成了参加发行上市仪式贵宾的VIP接待活动。就像以往所有VIP接待活动一样，上海中油大酒店用细节服务，让贵宾得到了周到细致的体验。表现了高星级酒店规范、优质的服务水平，展示了华油集团酒店管理服务的风貌。

知识链接

VIP 客人接待程序

一、VIP 客人名词解释

VIP（Very Important Person），意为非常重要的客人。

二、酒店怎样确立 VIP 客人

1. 通常的 VIP 服务

我们提倡酒店服务无差别，但不是向每位客人都提供 VIP 服务。这与我们在这里讲的 VIP 客人是有区别的。我们通常提供的对每一位客人都按照 VIP 客人的服务模式，是在向客人提供翔实的酒店信息，反映酒店接待的艺术与技巧。

2. 提供 VIP 服务的对象

VIP 是酒店给予在政治、经济以及社会各领域有一定成就、影响和号召力的人士的荣誉，是酒店提供完善、标准的接待规格服务对象。VIP 是酒店优质服务体系的集中体现。

三、VIP 客人的接待

1. VIP 客人入住前

（1）宾客关系主任（GRO）打印次日 VIP 报表并看预订单，并为次日预抵的 VIP 客人锁好房间（无特殊要求不得更改房号）。申请部门经理或总监签字。由 GRO/AM 负责 VIP 客人的更改要求。

（2）准备 VIP 客人的登记表，根据客人的国籍打印中英文欢迎信。

（3）根据房号制作钥匙卡、房卡，加印 VIP 章，放入 VIP 专用信封中。提前准备鲜花、果篮（HK）在客人到店前查房确认。

（4）如客人晚到达应通知 HK 在下班前 17:30 准备鲜花送至房间，保持其新鲜美观，做好协调工作。

（5）次日当班 GRO 核准电脑房态后，根据客人的国籍以及 VIP 等级打印中英文问候卡，VIP1、VIP2、VIP3 都打印问候卡，VIP4 打印问候卡和欢迎卡。在客人到店前试用房间钥匙。将欢迎信和问候卡摆放在客人房间。

（6）如果 VIP 客人乘飞机到达，GRO 根据客人所乘的航班，与查询台确认飞机落地的准确时间。

（7）前台、行李员要熟记预抵 VIP 客人的姓名和预订单所提供的有关客人信息。

（8）如客人有特殊要求，GRO 要亲自到机场做接待工作。

（9）到达酒店前 15 分钟，电话通知 GRO 或大堂经理以及相关人员做好接待准备。

2. VIP 客人到店后

（1）GRO 应在酒店正门迎接 VIP 客人，面带微笑，用客人姓氏称呼客人并自我介绍，并送客人至房间，在房间办理入住手续。

（2）走在客人右前方半米处，为客人带路。

（3）为客人打开电梯，请客人先进入。到达楼层后，请客人先走出电梯。

（4）在去房间的过程中向客人介绍酒店的设施。

（5）进入房间，按照要求帮客人填写登记单。向客人介绍房间设施等情况。

（6）询问客人的离店时间，询问客人是否需要叫醒、确认机票服务。与客人交换名片。

（7）向客人告别，祝客人在店期间愉快，将房门轻轻带上。

（8）在电脑中办理入住手续，将客人简介输入完整。

3. VIP 客人离店时

（1）GRO 打电话与客人确认离店时间。

（2）通知前台出纳员准备账单，并提前为客人安排收取行李。

（3）VIP 客人如需要送机服务，GRO 应及时与客人确认离店时间。并将确切时间通知司机班提前安排车辆。

（4）在客人离店前询问客人住店感受，如果客人提出意见、要求，及时记录。

（5）将客人的反馈意见及时记录。更新客人的说明输入简介里，与其他部门员工分享相关内容。

（6）通知市场营业部、大堂经理及相关人员在 VIP 客人离店时间提前 15 分钟在一层正门等候。

（7）陪同客人办理离店手续。

（8）送客人至酒店门口，并向客人表达良好祝愿。

四、VIP 的等级

表 3–3　VIP 的等级

等级	资格	申请人	批准人
VA	国家元首、国家部委领导、某省主要负责人	酒店总经理、驻店经理、公关营销部经理	集团董事长、酒店总经理
VB	各政府部门领导、市主要领导，投资集团、企业的高层管理者，同星级酒店董事长、总经理，省级中国国旅、国际旅、青旅总经理，对酒店有过重大贡献的人士，酒店邀请的宾客	驻店经理、公关营销部经理	酒店总经理
VC	社会名流（演艺界、体育界、文化界），酒店邀请的宾客（业务客户）	部门经理以上	驻店总经理或执行副总经理
VD	个人全价入住酒店豪华客房 3 次以上客人，个人全价入住酒店客房 10 次以上的客人，酒店邀请的宾客	前台主管以上、管理人员	公关营销部经理或前厅部经理

五、常见问题的处理

1. VIP 要求变更房号

（1）首先判断要求变更房号的时间，若在 VIP 客人抵达饭店前，则应首先记录更改人的姓名、工作单位、日期、时间、经手人，检查是否已报房号给接待单位。如果已报，则应及时通知有关接待单位（特别是营销部），并做好电脑更改。

（2）若在客人抵达后，则需要通知接待单位和将 VIP 单发至的所有部门，并做电脑房号更改。

2. 团队客人提前一天到达

（1）查看当天客情，确定是否可以安排，通知饭店该旅行团的负责人做好接待。

（2）若本饭店无法安排该团队入住，则应先到就近的其他同等级或以上级的饭店订房，安排团队客人入住，费用由旅行社负责；若本饭店可以安排，则按一般散客接待入住，房价由上级领导决定。

3. 团队到达时，要求减少房间数量

（1）首先通知销售部该团队实际订房数量，以便销售部通知收银员为结账做好准备。

（2）在团队单上注明取消的房号，取出钥匙，及时更改房态；通知客房中心、礼宾部、总机取消的房号及具体的用餐人数。

4. 办理入住手续

（1）准确掌握当天预抵 VIP 客人姓名；以客人姓名称呼客人，对不同级别的 VIP 客人，相应地通知饭店总经理、驻店经理、前厅部经理及大堂经理等亲自迎接。

（2）不同级别的管理人员分别将不同级别的 VIP 客人亲自送至房间，并向客人介绍饭店设施和服务项目。

5. 储存信息

（1）总台接待人员复核有关 VIP 客人资料，并准确输入电脑；在电脑中注明“VIP”以提示其他各部门或人员注意。

（2）为 VIP 客人建立客史档案，并注明身份，以备查询。

6. VIP 要求换房

（1）客人未到达时要求换房，由预订处更改客人的入住信息后及时将房间变更单分发至各个部门。

（2）客人入住后要求换房，除按散客换房处理外，必须通知大堂经理或部门管理人员，以确保服务周到。

服务流程

VIP 客人接待流程

（1）客人到店前，完成准备工作；

（2）客人到店，信息检查储存，办理入住登记；

（3）客人离店。

案例分析

4 月 15 日晚上，美国客人 Kris 先生来到酒店前台登记。小张见 Kris 先生是酒店交易会的常客，应客人的要求，小张便给了 Kris 九五折优惠，但是客人仍然不满意，他要求酒店更优惠些。这时正值交易会，是酒店的旺季，小张的权限折扣本不止九五折，但是她不想在黄金季节更为轻易地给客人更多的折扣。Kris 先生便要求见经理。

小张便请客人到大堂的沙发上休息，她到办公室去向部门经理请示（其实经理不在）。数分钟后，她回到前台对 Kris 先生说：我向经理汇报了您的要求，他听说您是我们的常客，尽管我们现在的开房率特别高，但还是同意了给您 20 美元的优惠，并要我致意，感谢您光临我们的酒店。小张稍作停顿后又说：这是我们经理能给的最高的折扣了，不知道您觉得如何？

Kris 先生心里盘算了良久，满意地点点头，递上护照，愉快地办理了入住手续。

阅读以上材料，回答下列问题：

1. 虽然小张手中有更低的折扣，为什么没有在客人的一再要求下，给予客人更多的优惠？

2. 为什么小张说是经理给的最高折扣？

3. 从此事可以看出什么？

【案例分析】

1. 从消费心理学角度来讲，如果小张在客人的一再要求下，便把最低的折扣给了客人，但实际上客人并不认为这是最低折扣，他反而希望能给他再低折扣，而在客人心理上也会觉得这个折扣并不是酒店重视熟客关系的结果，而是自己努力讨价得来的，注重客人消费的心理需求。

2. 小张把折扣决定权推到经理层面，一方面，显示酒店对熟客的重视，另一方面，让客人没有再还价的理由，这样既满足了客人要求，又不损害酒店的利益。

3. 员工要学会平衡公司利益和客人利益，善于揣摩客人心理，运用语言艺术灵活处理宾客关系。

酒店服务名言

给宾客直接的关注。在某种情况下，你可能不能立即接待宾客，但绝对不要对客人不理不睬，因为这会令客人感觉其不受重视。在这种情况下，可以用通过打招呼、眼神或者其他方式让客人知道你暂时不能接待他。这样可以消除客人因为等待而产生的不愉快。

知识拓展

酒店发展史（节选）

中国酒店发展史：

在古代，酒店设施可以分为官办和私人饭店两大类。官办的住宿设施有驿站和迎宾馆两大类，它们在古代酒店史上占有重要的地位。驿站始于商代中期一直到清光绪二十二年止，驿站竟长存三千余年。

在古代，统治者政令的下达，各级政府间公文的传递，以及各地区之间的书信往来等，都要靠专人递送；历代政府为了有效实施统治，必须保持信息畅通。因此，一直沿袭了驿传制度，与这种制度相适应的为信使提供的住宿设施应运而生，这便是中国古代的驿站。

驿站以专门接待往来信使和公差人员并为其提供车、马交通工具和食宿设施。为防止发生意外，历代政府均明文规定，过往人员到驿站投宿，必须持有官方旅行凭证。

在出示旅行凭证的同时，驿站管理人员还要执行簿记制度，相当于现在的“宾客登记”制度。我国很早就有了用于招待宾客的迎宾馆。春秋时期的“诸侯馆”和战国时期的“传舍”，可说是迎宾馆在先秦时期的表现形式，以后几乎历代都分别建有不同规模的迎宾馆，并冠以不同的称谓。清末时，此类馆舍正式得名“迎宾馆”。

古代中华各族的代表和外国使者都曾在“迎宾馆”住过，它成为中外往来的窗口，人们从“迎宾馆”这个小小的窗口，可以看到政治、经济和文化交流的盛况。早期的迎宾馆在宾客的接待规格上，是以来宾的地位和官阶高低及贡物数量的多少区分的。为了便于主宾对话，宾馆里有道事（翻译），为了料理好宾客的食宿生活，宾馆里有厨师和服务人员。

迎宾馆的接待人员遵从当时政府的指令，对各路使者待之以礼，服务殷勤，使他们感到在中国迎宾馆生活得舒适而愉快。翻译是迎宾馆的重要工作人员。我国早期这种宾馆的设置，培养了一代又一代精通各种语言文字的翻译，留下了一本又一本的翻译书籍，丰富了中国古代文化史。

民间经营的食宿设施也有很多。商周时期出现的专门供人在旅途中休息、食宿的场所称“逆旅”，而所谓的“逆旅”，历代多有延续和不断的发展。古代民间旅店在隋唐时虽然较多地在城市里出现，但是却由于受封建政府坊市管理制度的约束而不能自由发展。在这种制度下开办的城市客店，不但使投宿者感到极大的不便，而且也束缚了客店业务的开展。

到了北宋时期，随着商品经济的繁荣，自古相沿的坊市制度终于被取消了。于是，包括客店在内的各种各样的店铺，争先朝着街面开放，并散布于城郭各繁华地区。到了明清时期，中国封建科举制度的发展，在各省城和京城出现了专门接待各地赴试学子的“会馆”，亦成为当时住宿业的一部分。

职业能力训练

一、填空题

1. 酒店贵重物品寄存禁止存放易燃、易爆、_____和枪支、_____等国家明令禁止的物品。

2. 大堂经理的主要职责是维护大堂秩序、处理客人投诉，代表_____参与对客接待交流等。

二、单选题

1. 制作客用钥匙卡的基本程序是（　）。

A. 向编码器输入信息→划卡→打印信息→送交客人

B. 划卡→向编码器输入信息→打印信息→送交客人

C. 打印信息→向编码器输入信息→划卡→送交客人

D. 划卡→打印信息→向编码器输入信息→送交客人

2. 当华盛顿时间为9日20时，北京时间为（　）。

A. 10日9时　B. 10日12时　C. 9日8时　D. 9日12时

3. 在中国，电话保修台的电话号码是（　）。

A. 109　B. 110　C. 111　D. 112

4. 在中国，火警台的电话号码是（　）。

A. 117　B. 118　C. 119　D. 120

三、多选题

客房预订的种类有（　）。

A. 临时性预订　B. 确认性预订　C. 保证性预订　D. 传真预订

四、简答题

1. 两把垂直交叉的“金钥匙”代表什么？

2. 请简述前台接待员排房的顺序。

技能训练

1. 在实训室内，模拟酒店员工办理VIP客人入住业务。

2. 办理VIP客人的入住登记、接待。

观念应用训练

一位VIP客人来登记入住，说他是旅行团的客人，提前一天到达，所以没预订，当时酒店尚有空房，该怎么办呢？

情景模拟训练

某国商务考察团，到达中国某城市，未经预订到达某酒店，希望享受VIP待遇，并且希望即刻入住总统套房。

要求：学生分角色扮演酒店方和考察团方。

为客人办理VIP入住，介绍不同房型和费用及相关说明。

任务4 换房服务

任务目标

能够按照要求独立完成散客与团队的换房服务。

项目任务书

任务名称	换房服务	任务编号		时间要求	
训练要求	能够妥善地办理转房手续				
培养能力	1. 换房的原因 2. 换房时不同情况的处理方法				
涉及知识	换房手续				
教学地点	教室、实训室	参考资料			
教学设备	投影设备、投影幕布、能上网的电脑				
训练内容					
2分钟内为客人办妥换房手续					
实训成果评价标准					
1. 情景模拟换房的流程，能熟练地为客人进行换房服务 2. 服务要快捷、准确、高效，不能让客人久等，需对客房情况非常熟悉，能及时向客人提供其需要的信息，亲切、有礼貌，服务应耐心、周到					

引导案例

某天深夜，一位客人来到某三星级饭店要求住宿。总台接待员礼貌地问：“您好，先生，欢迎光临。请问您需要什么样的房间?”“随便。”客人答道。“请问先生是一个人吗？那我为你准备一间豪华单人间吧，房价是480元/间·天。”接待员依然热情地说。

“行，快点。”客人不耐烦地说。

“您住一天吗?”

“是，就一晚。”客人说着扔出了身份证，让总台接待员帮他登记，随即快速地交了押金，拿了房卡便去了房间。谁知，总台刚刚完成通知客房中心该房入住、开通该房电话、检查完该客人的登记单并输入电脑、放入客史资料袋等一系列工作，就听到电梯“叮咚”一声，刚才的那位客人又下来了，并且来到总台要求退房。理由是他不满意该饭店的客房，不想住了，并且说他没动过房间，所以饭店不应收取任何费用。

思考：针对这半个小时的住房，前厅接待员应如何处理呢？接待员究竟该怎样做才能为其提供个性化、针对性服务而使客人满意呢？

知识链接

宾客换房标准程序

1. 换房原因

（1）对客房方向不满意。

（2）对客房层数高低有异议。

（3）远离朋友的房间，造成相互沟通不方便。

（4）对床型及房型有异议（床的大小、标间、单间、套间）。

（5）对房价有异议。

（6）客房噪音太大。

（7）房间设备有故障。

（8）房间的卫生令客人不满意。

2. 换房前应注意事项

（1）如更换的客房价格有差异，应有技巧地向客人提前说明。

（2）将要安排给客人的房间是否已完全清洁好，如暂时还未清洁好但又没有别的选择，应请客房部提前整理，并问清所需时间，然后向客人说明。

（3）未经清洁的房间坚决不能更换给客人。

（4）礼貌地请客人提前收拾好行李，以便行李员搬运。

3. 正常换房程序

（1）前台接到换房通知后应了解客人的需求，然后在房态表上仔细查看后选择合适的房间，询问客人在什么时间能把行李准备好，行李员可以在什么时间协助搬迁，请客人在客房稍等。

（2）前台接待应填妥一份房号、房型、房租变更表，此表为一式三联，并在换房单上注明时间及换房原因。

（3）前台接待应把房型变更表及时交与行李员，连同将要迁入的房间钥匙一并交与行李员，按时前往客房替客人换房。

（4）行李员替客人更换妥后，应请客人在房价变更表上签字，并在客人签字前提醒客人房价有变动，行李员应在礼宾部经手人一栏内签名，再把第三联交与客房服务员，余下两联交返总台。

（5）前台接待收回变更表后，把第一联交与前台收款员，以便更新账目及住宿登记表或团体房号表上相关资料。

（6）前台接待应把第二联备存，然后更新房间资料架及其他有关记录，通知总机更改客名资料架上的房号，如有影响预订部资料（如团体房安排）也应通知预订部。

4. 客人不在房间的转房程序

有时客人要求转房，但他要马上外出，或因其他原因不能留在房中等待，为了满足住客的要求及不影响酒店的房间调配，我们有必要为客人及时更换房间。

（1）总台应了解客人对更换的房间要求并告诉客人房价的变更，让行李员把换房表送到客人房间先请客人确认房价并签字确认（如房价无变更则无须立即请客人签字，可等客人回到前台领取钥匙时再请客人签字）。

（2）向客人解释不便马上更换的原因（大多是因为房间没有及时清洁或客人还未迁出）。

（3）如客人需要外出而希望酒店能自动替他换房时，应通知客人预先把行李收拾好。

（4）应避免告诉客人具体的房号，这样可以挑选最早清洁的房间，为他安排。

（5）通知客人返回酒店后，可向总台询问及拿取新的钥匙。

（6）前台接待等房间清洁后，填写完整经客人签字后的房租变更表，然后按正常的换房程序进行操作，但行李员必须由楼层服务员陪同前去客人房间收取客人行李。在行李员从旧房取出行李后，楼层服务员应检查客人有无遗漏物品，然后陪同行李员把行李放在新的房间内的行李架上，然后关门离去并在相关的工作日志本上填上具体的进出客人房间的时间。

5. 特别注意

（1）如房间价格有变更，一定要在客人提出换房要求时即告诉客人并提前让客人在房价变更表上签字确认。

（2）当客人提出换房要求时一定要清楚客人换房的真正原因并在换房单上注明。

（3）当客人不在房间时要求换房一定要请客人先把行李整理好，以方便行李员搬运行李。

（4）当客人不在房间时，行李员一定要在楼层服务员的陪同下才可以进入客人的房间，在离开前切记不能将客人的物品遗留在房间，造成客人的损失和投诉。离开客人房间后楼层服务员应该有出入时间的登记备查。

（5）对客人提出的一些无理的换房要求应该即时请管理人员和客人进行沟通。

（6）对由于酒店的失误造成客人换房一定要向客人表示歉意并对客人的理解表示感谢。

服务流程

换房的处理程序

序号	步骤
1	礼貌用语
2	了解换房原因
3	查看房态
4	确认换房信息

续表

序号	步骤
5	索取房卡
6	电脑操作换房
7	填写换房单据
8	重新制房卡
9	递交房卡
10	致谢道别
11	通知服务员
12	更改RC单

案例分析

在某市香格里拉大酒店客房部，某旅游外事职业学校的实习生小鹿在整理昨天才入住的一位客人的房间，发现房间内没有客人行李，也不见客人的其他个人物品。他感到很奇怪，经过仔细查找，在抽屉里发现了几件客人衣服，小鹿对此情景感到疑惑，立即向办公室查询，询问此间房的客人是否已退房？并向文员通报了客人有失物的房间，让文员做好记录，以备客人查询，而后在工作表上详细记录，注明时间及发生的经过。经办公室查询，得知此房客人入住酒店的第二天一早就换房去了其他楼层。在办公室通知客人领取自己的衣物时，客人还未察觉丢失了衣物。由于小鹿良好的工作态度，避免了事故的发生，受到了客人的表扬和店方的奖励。

阅读上述案例，分析小鹿的做法和酒店的处理方式。

【案例分析】

（1）入住酒店的客人，常会因故转房。由于客人感觉不是离店，所以在收拾个人物品时就容易粗心大意，一些不立即使用的物品有时会遗失在原来的房间，不容易被察觉，本案例中的客人即是如此。

（2）当客人转房后，房间经过整理，就可再出租。若转房客人遗留的物品未被服务员发现，那么原住客一旦发现自己有物品遗失在原房间，再想从新入住的客房中取回物品，必然会费一番周折，与新房客协商、解释，弄不好还会引起纠纷，这是十分棘手的问题，因而服务员在整理房间时，一定要按规定程序进行操作，既要做好清洁卫生，又要仔细检查房间设备用品的定位、定量情况，以及是否有客人的遗留物品。一旦发现客人遗留物品，必须立即清点并上报部门主管，由客房部妥善保管，及时通知转房客人领回。当事服务员还应在工作表上详细记录，这是处理转房客人遗留物品的规范程序。

（3）此案例中小鹿是实习生，工作认真，发现问题并认真思考，严格按照程序处理客人遗留的衣物，由于发现及时、处理妥当，避免了麻烦，小鹿认真细致的工作作风值得推广。

酒店服务名言

专业的服务从员工的仪表开始。整洁的服饰、仪表，是我们重视宾客、提供专业化服务的表示。

知识拓展

世界十大主题酒店之一——迪拜酒店

（1）类型：七星级豪华大酒店。

（2）位置：阿拉伯迪拜。

（3）主题：海滩，奢侈品，度假。

图 3–3

（4）在迪拜王储的提议之下，知名企业家 Al-Maktoum 投资兴建了美轮美奂的 Burj Al-Arab酒店。酒店的豪华程度令人叹为观止，评论家们都不知道该给它定为几星，是六星还是七星？酒店建在海滨的一个人工岛上，是一个帆船形的塔状建筑，一共有 56 层，321 米高，由英国设计师 W.S.Atkins 设计。它正对着 Jumeirah Beach 酒店（被认为是世界上最棒的酒店），以202 套复式客房、200 米高的可以俯瞰迪拜全城的餐厅以及世界上最高的中庭，成为后者最强劲的对手。

到过这里之后，你才能真正体会到什么叫作“金碧辉煌”。它的中庭是金灿灿的，它的最豪华的 780 平方米的总统套房也是金灿灿的。客房面积从 170 平方米到 780 平方米不等，最低房价也要 900 美元，最高的总统套房则要 18000 美元。总统套房在第 25 层，家具是镀金的，设有一个电影院、两间卧室、两间起居室、一个餐厅，出入有专用电梯。已故顶级时装设计师范思哲曾对它赞不绝口。

职业能力训练

一、填空题

如房间价格有变更，一定要在客人提出换房要求时即告诉客人并一定要提前让客人在____上签字确认。

二、单选题

（　　）不属于换房、房租变更单的主要内容。

A. 客人姓名　　B. 时间　　C. 房号　　D. 客人抵达日期

三、多选题

饭店的组合产品有（　　）。

A. 超值产品　　B. 核心产品　　C. 扩大产品　　D. 延伸产品

技能训练

1. 在实训室内，模拟酒店员工进行换房服务。
2. 独立完成散客与团队的换房服务。

观念应用训练

某客人由旅行社代订酒店的房间，由于太匆忙，记不清酒店名称，记忆中好像是你们酒店，只知道团号和到达、离开日期，应该如何处理？

情景模拟训练

某会议团队客人B女士入住酒店一个双人标准间不到30分钟，就从客房出来了，她要求楼面服务员给她换房间，理由是该房间远离其他同伴，而且团队中女性客人成单数，她刚好是一个人住，觉得与其他同伴接触不便，楼面服务员了解情况后，立即通知了总服务台，接待员查看客房状态后发现刚好有一间紧挨该团其他客房的普通单人房退房。在征得B女士的意见后楼面服务员请客人到总服务台接待处办理换房手续。请在2分钟内为这位女士办妥换房手续。

要求：

1. 礼貌地了解换房原因，为该女士办妥换房手续。

2. 解决以下问题：因酒店设备等原因，客人要求换房，但酒店已没有同类房可供应，作为前台主管，你将如何处理？

任务 5 办理客人逾期续住服务

任务目标

能够妥善地办理加床及客人逾期续住手续等情况。

项目任务书

任务名称	办理客人逾期续住服务	任务编号		课时要求	
训练要求	1. 办理客人逾期续住业务时首先要查看房间出租情况 2. 确定续住的房费 3. 房价可能不同 4. 注明订房资料				
培养能力	妥善地办理加床及客人逾期续住手续				
涉及知识	逾期续住业务				
教学地点	教室、实训室	参考资料			
教学设备	投影设备、投影幕布、能上网的电脑				
训练内容					
1. 正确填写逾期续住单 2. 快速办理客人的逾期续住手续，尽量使客人满意					
实训成果评价标准					
1. 能熟练地为客人办理逾期续住服务 2. 服务要快捷、准确、高效，不能让客人久等，需对客房情况非常熟悉，能及时向客人提供其需要的信息，亲切、有礼貌，服务应耐心、周到					

引导案例

某住客夜晚 11 点回来，却怎么也打不开房门，便到前台询问。当班的正好是昨天帮他办理入住手续的服务员小王。小王告诉他，因为他昨天办理入住登记时说是住一晚，因此，过了今天中午 12 时，匙卡就会失效，所以打不开门。这位客人不满地说昨天自己明明说的是住两晚。小王也不示弱，强调自己昨天清楚地听到客人说住一晚。结果为“一晚”还是“两晚”便和客人争执起来。值班经理迅速到场，了解事情原委后，一方面制止小王别再多说，另一方面不断向这位客人道歉，承认是酒店不对，并主动提出房费可给予八折优惠。在这位值班经理的安抚下，这位客人趋于平静，准备拿匙卡回房休息。但是，没想到不再说话的服务员小王，明显不高兴地将新做好的匙卡从台面推向客人。这使得本已消气的客人又被激怒了，任凭值班经理好话说尽，也不肯原谅，结完账甩袖而去。

思考：

1. 小王的做法对吗？并说明原因。

2. 如果你是小王，你会怎么做？

知识链接

续住的工作程序及步骤

1. 接到客人要求

（1）问清客人姓名、房号，续住时间。

（2）了解当日和近日客房状态。

2. 旅行社凭单结账或已付房费房间的续住处理

（1）向客人重申付款方式、房价，如不能享受原优惠房价，向客人说明，必要时请示上级处理。

（2）根据电脑资料填写客人登记表，注明续住时间和付款方式。

（3）请客人重新交预付金，并通知收银处做账务处理。

（4）用电脑续住功能修改客人离店日期并输入新房价，办理续住手续。

（5）办理方式与新开房程序相同。

3. 交预付金或已预刷卡房间的续住处理

（1）了解房间是否已结账。

（2）根据电脑资料填写“续住登记表”。

（3）对交预付金的客人，请客人到收银处重交预付金；对预刷卡已结账的客人，重新预刷卡。

（4）用电脑续住功能办理续住手续。

（5）电话通知客房服务中心续住情况。

4. 换人续住房间的处理

（1）了解房间是否已结账；

（2）征得原住客人同意，并做好新入住客人的登记，注明换人续住。

（3）确认新客人的付款方式。

（4）按规定办理入住手续。

（5）在原客人“登记表”上注明已退房及退房日期。

（6）将新客人资料输入电脑。

服务流程

服务流程如表 3–4 所示。

表 3–4

1	客人要求	前台服务员	客人到前台要求延迟退房。	接受客人要求	工作记录本
2	核查是否符合延迟退房标准	前台接待员	询问客人房号、原因并查询该日客房预订情况，结合酒店延迟退房标准及员工权限	确认符合可延迟退房的标准，且记录下房号	工作记录本
3	申请批准	前台接待员、有相应权限管理人员	需前厅经理、大堂经理、销售经理等管理人员才有权限批准的一定要请示对应管理人员并决定是否收取费用	已经请示过前厅经理、大堂经理或销售经理	工作记录本
4	续房卡	前台接待员	回复客人并将客人的房卡收回做续卡，房卡有效时间只做到确认客人延迟退房的时间	已经为客人续房卡至确认延迟退房时间	工作记录本
5	注册并做好交班	前台接待员	在对应房号的电脑备注上注明。如：××同意延迟到 14:00，免加半天房费（工号［打该电脑备注人的］）	已经准确打好电脑备注	工作记录本

案例分析

杨先生于晚上回到饭店来到前台，要求将 835 房办理续住手续，接待员查询电脑后发现此房已经于中午退掉，杨先生到收银台大闹，指责说你们有什么权力把我的房给退了？经查该房是杨先生的朋友到收银台退的。

阅读上述案例，分析如果你是接待员应如何处理？

【案例分析】

1. 该房系杨先生开房非本人入住，若原定离店时间已告知其朋友，则不需通过杨先生来办理退房，因此出现案例所述的情况。

2. 为提供确切证据，客人退房不结账时收银员应让其在账单上签字确认；若是电话退房的，应留下客人的联系方式。

处理结果：

因该房已经租出，由大堂经理与客人解释，重新为客人挑选一间同房型的房间，客人办理入住并表示理解。

酒店服务名言

互相学习进步快一点，公私分明赏罚现实点。

知识拓展

世界十大主题酒店之二——圣佩德罗斗牛大酒店

（1）类型：开放式酒店。

（2）位置：墨西哥萨卡特卡斯。

（3）主题：斗牛场，古典与现代的完美结合。

图 3–4

（4）著名的圣佩德罗斗牛酒店的综合设施，现在已全部焕然一新，成为一家五星级酒店，提供各种舒适的服务。坐落在历史名城圣佩德罗市中心，面临着一个古老的输水管，酒店的风格与设计是独特的旧与新的有机结合。同时拥有拱形入门方式、殖民建筑结构与现代家具和美食文化等，可给每一个客人带去一份真正有趣的体验。斗牛中心是典型的开放性广场，在餐饮和娱乐设施配套中，酒店采取点燃数百支蜡烛衬托座位甲板，使得广场变成一个天堂般的酒会。这个地方古典又时髦、迷人又性感。

职业能力训练

一、填空题

逾期续住服务需在_____办理，需询问客人的_____、_____。

二、单选题

客人因为健康原因导致未按期离店时，不恰当的做法是（　　）。

A. 通过电话问候　　B. 到房间慰问

C. 征求客人是否需要送餐服务　　D. 先让其结清房费，再为其转房

三、简答题

简述办理逾期续住的主要程序和步骤。

技能训练

1. 在实训室，现场模拟酒店员工办理客人逾期续住服务。
2. 分组独立办理客人逾期续住服务。

观念应用训练

一外宾订了酒店一间房，计划住一个星期，并已付了全部房款，客人入住三天后，因故回国，但他要求不退房，说他公司的另一位同事会在当天续住此房，你怎么办？

情景模拟训练

420房的张先生是M公司的一名销售经理，因公务需要来我市出差，他已在我们酒店住宿了五天，按计划将于今天中午12:00前离店，上午接待员按常规打电话到客房与客人确定离店时间，电话无人接听。据客房服务员小徐反映，张先生早上8:00左右外出了，出门前告诉小徐，不退房了，且要求延常住宿两天，因为有急事出门，来不及去总服务台办理续住手续，所以请小徐代为办理，有关费用20:00左右张先生回来再支付，作为总服务台的接待员得到此消息后，立即查看了客房转台信息表，发现1226房从今天13:30开始连续10天已安排给了一个会议团队，请你妥善地为张先生办理逾期续住业务。

要求：

1. 正确填写逾期续住单；
2. 快速办理延期续住手续，使客人满意。

项目四

问讯服务

宾馆问询服务最主要的任务就是解答客人有关宾馆服务、设施，以及宾馆所在城市的交通、游览等内容的询问。所提供的服务有客人查询、问讯、代客留言、物品转交、找人、联系旅游等。

项目导图

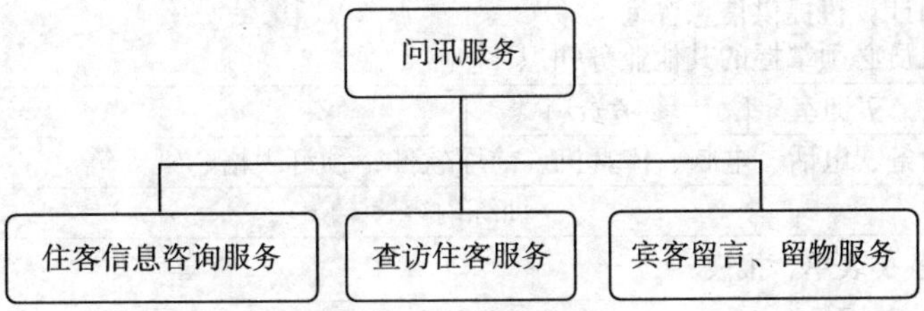

图 4–1　问询服务

学习目标

知识目标

1. 住客信息咨询服务
2. 查访住客服务
3. 宾客留言、留物服务

技能目标

1. 能够按要求准确填写问讯处各类表单、报表
2. 能按照操作规范独立受理住客物品寄存服务、留言服务、邮件服务、保密服务、房卡遗失服务等工作
3. 能够处理问讯服务过程中出现的突发事件

任务1　住客信息咨询服务

任务目标

能够胜任四、五星级酒店总服务台日常问讯服务工作，为客人提供规范的信息咨询服务。

项目任务书

任务名称	住客信息咨询服务	任务编号		课时要求	
训练要求	1. 能够按要求准确填写问讯处各类表单、报表 2. 能为客人提供各种信息咨询 3. 能够处理问讯服务过程中出现的突发事件				
培养能力	耐心周到地完成住客信息咨询服务				
涉及知识	1. 问讯员的职业要求 2. 问讯员需掌握的信息 3. 利用计算机提供信息咨询 4. 问讯员必须掌握的其他业务知识				
教学地点	教室、实训室	参考资料			
教学设备	投影设备、电话、电脑、传真机、前厅软件、预订表格、纸、笔				
训练内容					
按要求正确填写问讯处的各类表单、报表					
实训成果评价标准					
1. 在保护客人隐私的情况下，为客人提供服务 2. 服务要快捷、准确、高效，不能让客人久等，能及时向客人提供其需要的信息 3. 接听电话语言应亲切、有礼貌，服务应耐心、周到					

引导案例

一访客对总台接待员询问一住店客人，接待员根据访客提供的住客姓名、来店日期等情况，经查属实，但该住客要求保密。访客自称与住客关系密切，并有约在先，可以将房号直接告诉访客吗？为什么？对所有来访者（包括电话）给予婉拒，是否不礼貌？

知识链接

问讯内容

一、问讯服务的业务范围

（1）回答客人的咨询，提供准确的信息。

（2）做好留言服务。

（3）处理客人的邮件。

（4）完成客人委托代办的事情。

注：客房门锁使用传统机械钥匙的酒店，问讯处还要负责管理客用钥匙。

二、问讯服务的要求

（1）回答客人问题要准确，不能使用模棱两可的语言，如也许、可能等。

（2）无论是对待住客还是访客都要彬彬有礼、热情对待。

（3）自己把握不好的问题，应请教上司或是同事。

（4）严守酒店的商业秘密和客人的隐私。

（5）服务要主动、耐心、细致。

三、问讯处信息资料准备

（一）问讯处员工应掌握的信息范围

（1）酒店自身的有关信息。

（2）交通方面的信息。

（3）本地主要娱乐、购物、体育及观光场所的信息。

（4）本地科学、教育、文化设施方面的信息。

（5）天气、日期、时差方面的信息。

（6）其他方面的信息。

（7）掌握酒店内部信息。本店的位置（应有向导卡），本店所有服务设施、服务项目，本店的组织体系，各部门办公地点、职责及主要负责人姓名，每天的宴会、会议、展览会等各种活动情况，熟悉本店的有关政策。

（8）掌握本地有关信息。交通、主要观光娱乐、购物、科教文化等方面的信息及主要企事业单位、银行、医院及政府有关部门的地址、电话等。

（二）问讯处要备齐的信息资料

（1）飞机、火车、轮船、汽车等交通工具的时刻表、价目及里程表。

（2）地图的准备：本地的政区图、交通图、旅游图集，全省、全国乃至世界地图。

（3）电话号码簿：本市、全省乃至全国的电话号码簿及世界各主要城市的电话区号。

（4）各主要媒体、企业的网址。

（5）交通部门对购物、退票、行李重量及尺寸规格的规定。

（6）本酒店及其所属集团的宣传册。

（7）邮资价目表。

（8）酒店当日活动安排，如宴会。

（9）当地著名高等院校、学术研究机构的名称、地址及电话。

（10）本地主要娱乐场所的特色及其地址和电话号码。

四、问讯服务的注意事项

（1）注意聆听客人的问题，表示关注。

（2）给予简明准确的回答，注意语气语调，做到热情、耐心、有问必答、百问不厌。

（3）对于自己不能回答的问题应向客人表示歉意，设法查询后再答复客人。对于一时查不到的问题应请客人留下姓名、房号，等得到正确信息后再及时转告客人。对于经多方努力仍无法解答的问题，也要及时给客人回音并表示歉意。

服务流程

（1）接待员应主动、热情地回答客人所提出的问题，对国内外客人要一视同仁。

（2）只回答自己权限内的问题，对自己不了解的事情应当向客人表示歉意，同时尽可能请示有关方面的负责人。

（3）每位客人的姓名、房号、国籍、活动、房价等资料均属保密范围，接待员不得随意泄露，要求给予保密的客人，对他们的来访者和来电都应委婉拒绝。

（4）对来电、来访者，接待员要先从电脑中查明被访者是否住在本酒店，如被访者不住酒店应礼貌告诉客人。如被访者有预订，可建议来电、来访者留言。

（5）接待员在问明来访者姓名和单位后，以电话形式通知客人并征询客人意见，同意后方可将电话转入。

（6）电话振铃声之后客房无人接听，可告诉来访者客人不在房，建议来访者留言，不可将房号随便告诉来访者。对于询问“××住客叫什么名字？”之类问题的来访者，接待员要特别提高警惕。

（7）问讯员在回答客人问讯时，必须准确无误，态度温和，不能使用不确定的语言，如“我想可能”、“大概”、“也许”等。

案例分析

小许正在给 915 房间的客人办理离店手续。

闲聊中，那位客人旁顾左右，捋下手指上的一枚戒指，偷偷塞到小许手里低声道：“我下星期还要来住一个时期，请多多关照。”

小许略一愣，旋即，镇定自若地捏着戒指翻来覆去地玩赏一会儿，然后笑着对客人说道：“先生，这枚戒指式样很新颖，好漂亮啊，谢谢你让我见识了这么个好东西，不过您可要藏好，丢了很难找到。”

随着轻轻的说话声，戒指自然而然地回到了客人手中。

客人显得略有尴尬。

小许顺势转了话题：“欢迎您光顾我店，先生如有什么需要我帮忙，请尽管吩咐，您下次来我店，就是我店的常客，理应享受优惠，不必客气。”

客人正好下了台阶，忙不迭说：“谢谢啦，谢谢啦。”

客人转身上电梯回房。

阅读上述案例，分析小许这么做正确吗？

【案例分析】

服务需要委婉的语言，而委婉的语言是一门艺术，需要刻意追求与琢磨才能到位。

酒店服务水平，需要做方方面面的工作，而最基本、最直接的就是服务工作中的语言，有道是：一句话惹人哭，一句话逗人笑。处理得当，锦上添花；处理不当，前功尽弃。

酒店服务名言

点子多一点，理由少一点。

知识拓展

世界十大主题酒店之三——威尼斯人酒店

（1）类型：水上度假。

（2）位置：澳门。

（3）主题：综合度假性酒店。

（4）威尼斯人（度假村）酒店（The Venetian Macao-Resort-Hotel）是由美国拉斯维加

图 4-2

斯金沙集团投资的度假村，投资约 200 亿元，这所奉行多元经营理念的度假村设有 3000 间豪华客房及大规模的博彩、会展、购物、体育、综艺及休闲设施等，其中占地 11 万平方米的会展场地，势必成为香港的竞争对手。酒店位于澳门路氹仔金光大道地段，酒店楼高 39 层。

（5）威尼斯人度假村拥有世界一流的设施，其规模更超越美国拉斯维加斯威尼斯度假酒店，其中包括超过 60 平方米的豪华客房、近 10 万平方米并汇集世界名牌的大运河购物区、8000 平方米的水疗中心，以及驻场表演的太阳马戏团等。预计威尼斯人度假村的开幕，除了能吸引赌客外，亦会吸引不少商务会议及展览活动转到澳门举行，度假村期望可以吸引到一批高消费的商务旅客到澳门消费。

（6）投资额：约 200 亿元。

（7）总建筑面积：951000 平方米。

（8）地块面积：299000 平方米。

职业能力训练

一、填空题

接待员应回答______客人问题，对国内外客人______。

二、单选题

1. 饭店代表在向客人介绍饭店地理位置时，应避免涉及饭店（　）。

A. 附近公交车换乘的地点　B. 周围环境　C. 周边旅游景点位置　D. 附近非正常场所

2. 饭店代表在向客人介绍饭店服务特色时，应避免涉及（　）。

A. 服务时间　B. 服务特点　C. 服务种类　D. 其他饭店在某项服务方面的优势

3. 饭店代表向客人介绍饭店历史文化时，应避免涉及（　）。

A. 其他饭店在历史文化方面的缺陷　B. 曾经接待的重要客人　C. 发展背景　D. 开业时间

技能训练

在实训室，分组进行酒店员工住客信息咨询服务。

观念应用训练

一位刚入住的客人要求对其房号保密，提出凡是国内电话一律不接听，只听香港及国际长途，现有一位自称香港长途的刘先生来电找此客，你应如何处理？

情景模拟训练

1127 房间的王女士是参加中国苏州电子信息博览会的客人，今天下午博览会结束，王女士想利用接下来的两天时间在苏州旅游，但她除略知苏州园林外，对其他旅游景点一无所知。13:25 左右，她来到酒店总台向服务员咨询，希望服务员为她介绍一下苏州及其周边地区的主要旅游景点及前往旅游的路线，最好能为她安排一名导游。

要求：耐心周到地完成住客信息咨询服务。

任务2 查访住客服务

任务目标

能够胜任四、五星级酒店总服务台日常问讯服务工作，为客人提供规范的查访住客服务。

项目任务书

任务名称	查访住客服务	任务编号		时间要求	
训练要求	1. 能够按要求准确填写问讯处各类表单、报表 2. 能按要求提供客人查访住客服务 3. 会处理问讯服务过程中出现的简单突发事件				
培养能力	1. 按查访住客服务的规范完成住客查访服务 2. 假设住客同意接待和拒绝接待访客两种情况，请按照查访住客的规范完成服务任务 3. 试运用不同的理由帮助客人拒绝查访者，注意拒绝的语言技巧				
涉及知识	1. 问讯员的职业要求 2. 问讯员需掌握的信息 3. 利用计算机查访住客服务				
教学地点	教室、实训室	参考资料			
教学设备	投影设备、投影幕布、能上网的电脑、各类报表				
训练内容					
按要求准确填写问讯处各类表单、报表					
实训成果评价标准					
1. 熟练地办理登记手续 2. 服务要快捷、准确、高效，不能让客人久等，能及时向客人提供其需要的信息 3. 接听电话语言应亲切、有礼貌，服务应耐心、周到					

引导案例

墙上的挂钟在嗒嗒地越过12点，四周一片寂静，夜已深。

服务员皱着眉，看看挂钟又看看腕上的手表。服务台，服务员盯着电话。

“对不起，黄先生，酒店规定的访客时间已经过了，请您协助提醒您的访客离开。”黄先生提着话筒：“催什么催，住酒店又不是蹲大狱，盯那么紧干什么，真是花钱买罪受!”

服务员拎着话筒：“您好，黄先生，我是9楼服务员，打扰您很抱歉，只是酒店规定的访客时间已过，您的访客该离开了，我怕您不知道，特地提醒您。”停顿一下，见对方沉默不语。

“哦，可能您还有事没谈完，您再谈一会吧，过一会我再给您来电话。”

由于语气平和，并给了对方一个余地，对方亦一时无言。

服务员再次拨电话："您好，黄先生，欢迎您的访客来我店，只是现在酒店规定的访客时间已过了，如果您还要继续会谈，欢迎您和您的朋友到楼下的咖啡厅，它将 24 小时为您提供服务。""如果您的访客要留宿，我们很欢迎，请您的朋友到总台办理登记手续。"

挂钟，嗒嗒……时针越过两点，咖啡厅里仅有两人在谈话，不是黄先生他们。

服务员拨电话："您好，黄先生，看来您的访客是想留宿了，我们很欢迎，如果您不方便，我通知总台上门为您的朋友办理手续行吗?"

客人收起东西，出了酒店。

知识链接

查询住客服务

一、服务顺序

（1）问清要查找的住客姓名，通过电脑查出客人房号。

（2）对住客的房号要注意保密。如果住客在房间，则问清来访者姓名、身份，接通客房电话，将某人来访的信息告诉该客人。

（3）如果住客不在房间又未留下去向，则询问来访者是否留言。如果住客预先交代其在酒店某个公共场所，则请行李员举寻人牌去寻找。

二、住客要求保密的处理

（1）此项目要求问讯处处理。

（2）问清客人要求保密的程序。

（3）在值班本上做好记录，记下客人姓名、房号及保密程度和时限。

（4）通知总机室做好该客人的保密工作。

（5）如有人来访要见要求保密的客人，或来电查询该客人时，问讯员及总机均应以该客人没有入住或暂时没有入住为由予以拒绝。

（6）如客人要求更改保密程度或者取消保密时，应即刻通知总机室，并做好记录。

服务流程

（1）接待员应主动热情回答客人所提出的问题，对国内外客人要一视同仁。

（2）只回答自己权限内的问题，对自己不了解的事情应当向客人表示歉意，同时尽可能请示有关方面负责人。

（3）每位客人的姓名、房号、国籍、活动、房价等资料均属保密范围，接待员不得随意泄露，要求给予保密的客人，对他们的来访者和来电都应委婉拒绝。

（4）对来电、来访者，接待员要先从电脑中查明被访者是否住在本酒店，如被访者不住本酒店应礼貌告诉客人。如被访者有预订，可建议来电、来访者留言。

（5）接待员在问明来访者姓名和单位后，以电话形式通知客人并征询客人意见，同意后方可将电话转入。

（6）电话振铃声之后客房无人接听，可告诉来访者客人不在房，建议来访者留言，不可将房号随便告诉来访者。对于询问“××住客叫什么名字？”之类问题的来访者，接待员要特别提高警惕。

案例分析

一天，两位北京本市的客人来到酒店前台，询问香港客人边某是否在此下榻，并希望尽快见到他。前台接待员小金立即进行查询，确有一位叫边某的香港客人已入住酒店，小金接通边先生房间的电话，但长时间没人应答。小金礼貌地告诉来访的客人，边先生已到店，但此刻不在房间。小金请两位客人到大堂休息处等候或在前台留言，等边先生回来后再另行安排时间会面。两位客人对接待员小金的答复并不满意，一再声称他们是边先生的多年旧友，请小金告诉他们边先生的房间号码，小金礼貌而耐心地向他们解释，为了保证住店客人的安全，在没有得到住店客人同意的情况下，不便将其房号告诉他人。同时，再次建议来访的客人在前台给边先生留言，或随时与酒店前台保持联络，以便边先生回来后及时与之取得联系。两位客人表示理解，给边先生留言后离开酒店。边先生回来后小金立即将来访者的留言转交给他，并说明为了安全起见，前台没有将他的房号告诉来访者，请边先生谅解，边先生当即表示理解并向小金致以谢意。

阅读上述案例，分别站在边先生和小金的立场上思考二人的做法。

【案例分析】

来访客人查询住店客人的房间号，是前台接待员每天都会经常遇到的事情，由于事关住店客人的安全，因此，为确保酒店和住店客人的安全，酒店服务员有责任、有义务为客人做好房号的保密工作。

（1）本案例中接待员小金能够按照酒店的规定做好访客的接待工作，既会给访客留下饭店管理严格的深刻印象，又会让住店宾客觉得安全和放心。

（2）接待员小金在坚持原则的同时，始终面带微笑，礼貌待客，耐心向访客解释饭店规定，并提出合理的建议，使客人感受到了服务工作的热情和真情，从而赢得了访客的理解，也得到了住客的支持。

（3）特别要注意的是，访客要求告诉住店宾客房间号码时，服务员在没有得到住店宾客允许的情况下，绝不能将住店宾客的房间号码告诉来访的客人。同时，在接待访客时，一定要注意方式方法，态度不要生硬，以免因此形成投诉。

（4）如果因员工操作失误引起客人投诉，有关人员应尽快妥善解决好客人的问题，尽量满足客人的要求。

酒店服务名言

微笑多一点，嘴巴甜一点。

知识拓展

著名的沃尔玛微笑标准训练课程

1. 酒店微笑训练目标

习惯性富有内涵的、善意的、真诚的、自信的微笑，如一杯甘醇的美酒，叫人流连酣畅！

2. 酒店微笑训练口号

笑吧，尽情地笑吧！笑对自己，笑对他人，笑对生活，笑对一切！

3. 酒店微笑训练方法

（1）他人诱导法——同桌、同学之间互相通过一些有趣的笑料、动作引发对方发笑。

（2）情绪回忆法——通过回忆自己曾经的往事，幻想自己将要经历的美事引发微笑。

（3）口型对照法——通过一些相似性的发音口型，找到适合自己的最美的微笑状态。如“一”、“茄子”、“呵”、“哈”等。

（4）习惯性佯笑——强迫自己忘却烦恼、忧虑，假装微笑。时间久了，次数多了，就会改变心灵的状态，发出自然的微笑。

（5）牙齿暴露法——笑不露齿是微笑；露上排牙齿是轻笑；露上下八颗牙齿是中笑；牙齿张开看到舌头是大笑。

4. 酒店微笑训练步骤

（1）基本功训练：

①课堂上，每个人准备一面小镜子，做脸部运动。

②配合眼部运动。

③做各种表情训练，活跃脸部肌肉，使肌肉充满弹性；丰富自己的表情仓库；充分表

达思想感情。

④观察、比较哪一种微笑最美、最真、最善，最让人喜欢、接近、回味。

⑤每天早上起床，经常反复训练。

⑥出门前，心理暗示“今天我真美、真高兴”。

（2）创设环境训练：假设一些场合、情境，让同学们调整自己的角色，绽放笑脸。

（3）课前微笑训练：每一次礼仪课前早到一会儿，与老师、同学微笑示意，寒暄。

（4）微笑服务训练：课外或校外，参加礼仪迎宾活动和招待工作。

（5）具体社交环境训练：遇见每一个熟人或打交道的人都展示自己最满意的微笑。

职业能力训练

一、填空题

1. 对访客查询住客的信息时，对房号应该______。

2. 如有人来访要见要求保密的客人，或来电查询该客人时，问讯员及总机均应以______或______为由予以拒绝。

二、单选题

住店宾客经常向话务员询问有关电话号码或通过电话找人。当客人要求总机帮助找人时，总机（　　）。

A. 不能代为找人，并致歉　　B. 停下手中工作设法帮助找到客人

C. 婉拒客人的要求，并致歉　　D. 在不影响正常工作的前提下，尽力帮忙

三、简答题

简述查询住客的服务顺序。

技能训练

在实训室，分组模拟酒店员工查访住客服务。

情景模拟训练

7月8日下午，有两位年轻女子来酒店总服务台查询一个叫约翰·克劳的中年男子，两人声称是约翰的夫人和妹妹，因为他的手机长期处于关机状态，于是就直接到酒店来找他了，她们只知道约翰住这间酒店，但不知道具体房号，要求服务员为她们提供房号，值班人员在电脑中查找住客信息发现店内确实有一名叫约翰·克劳的男客人，住在1004客房，但该客人入住登记时申请了信息保密。

要求：学生分角色扮演客人与问讯员。

按查访住客服务规范完成本次住客查访服务，试着用不同理由拒绝客人，注意拒绝的语言技巧。

任务3 宾客留言、留物服务

任务目标

能够胜任四、五星级酒店总服务台日常问讯服务工作，为客人提供规范的留言、留物服务。

项目任务书

任务名称	宾客留言、留物服务	任务编号		课时要求	
训练要求	1. 能够按要求准确填写问讯处各类表单、报表 2. 能按要求提供客人宾客留言、留物服务 3. 会处理问讯服务过程中出现的简单突发事件				
培养能力	1. 两人一组，分别扮演客人和问讯员，按房号保密的规范完成工作任务 2. 学生之间角色互换，试着向各种不同的客人解释无法提供查询服务，体验语言的技巧				
涉及知识	问讯单的填写，留言、留物单的填写				
教学地点	教室、实训室	参考资料			
教学设备	投影设备、投影幕布、能上网的电脑				
训练内容					
模拟进行宾客留言、留物流程					
实训成果评价标准					
1. 能熟练地处理宾客留言、留物服务 2. 服务要快捷、准确、高效，不能让客人久等，能及时向客人提供其需要的信息 3. 应亲切、有礼貌，服务应耐心、周到					

引导案例

某日×市的某饭店总服务台收到一封从邻近省市某工厂企业寄来的一封平信，信封上写明“请速转住店客人王××收”。在信封左下角用括号加注了一行字：“台湾王先生日内由香港中转到大陆入住你店。”

总台值班服务员认为这只是一封平信，思想上未引起重视，随手把信放在柜台后面的信架上，在与另外的值班服务员交接班时忘记交代此事，时间一长，这封信便成了一封“死信”。

外地工厂来信的缘由是这样：台湾王先生拟专程来大陆与该厂谈判合资办厂问题，事先用图文传真告知该厂他到大陆×市的日期和所住饭店（包括地址）以及他到达该厂的大约日期。厂方接到传真以后，考虑到谈判代表恰巧到×市办公事，于是发电传到台湾，希望王先生在×市等厂方代表就地谈判，谁知王先生已离开台湾去香港了，电传内容无法知悉，厂方不放心，在王先生尚未到达×市以前，寄出一封平信，认为×市的饭店会负责及时转交给王先生的。

事与愿违。台湾王先生在×市逗留了一个晚上，在入住登记和离店时当然不会注意信架上会有给自己的信，而且更不可能主动向饭店总台询问此事。正是无巧不成书，就在王先生离开×市乘火车的途中，厂方的代表却坐在行驶方向恰恰相反的火车上，最后只好到×市向台湾的王先生赔不是，请他折回×市，折腾了一番。

知识链接

代客留言服务

（1）当访客或住客要求留言时，请其填写留言单，或由问讯员填写后请访客或住客签名。

（2）问讯员签名后，访客留言放入钥匙架或规定位置，待住客来取钥匙时及时转交住客。住客留言单存放在服务台，待访客来取或电话询问时转达。如果留言是给预抵店客人的，则把留言单与预抵店客人名单放在一起，客人入住时转交。

客人托转物品服务

（1）客人提出代转物品，请客人填写“托转物品服务单”，写清托转人姓名、地址、联系电话、物品名称、件数和收件人姓名、地址、电话等项目，经办人在服务单上签名并记录收到物品时间。

（2）将托转物品存放好，等收件人来取，或主动联系收件人来取，收件人来领取物品时，请其在服务单上签名。

（3）如客人托转大件行李，请客人到行李处办理。对客人托转现金、机票、车票或贵重物品的要求，婉言谢绝。

住客留言单 TO VISITOR

TO
MR./MS.
Date
I WILL BE AT
FROM
AM/PM TO
AM/PM
MESSAGE：
GUEST
NAME
ROOM NO.
CLERK

访客留言单 TO GUEST

TO MR./MS.
ROOM NO.
FROM VISITOR MR./MS.
DATE
TIME
MESSAGE：

CLERK

服务流程

（1）三声之内接听电话，问候客人。

（2）接听到客人留言电话。

（3）询问客人姓名、房号、外出往返时间、联系电话，并用姓氏称呼客人。

（4）向客人复述和核对留言内容，并提醒客人回酒店及时取消留言。

（5）将客人留言内容登记到留言条上，并装入留言信封。

（6）告知查询者留言内容。

（7）收到客人取消留言通知后，话务员应取消留言内容。超出客人返回时间尚未接到客人取消通知的，应及时联系客人。

案例分析

某日，大堂经理发现前台员工小张接完电话后满脸委屈，正想上前问个究竟，“丁零零……”大堂经理处的电话响了。“你们这是什么服务？竟然叫我自己去取钥匙……”大堂经理听出客人已经很生气，没有多问，马上礼貌地说：“请您告诉我房号，我们立即给您送过去。”事后了解到：客人在入住时已没有标准间而只能入住套房；进房后发现客房未备拖鞋；楼层服务员在补送的路上又因故耽搁了几分钟；应客人要求送上去的一把磁卡钥匙，因客人不在客房内而只送到了6楼。客人用餐完毕，致前台问讯时，接待员说钥匙已送了，到6楼取就可以了，于是就发生了前面的一幕。

阅读上述案例，分析发生的原因。

【案例分析】

这一案例较极端，一系列的不愉快都发生在同一位客人身上，导致客人最后因为前台员工的一句话而投诉……但事实远不是表象中的那么简单：客人的投诉实际上针对的是他所遇到一系列的不愉快。从中我们可以归纳出以下几点：

1. 服务工作，事无巨细

如果说成绩和荣誉是靠一点一滴赢得的，那么它也是这样被毁的。工作中一环扣一环，一个细小的错误或遗漏似乎没什么，但一个细小的错误或遗漏的关联可能会导致灾难性的结果。本案例中，从表面上看，好像没有哪位员工有严重的过失，但最终却引发客人投诉。

2. 住处的共享与积累

酒店接待员应有较高的对客服务素质和技巧，一言一行，需审慎、温和，处处为宾客着想。前台是酒店的神经中枢，所以前台工作人员应注意宾客的各种信息（包括客人有哪些不满意的地方），并综合这些信息迅速做出相应的反应（如对目标客人更加注重对客的语言、技巧）。本案例中，如果小张在接电话时能联想到这位客人已有补送拖鞋一事，那么她就会更加注意语言的技巧，也就不会有事后满脸的委屈了。

3. 对客服务的时效性

一般情况下，几分钟不会觉得很长，但客人是处于等待中，很可能会投诉说，等了20分钟才送来一双拖鞋。本案例中，楼层服务员如因故无法立即补送拖鞋，就应及时请求其他员工的帮助。

酒店服务名言

脾气小一点，肚量大一点。

知识拓展

世界十大主题酒店之四——万象酒店

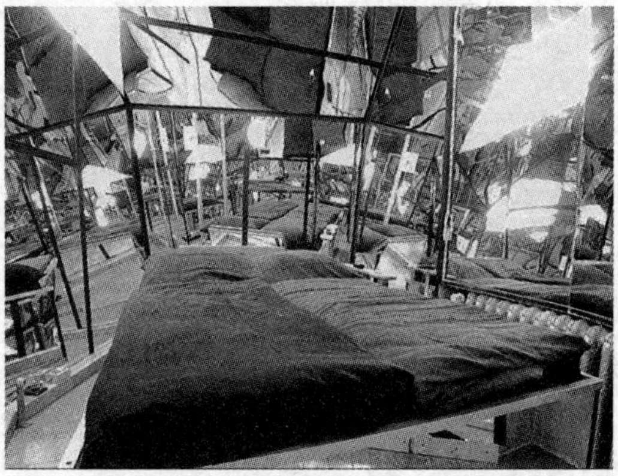

图 4–3

（1）类型：奇幻酒店。

（2）位置：德国。

（3）主题：创新，奇特。

（4）有趣的室内设计不单单应用在家具的外形设计上，德国的酒店更大胆运用恐怖的元素组合成另类的酒店，一到晚上就如同进入一个“迷幻城市”的世界一样，这样新奇百怪的酒店，足够挑战自己的心脏承受能力！如果住在酒店的豪华客房，可被视为生活在艺术的世界里。所有30个房间的设计和家具，全部由德国艺术家拉斯·斯托罗申完成，其风格更是给每个房间注入了其独特的个性，使得每个客户都会得到一种崭新的体验，这在全世界范围内都是独有的，就连每个家具和其他所有物体都只能在这里的客房内见到。每个房间的设计都有自己的风格。而且，每间客房都有使用说明书，对房间配置进行严格的保护。

职业能力训练

一、填空题

电话铃响______声之内接听电话，问候客人。

二、单选题

客人的特种邮件（如电报、电传、挂号信、包裹单、汇款单等）、重要的留言条及需迅速交递的物品，应由（　　）递送进房，交给客人。

A. 总台服务员　　B. 大厅服务员　　C. 大堂经理　　D. 保安

三、简答题

简述客人留言服务流程。

技能训练

在实训室，模拟酒店员工宾客留言、留物服务。

情景模拟训练

克里斯先生要找住在521房间的班得瑞先生，房间电话始终无人接听，留言给酒店总台，班得瑞先生回来后，请马上回电话。

要求：学生分角色扮演客人与问讯员，完成访客留言服务。

假设访客来电或到店两种情景给住客留言，请学员按访客服务规范完成留言服务。

项目五

收银与离店退房服务

酒店服务质量影响着整个酒店的生存和发展，从酒店服务现状及发展趋势出发，对现代酒店服务质量所存在的问题进行深入分析，提出具体的对策建议，来提高顾客满意度，提升酒店服务质量，促进酒店的良性发展，同时酒店的收银与离店退房是前厅服务中至关重要的环节。

项目导图

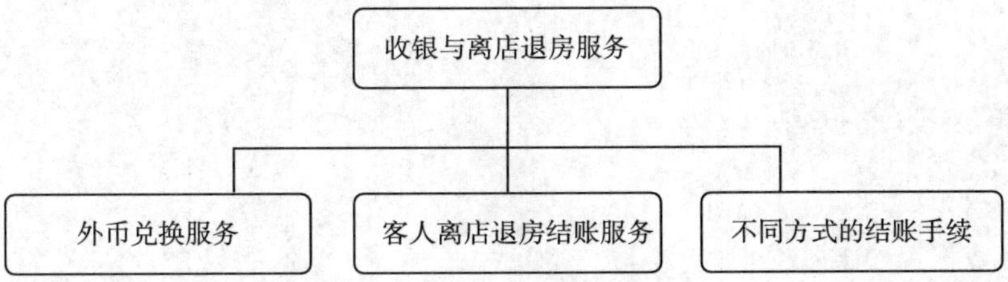

图 5–1　收银与离店退房服务

学习目标

知识目标

1. 能够熟练操作酒店管理系统、打印机、POS 机。准确填写单据、字迹清楚
2. 熟记本酒店各种房价、餐费和洗涤费等费用标准及折扣
3. 正常情况下能够在 3 分钟内完成散客及团队客人离店及退房结算业务
4. 能够熟练进行各类结账，准确地为客人兑换外币
5. 能够熟练进行现金结账、转账、支票结账、信用卡结账、记账、快速结账

技能目标

1. 外币兑换服务
2. 客人离店退房结账服务
3. 不同方式的结账手续

任务1 外币兑换服务

任务目标

能够在四、五星级酒店总服务台为客人办理外币兑换服务工作。

项目任务书

任务名称	外币兑换服务	任务编号		时间要求	
训练要求	了解每天的汇率，准确地为客人兑换外币				
培养能力	1. 正确鉴别100元、50元、10元人民币的真伪，并用点钞机快速点钞 2. 学习鉴别各种面额的欧元、美元、日元等外币。				
涉及知识	1. 四星级酒店需提供18小时的外币兑换服务 2. 旅行支票兑换				
教学地点	教室、实训室	参考资料			
教学设备	投影设备、电话、电脑、传真机、前厅软件、预订表格、纸、笔				
训练内容					
验钞、兑换外币					
实训成果评价标准					
能准确地完成验钞、兑换外币。根据当天的外汇牌价，将2000欧元、1500美元、600英镑兑换成人民币，能在没有验钞机的情况下完成验钞					

引导案例

某日夜晚，一位外籍住店客人正在兑换外币，在填写旅行支票时，不慎将名字签错了地方，面对签错的支票，饭店总台外币兑换员对客人说："这张支票签名的地方不对，请换一张。"客人不同意，双方发生了争执，兑换员坚持不予兑换，客人满腹怒气，来到大堂经理处。

经理小夏正在值班，看到气呼呼走过来的客人，小夏迎上前去，问道："先生，能为您效劳吗？"客人说了事情的经过，显得很着急，小夏听罢，心中暗忖，兑换员说不行，怕难以变通，但又不能随便将一个寻求帮忙的客人拒之门外，小夏安慰客人道："先生，别着急，事情总可以解决的，您先请喝杯咖啡，我帮您想办法。"说着，把客人请到酒吧稍作休息。

小夏本身对兑换外币业务并不熟悉，但他想客人之所想，急客人之所急，随即拨通了储蓄所的电话，诚恳地向他们请教。电话接通了："您好，我是××饭店，我们这儿的一位客人在兑换外币时签错了支票，我想请教一下，是不是有什么可以补救的办法？"对方听后请小夏打电话到分行询问。小夏道："谢谢！"随后又拨通分行办公室的电话，回答是要问国际兑换台。小夏又一次拿起电话，接通分行国际兑换台，请求帮助。银行方面说办法简单：只要在正确的地方再补签个名就可以了。找到办法后，小夏很快到客人身边，告诉他解决的办法，并将客人带到总台外币兑换处，向兑换员讲明情况，使客人顺利地兑换了外币，这时客人带着满意的神情称赞小夏："谢谢你这么快解决了问题，帮了我的大忙，真不愧为客人的知己。"看着客人跷起大拇指，小夏舒心地笑了："这是我们应尽的义务，请不必客气。"客人满意而去。

知识链接

酒店外币兑换工作流程

1. 兑换周转金出入库程序

根据宾馆与银行签订代兑换外币业务协议内容规定。银行地区分行向宾馆提供一定数量的兑换周转金，由兑换领班专人管理，单设保险柜，并建立严格出入库手续，确保外币兑换工作的顺利进行。外币兑换周转金通常每天入库一次，出库二次。每笔金额出入库都要做到签字手续齐全，准确无误。

2. 兑换前准备工作程序

（1）收银员每天早上要按时收听并录音中国银行公布的外汇牌价，及时更改当天的外汇牌价表。

（2）领用当天所使用的兑换水单，检查是否连号，是否有短号现象，并办理领用手续。

（3）领用并配备大小面值的兑换周转金，办理出库手续。

3. 外币兑换及承付现金程序

（1）问候：先生/小姐/女士，您好！请问您换钱吗？

（2）当客人兑换时，首先请客人出示护照或其他证件，方可填写水单。

（3）经办人接到客人填好的水单时，应注意检查客人的国籍、姓名、护照号码、房间号码、兑换外币金额等内容是否填写齐全，判断识别真假外币，凡是旅行支票，都要检查支票及水单签字与支票背书是否一致。

检查后，由经办人根据中国银行卖价或现钞价，核算成外汇或人民币转交复核员，经复核员再次审核无误后，即可承付现金交经办人。

经办人接到现金后，复核承付现金是否正确，无误后连同水单一起呈交客人。

（4）问候：先生/小姐/女士，请您查收，欢迎您下次再来。

4. 外币兑换营业日报表的编制程序

当一笔兑换业务完毕时，由复核员将水单号码、兑换外币种类及金额分别填写在兑换营业日报表上，编表要求是：

（1）按照水单顺序号码一一填写；

（2）外币现金、支票分别填写；

（3）每笔现金、支票金额分别以现钞价或卖价等于兑换人民币金额填写。

5. 兑换员下班前，外币及周转金交接程序

（1）外币交接程序：兑换营业日报表编制完毕后，兑换员应将外币日报表包捆好装入现金袋内封好，并在口袋封口处签上自己的名字，放在指定保险箱内，待第二天领班查处、清点、汇总。

（2）兑换周转金的交接程序：当A班下班后将兑换周转金余额清点好转交给B班兑换员，并办理交接签字手续。当B班工作结束时，将兑换周转金余额清点好装入现金袋内，袋内现金应与现金袋上记录及兑换营业日报表周转金余额一致，与外币现金袋一起放到指定保险箱内。

备注：

（1）酒店的外币兑换汇率是由对应合作的银行每天传真至酒店以作更新；

（2）根据银行对于外币兑换（包括现金与旅行支票）的规定，凡是货币表面有破损、涂写等损毁的，银行将一律拒收该笔款项；

（3）对于兑换旅行支票的住客，必须复印其有效的证件照片页，必须核对清楚住客的签名是否与旅行支票上原本的签名样式一致；

（4）未经许可，前厅部员工不得私自帮助客人到银行兑换外币，一经发现将追求其法律责任；

（5）不得为非酒店住客兑换外币；

（6）所有的外币必须以现款的形式上缴给财务部。

服务流程

关于前厅部兑换外币的操作程序

由于执行外币兑换程序需要到相应兑换银行进行一系列的外币兑换程序培训，因此外币兑换服务只能由前厅部接待处员工处理，其余未经培训的员工一律不具备该兑换资格。

兑换外币的操作流程如下：

（1）接待处员工接到客人要求兑换外币的要求后，必须先核实客人是否为住客，若客人不是住客，则婉拒客人并告知客人酒店的外币兑换业务只提供给本酒店住客；若客人是住客，则询问住客的房间号码，核对客人名字是否与系统中登记的名字相符。

（2）待正确核对住客信息之后，接待员咨询住客所需兑换的外币金额，若外币金额过大（最高限额一般按照每房间每天最多兑换200美元），可建议住客到附近的银行进行兑换。

（3）接待员使用外币验钞机检验货币的真伪，并检查住客所提供的外币是否有破损或涂写的痕迹，一旦发现以上的问题，则应婉转地向住客解释并拒绝收取有问题的外币。

（4）复印住客所提供的有效证件照片页，并按规定填写银行《外币兑换凭证单》，将所有钞票号码记录在《外币兑换凭证单》上方空白位置处。

（5）接待员需准确计算出兑换后相应的人民币金额并与客人核实，待住客确认无误之后，先由接待员在《外币兑换凭证单》相应位置签名作证，再请住客在《外币兑换凭证单》的相应位

置签名作实。

（6）接待员于前厅备用金中数取相应的人民币金额，面值大于50元以上的钞票必须经验钞机面对面在住客前检验以示钞票真伪；待所有钞票检验完毕后，接待员必须再次与住客面点钞票以示金额的正确性。

（7）最后将《外币兑换凭证单》客人联撕下交给客人留底，第一联记账联及第二联银行联与外币和住客有效证件复印件捆绑在一起上缴给财务部。

（8）旅行支票的兑换与外币现金基本一致，其不同点在于：住客必须在接待员面前签署与旅行支票上签名一致样式的签名；对于面值总额大于100（包括100）的旅行支票，必须致电到美国运通旅行支票授权中心取授权号，并将该授权号用铅笔写在旅行支票的右上角。

案例分析

一辆的士在江苏南通大饭店的店门口刚停住，饭店拉门员小陈主动迎上前去开车门，但坐在车内的一位香港客商并不急着下车。他手里拿着一张一百元面额的港元，等待司机找零钱。

司机说："请您付人民币或外币兑换券好吗？我们不收港元。"

拉门员小陈便问司机："车费一共要多少？"

司机回答说："人民币56元就够了。"

当时小陈身穿制服，口袋里没有钱可以付。他本来心里想自己又不是管换钱的，关我什么事，后来又想到这事涉及饭店声誉，于是他便请客人坐在车内稍等片刻，然后急忙奔到总台说明原委，由他个人担保向总台暂支人民币60元付清了车款，然后有礼貌地对客人说："等您办好入住手续，兑换人民币以后再还我不迟。"客人感到满意，大步走进了饭店。

客人为了要付给总台客房押金，并准备一会儿出去要派上用场，于是到外币兑换处要求换8000元港元，收银员手边正好没有足够的备用金，本来拟婉言请客人自己到附近银行去兑换，后来想到这会给客人带来不便，而且人地生疏也不安全，于是主动和总台联系希望暂不支付押金，经同意后接着征求客人意见，问他可不可以将港元交给外币兑换处，先开好单，马上由饭店派人到附近银行兑换人民币，再通知他凭单来取款。客人对此办法表示同意，于是就进客房梳洗休息。

阅读以上案例，分析上述行为是否正确？

【案例分析】

每家饭店员工都应该有助客人为乐、急客人之所急之心。拉门员小陈本身的工作职责虽然不是管兑换外币，但他懂得客人是上帝，当客人有困难，应当主动设法帮助解决，如果用"不"、"我不是……"、"我不会"、"没有"等这类的否定句是犯忌的。

此外，从外币兑换处收银员的所作所为中，可是得到下面的启示：为客人提供优质服务，远不能仅仅停留在微笑的表面，而应该体现在更深层次的内涵上。这种内涵就是“急客人之所急，想客人之所想”，帮助客人解决实际困难。

在饭店行业大力提倡超值服务的今天，绝不能轻易地拒绝客人，就是婉言拒绝也不足为取。饭店员工应该牢牢树立“客人的需要是我们根本的服务项目”的思想，哪怕有困难和麻烦，也应该尽全力用诚实、高效的超值服务去赢得我们的上帝——住店的客人。

酒店服务名言

了解问题彻底点，工作紧张用心点。

知识拓展

外汇是指以外币表示的可以用作国际清偿的支付手段和资产。当今世界的外币有美元（USD）、欧元（EUR）、日元（JPY）、英镑（GBP）、瑞士法郎（CHF）、法国法郎（FRF）、意大利里拉（ITL）、荷兰盾（NLG）、比利时法郎（BEC）、丹麦克朗（DKK）、瑞典克朗（SEK）、奥地利先令（ATS）、中国香港港元（HKD）、加拿大元（CAD）、澳大利亚元（AUD）、新西兰元（NZD）、新加坡元（SIN）、中国澳门澳元（MOP）、马来西亚林吉特（MYR）等。主要的外汇货币有美元、欧元、日元、英镑等。

从外汇交易的角度讲，一种货币要成为外汇必须有持续性的买盘和卖盘，而这需要满足下列3种主要条件：①持有者必须相信这种货币具有储藏价值的功能。②这种货币在国际贸易中必须可以作为计价的手段。③这种货币必须可以作为交易的媒介。

目前，全世界有190多个国家，其中大约有30种货币属于交易活跃的货币。单以这30种货币来说，每一种货币对其他货币一共有29种汇率，就会有435种不同汇率。目前世界外汇市场上重要外汇之间的基本格局是，大多数货币之间的基本定价关系仍是以美元为主，美元的国际地位是与美国强大的发展实力和国际汇率制度形成与发展的历史相联系的。日本经济的飞跃使日元的地位得以稳固和扩张。欧元是一个新生儿，欧洲区统一政策的强大后劲及其内在经济实力决定了欧元必将成为21世纪与美元、日元统领外汇市场的重要货币。

亚洲各国中央银行已经控制了世界外汇储备的一半。中国大陆的外汇储备已有将近4万亿美元，中国台湾、中国香港紧随其后，日本拥有的外汇储备已经接近1万亿美元。亚洲各国的增长趋势正在使国际货币体系的权力平衡格局向着有利于亚洲的方向发展。

美元的发行权属于美国财政部，办理具体发行的是美国联邦储备银行。目前流通的纸币面额有100元、50元、20元、10元、5元、2元、1元等7种，另有1美元等于100美分（Cents）。美国目前流通的钞票是1928年、1934年、1935年、1950年、1953年、1963

年、1966年、1969年、1974年、1977年、1981年、1985年、1996年等各年版。钞票尺寸不分面额均为15.6×6.6厘米。每张钞票正面印有券类名称、美国国名、美国国库印记、财政部官员的签名。正面人像是美国历史上的知名人物，背面是图画。另有500美元和500美元以上面额，背面画面上没有图画，流通量极有限。1963年起以后的各版，背面画面的上方或下方又加印一句“IN GOD WE TRUST”（我们信仰上帝）。1996年美国开始发行一种具有新型防伪特征的纸币，第一次发行的为100美元券。美国钞票图样中的中心字母或阿拉伯数字分别代表美国12家联邦储备银行的名称。

职业能力训练

一、填空题

外币兑换服务只能由______处理，其余未经培训的员工一律不具备该兑换资格。

二、单选题

1. 一般来说，大多数饭店所提供的外币兑换服务不包括（　　）。

A. 为客人将新加坡元兑换成人民币　　B. 为客人将人民币兑换成美元

C. 为住客将欧元兑换成人民币　　D. 为客人将日元兑换成人民币

2. 饭店开设外币兑换服务的前提条件中，说法错误的是（　　）。

A. 受中国银行委托　　B. 根据国家外汇管理局公布的外汇牌价兑换

C. 必须是四星级以上饭店　　D. 一般在前台设立专门的外币兑换处

3. 进行外币兑换服务时，不恰当的做法是（　　）。

A. 填写水单的内容包括应兑金额　　B. 由兑换员代替客人在水单上签名

C. 水单上必须填写兑换率　　D. 水单填好后，必须要复核一次

三、简答题

简述外币兑换前的准备工作。

技能训练

在实训室，分组模拟酒店员工外币兑换服务。

观念应用训练

一位韩国客人退房一周后忽然打电话质问：我已经把所有的消费都结清了，怎么卡上显示钱少了1000元人民币呢？经查客人所称少1000元人民币为银行的预授权还未取消。

分析原因，你该如何应对？

情景模拟训练

早上 10:00 左右，1017 房的桑德拉小姐来到总台要求将 2000 欧元兑换成人民币，当天的汇率是 1 欧元兑 9.5868 元人民币。

要求：学生分角色扮演，将外币兑换成人民币。

1. 正确鉴别不同面额的人民币真伪，并用点钞机快速点钞。

2. 学习鉴别各种面额的欧元、美元、日元等外币。

任务 2　客人离店退房结账服务

任务目标

能够在四、五星级酒店总服务台为客人办理离店退房结账服务。

项目任务书

任务名称	客人离店退房结账服务	任务编号		时间要求	
训练要求	正常情况下能够在 3 分钟内完成散客及团队客人离店及退房结算业务				
培养能力	1. 在 3 分钟内办理好信用卡结账业务 2. 开一张住宿发票				
涉及知识	1. 用现金结账的客人要在入住登记时付款，或者用信用卡建立信用 2. 用现金或个人支票结账的客人，会被要求提前支付其整个入住期间的房费和税金 3. 如果客人用支票支付，应查看客人身份证，并在支票上注明身份证号 4. 当客人遗失押金单时，应请付款人在“现金支出单”上注明“原押金单作废”，并签字确认，收银员确认签字无误后，方可将差额现金退还给客人；由客人在账单上签字，并撕碎入住登记时预留的信用卡凭证 5. 建议客人在前厅刷信用卡，用以支付酒店内餐厅或客房内酒吧的消费，在退房时仍可以用现金结算 6. 用信用卡结账时，在信用卡凭证上填入收费金额，请客人在信用卡凭证上签名并在账单上签字认可。 7. 开发票时的注意事项				
教学地点	教室、实训室	参考资料			
教学设备	投影设备、投影幕布、能上网的电脑				
训练内容					
1. 现金或个人支票结账 2. 支票结账 3. 信用卡结账时开发票					
实训成果评价标准					
1. 能用多种方式如现金或个人支票结账、转账、信用卡结账，开发票，为客人提供离店服务 2. 服务要快捷、准确、高效，不能让客人久等，能及时向客人提供其需要的信息					

引导案例

11 月27 日下午 6 点左右，810 房的客人张先生到收银台办理退房手续，收银员小何便按照正常程序帮客人办理，办理过程中，她看到电脑说明处的备注中有注明：UTELL 订房，而忽略了电脑注明的 PAYTELL 字样。小何也没仔细查看订单就将账单打出来给客人签名确认。但该房实际是通过 UTELL 订房 PAYTELL 付款的，客人得知酒店与订房公司的房价后，致电了订房公司询问房价的问题。订房公司在得知此事后立即向酒店投诉并提出了 100 美元的赔偿金。

思考：

1. 导致此问题的根源在哪里？
2. 今后如何避免此类事件发生？

知识链接

宾客的付款方式有现金、支票、信用卡、挂账等形式。若宾客用外币旅行支票结账，前台不直接收取旅行支票，宾客需到外币兑换处依照当天汇率兑换人民币现钞，然后再付清自己的账目；若宾客以信用卡付款，当宾客离店时，要有礼貌地让宾客出示信用卡，要对照宾客的信用卡号码、有效期及签字，以确保信用卡的有效性、通用性和真实性，以保证信用卡的正确使用。

另外如果宾客住店消费超过有效限额，将通知信用卡授权中心，申请授权号码，所批准的授权号码应写在信用卡单据的右上角。

下列是多数酒店可以接受的信用卡：

美国运通卡（American Express Card），大莱卡（Dinners Card），万事达卡（Master Card），JCB 卡（JCB Card），签证卡（Visa Card），长城卡（Great Wall Card）等。

如果宾客使用外币现钞结账，需先请其到外币兑换处依照当天汇率换成店内可收取的货币，然后转交前台结账；若为公司挂账，接待人员打出电脑明细账单，经宾客认可在账单上签字，并找齐公司所有担保付款凭证一起转交至计财部，由计财部和公司进行结算。

1. 即时消费结账

即时消费是指宾客临近退房前的消费费用，因转送到收款处太迟而没能赶在宾客退房前及时入账。在采用电脑操作管理的酒店，类似问题一般不会出现，而对于采用手工转账的酒店，及时核查即时消费，确保不产生漏账损失。通常做法是，宾客结账时，收款员应礼貌询问宾客是否有即时消费，或者直接电话询问易产生即时消费的消费点，如总机、餐厅、房务中心等。这种做法一方面取决于宾客的诚实度，另一方面，当面与宾客核查费用问题，让宾客产生不信任感，影响宾客对酒店的印象。而且，在宾客结账时去核查消费会耽误太长时间，影响工作效率，引起宾客的不满。

2. 快速结账服务

酒店一般规定退房结账的最后时间为中午 12 点，在此之前通常结账宾客比较集中，为了避免宾客排队等候，或缩短宾客的结账时间，酒店可以提供快速结账服务。

（1）宾客房内结账。宾客房内结账的前提是，前厅计算机系统与宾客房间的电视系统联网，宾客通过电视机显示器查阅账单情况，并通知收款处结账。如果宾客使用信用卡，收款员可以直接填写签购单，不需要宾客到前台去。如宾客使用现金，则在房间内核对金额后，结账时直接多退少补，简化了手续。一般情况下，房内结账只对信誉较好、采用信用卡结算的宾客提供。

（2）通过填写《快速结账委托书》结账。对于有良好信誉的使用信用卡结账的宾客，酒店为其提供此项快速结账服务：宾客离店前一天填写好《快速结账委托书》，允许酒店在其离店后办理结账手续。收款员核对委托书的签名与宾客签购单、登记表上的签名是否一致，在宾客早晨离店时只向宾客告知应付费用的大致金额即可，在宾客离店后，在不忙的时间替宾客办理结账手续，事后按照宾客填写的地址将账单收据等寄给宾客。

服务流程

1. 散客结账服务程序

（1）当宾客到前台结账时，确认宾客姓名是否正确，并随时称呼宾客的姓氏。

（2）接待人员主动收取房间钥匙，并问讯宾客是否发生其他消费。

（3）宾客结账的同时，前台接待人员要及时与客房服务中心联系，查清宾客房间酒水使用情况。

（4）打印出电脑清单，交付宾客检查，经其认可在账单上签字，并确认付款方式。

（5）在结账的同时，要清理宾客档案栏，取出登记卡、信用卡复印件，以便其他宾客重新使用。

（6）宾客提前付清账目，但晚些离店时，接待人员要在电脑中注明延迟离店，以便提醒其他部门及人员注意。

（7）在宾客结账时，要查看电脑中所注明的特殊注意事项。

（8）确认一切手续，在最短时间内完成结账手续。

（9）微笑有礼貌地为宾客迅速、准确地办理离店手续，并表示欢迎宾客再次光临酒店，祝其旅途愉快。

2. 团队结账服务程序

（1）在团队离店前一天根据团队要求准备好团队总账。

（2）登记进店和离店日期、团队名称、房间数、房间类型、房价、餐饮安排、预付款收取等内容。

（3）在团队离店前，及时与领队联系，随时沟通团队付账情况；经领队认可在总账单上签字，其余账由宾客各自付清，领队要保证全队账目结算清楚后方可离开酒店。

（4）团队总账单由领队签字认可后，转交至计财部。

（5）计财部将与旅行社联系解决有关付款问题，如有特殊情况，旅行社将在团队到达时现付或预先付定金作为保证。

（6）检查团队所有账目已付清；收取团队全部房间钥匙；查清账目后，发放行李放行单，作为团队可离店的凭证。

案例分析

某日，一位在北京丽都假日饭店常住的客人到该店前台收银支付一段时间在店内用餐的费用。

当他一看到打印好的账单上面的总金额时，马上火冒三丈地讲："你们真是乱收费，我不可能有这样的高消费!"

收银员面带微笑地回答客人说："对不起，您能让我再核对一下原始单据吗?"

客人当然不表示异议。

收银员开始检查账单，一面对客人说："真是对不起，您能帮我一起核对吗?"

客人点头认可，于是和收银员一起对账单进行核对。其间，那位收银员顺势对几笔大的账目金额（如招待宴请访客以及饮用名酒……）作了口头启示以唤起客人的回忆。

等账目全部核对完毕，收银员有礼貌地说："谢谢，您帮助我核对了账单，耽误了您的时间，费神了!"

客人听罢连声说："小姐，麻烦你了，真不好意思!"

阅读上述案例，进行案例分析。

【案例分析】

前台收银对客人来说是个非常"敏感"的地方，也最容易引起客人发火。在通常情况下，常住客人在饭店内用餐后都喜欢用"签单"的方式结账，简单易行而且方便。但是由于客人在用餐时往往会忽视所点菜肴和酒水的价格，所以等客人事后到前台付账时，当看到账单上汇总的消费总金额，往往会大吃一惊，觉得自己并没有消费那么多，于是就责怪餐厅所报的账目(包括价格）有差错，结果便把火气发泄到无辜的前台收银员身上。

上述案例中的收银员用美好的语言使客人熄了火。一开始她就揣摩到客人的心理，避免用简单生硬的语言（像"签单上面肯定有你的签字，账单肯定不会错……"之类的话)，使客人不至于下不了台而恼羞成怒。本来该店有规定：账单应该由有异议的客人自己进行检查，而那位收银员懂得"顾客就是上帝"这句话的真谛，因此在处理矛盾时，先向客人道歉，然后仔细帮客人再核对一遍账目，其间对语言技巧的合理运用也是很重要的，尊重是语言礼貌的核心部分。说话时要尊重客人，即使客人发了火，也不要忘记尊重客人也就是尊重自己这个道理。

酒店服务名言

保护宾客隐私，总是谨慎地谈及宾客各种信息，在未得到客人允许的情况下，是绝对不允许透露的。因为这可能给客人带来各种各样的麻烦，甚至可能会间接或直接导致客人的损失。

知识拓展

世界十大主题酒店之五——桑格罗夫大酒店

图 5-2

（1）类型：庄园城堡。

（2）位置：澳大利亚阿德莱德

（3）主题：隐私保护，宫廷配置

（4）整个庄园城堡设施的设计，会让客人互相看不到对方的房间。拥有绝佳的私密性；同时，这项服务在世界上任何五星级酒店都是独有的。因此，如果客人想要感受一下古老的贵族风情，那么在这里将得到最完美的重现。

职业能力训练

一、填空题

1. 现金结账服务__________、__________、__________、__________、__________。

2. 信用卡结账服务__________、__________、__________、__________。

二、单选题

1. 收兑旅行支票时，做法不恰当的是（　　）。

A. 询问清楚客人的使用要求，并耐心解答　　B. 查验支票是否属于可兑换或可使用之列

C. 客人不需复签　　D. 请客人出示有效身份证件

2. 关于旅行支票的说法错误的是（　　）。

A. 是一种定额支票　　B. 属于有价证券

C. 可兑换现金　　D. 没有地域、时间限制

三、多选题

前厅账务处理的方法和要求是（　　）。

A. 账户清楚　　B. 延迟办理　　C. 转账迅速　　D. 记账准确

四、简答题

简述散客结账手续。

技能训练

在实训室模拟酒店员工客人离店退房结账服务。

观念应用训练

客人4月14日入住时用招商银行E卡通做了4000元预授权，于4月16日办理退房，客人一周后查询银行此笔预授权未办理取消，投诉饭店，你认为哪里出了问题？

情景模拟训练

上海青年旅社53位客人在本市万沙大酒店住了两天，按照计划旅游团中午吃完饭后12:00离开。因上午行程耽搁，上午10:40导游小江致电酒店服务台，要求推迟一小时退房，即13:00左右才能赶到酒店办理离店手续。

要求：

1. 分角色扮演，模拟完成团队离店服务。
2. 分别用不同方式为其结账。

任务 3 不同方式的结账手续

任务目标

能够在四、五星级酒店总服务台为客人办理客人离店退房结账服务。

项目任务书

任务名称	不同方式的结账手续	任务编号		时间要求	
训练要求	能够熟练地进行现金结账、转账、支票结账、信用卡结账、记账、快速结账。				
培养能力	1. 现金结账 2. 转账 3. 支票结账 4. 信用卡结账 5. 记账 6. 快速结账				
涉及知识	结账时的注意事项				
教学地点	教室、实训室	参考资料			
教学设备	投影设备、投影幕布、能上网的电脑				
训练内容					
现金结账、转账、支票结账、信用卡结账、记账、快速结账					
实训成果评价标准					
能用多种方式进行结账服务。 1. 服务要快捷、准确、高效，不能让客人久等，能及时向客人提供其需要的信息 2. 应亲切、有礼貌，服务应耐心、周到					

引导案例

某日，两位客人有说有笑地来到宾馆。他们一起登记住宿，一位入住 820 房，另一位入住 816 房。登记完毕，总台小姐礼貌地询问："先生，请问你们的账怎么付?" 820 房客人回答道："一起付。"

于是总台小姐填写了预付款单，全额 3000 元人民币，并在单子上注明"816 房客人账由 820 房客人付"。然后对 820 房客人说："请签名确认。由于你们两间房统一付款，所以预付款要交 3000 元，请到结账处办理。"客人签名交钱。

两天以后，中午 12：00，820 房的客人来结账，与总台发生了争执："我没有看到预付单上写有'816 房的客人账由 820 房客人付'字样，一定是我签名以后总台小姐加上的，我们登

记时说过各付各的账。”接着说，“我只结自己的账。”（816 房的客人已于当日早晨离店，并未结账）

听到争吵，客房部经理卓女士来到现场，对客人说：“您好！我是饭店的客房部经理，有什么事我会想办法为你解决的。”

客人和总台小姐讲述后，卓经理看了看客人的预付账单，对事情的大概有了一个了解。

为了安慰客人，卓经理转过身对客人说：“先生您别急，我们一定会尽快查清，尽量给您满意的答复，您看能否先去用午餐，等用完餐再过来结账。”

13：00，客人用完午餐来到结账处，不客气地问道：“事情怎么样了，我还要赶飞机呢？”同时反问道：“你有雷锋那样的高尚吗？别人吃喝玩乐，你来帮他付账？那谁来帮我付账？”又说：“我朋友很有钱，他肯定会付账的，不会要我替他付的。”

卓经理耐心地向客人解释道：“先生，我相信您的朋友肯定会付账的，但他未结账就离店，肯定知道你们是一起付款的。按照我们酒店的常规，一间房客人入住 1~2 天，一般预付 1000~2000 元，您的预付标明 3000 元，表明总台小姐考虑了两个房间的预付款；另外，总台规定，客人若未替其他客人付账而只是交预付款，是不需要在预付款单上签字的，单子上有客人签名，就说明 820 房客人付 816 账，这一点已得到客人认可。”

听到这儿，客人不以为然地说：“我怎么会知道你们酒店什么规定。”

卓经理仍然耐心地说：“您若不相信我，我可以当场给您看其他交预付款客人的单子，假如您能在上面看到客人签名，您就不用付这笔账了。”

至此，820 房的客人不吭声了，却仍硬撑着，卓经理笑着说：“发生这样不愉快的事情，确实有我们做得不够的地方，既给您添了麻烦，也让我们感到为难，您看我们能否想个两全齐美的办法来解决这个问题呢？”

客人马上问道：“怎么解决？”

卓经理说：“我相信您说的，您的朋友肯定会支付这笔账，您能否给我留下他的地址、电话号码，以便联系。同时请您帮个忙，先帮他付这笔账，我们及时与您的朋友联系，由酒店出面追回这笔款项，同时以酒店信誉担保，款一到马上退款给您。您以为如何？”

听到这里，客人顺水推舟地回答：“算了，算我倒霉，我付了。”

阅读资料，思考上述案例，分析该如何解决，导致的原因又是什么？

知识链接

建　账

（一）收取押金

1. 现金结算

收取押金数往往多预收一天的房费；

注意识别钱币真伪；

保存押金条；

学会人民币大写方式。

2. 支票结算

支票的核对：注意真伪、有效期、涂改印记、签字等。

3. 信用卡结算

信用卡的核对：真伪、有效期、持卡人、最高限额、使用范围、压印附件。

（二）建立账户

一般账户的建立；团队客账的建立。

（三）入数

准确、及时。

【小常识】唱收唱付

一方面请用户确认应收付的款额是否正确，提示用户认真清点款额。另一方面也有利于集中收款员注意力，提醒自己不要出错。达到增强交易明晰程度、划清经济责任、提高工作精确度的目的。

- 认真核对、低声细语。
- 设置“一米线”。
- 张贴“温馨提示。”
- 安装“排队机”。

服务流程

客人离店办理流程

（1）整理客史档案。

（2）与客人道别。

（3）结账。

（4）审核客人账单。

（5）通知客房中心。

（6）收回房卡和钥匙。

案例分析

总台接待员小李见到常客金先生拎着一个包向总台急匆匆走来，便迎上前去笑呵呵地打了声招呼。金先生点了点头立即说道："我要离开台州两天，过两天还要回来住，我还有押金在你们这里，你先把我现在这个房间退了，但先不要结账。我住6016房间。"说完递过他的门卡。"没问题，您放心吧。您回来后还要住原来的房间吗?"小李接过房卡，关心地问道。"随便。"金先生说完就急匆匆掉头而去。

小李目送金先生走后，立即通知房务中心说6016房退房。没过多久，楼层服务员打来电话称6016还有不少行李。小李想，也许金先生过两天还要回来，所以没有把行李全部提走吧，于是她通知行李生将6016房行李搬下来，暂存行李房。

当天下午约3点，一位客人来到总台反映所住6016房间门卡不灵进不了房间。仍在当班的小李心里一惊："又是一个'6016'！上午9点金先生不是退房了吗?"小李接过这位客人的房卡经过复读还原，确是6016房的门卡。小李似乎明白了一切，再细查资料，果然，金先生住的是5016。金先生离开时将房号报错，才导致如此结果。于是小李赶忙向客人做了解释，并表示道歉，同时立即指示行李生赶紧将行李再搬回6016房间。

为了稳住客人情绪，小李对客人说："行李生正在将您的行李搬回房间，大堂经理请您到咖啡厅喝杯咖啡，您也好好休息一下，您看可以吧?"客人淡淡一笑，不再说什么。当大堂经理将真正的6016客人请到咖啡厅后，小李终于舒了一口气。

阅读以上案例，进行案例分析。

【案例分析】

小李失误的教训是，对既定的操作规范随意"偷工减料"，把本该有的环节省略掉，在接过金先生房卡时未加以复核确认。

因未确认导致失误的现象并不少见。比如，未确认客人点的菜单就送进厨房，导致客人对某道菜不认账而拒绝接受；未确认送洗衣服的纽扣已丢失，导致衣服送还时引发客人的不满，等等。

总台的特殊岗位更体现细节的重要性。

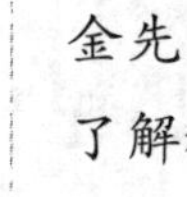

酒店服务名言

小事糊涂一点，人情味浓一点。

知识拓展

人民币真伪鉴别

一、100 元面值（见图 5–3）

图 5–3

（1）这里有隐形的“100”字样，需要把票面放得和眼睛接近平行，对着光源才能看到。而假币是直接印上去的，任何角度都能看到“100”。

（2）这几处图案和文字，用手摸，凹凸感会非常明显。假币没有凹凸感。

（3）金属线。真币是完整的一条，假币中间一般有明显断续。

（4）对着光亮看，真币两面的图形会合在一起，成为一个非常完整的中国古铜钱“孔方”形状。而假币全都不能合成圆形，非常明显。

（5）这里也有个“100”的隐形字样。假币也有，但和真币对照看，差别很明显。

（6）把真币上下晃动，这个“100”的字样会变颜色，一会儿变蓝一会儿变绿。假币完全不变。

二、50 元面值（见图 5–4）

图 5–4

（1）真币上位于正面左侧空白处，迎光透视，可以看到与主景人像相同、立体感很强的毛泽东头像水印。而假币毛主席水印的头像不完整，和国徽的倒影不贴近。

（2）真币中的安全线，可以看到缩微文字“RMB50”字样，而假币无安全线。真币采用手工雕刻凹版印刷工艺，凹凸感强，易于识别。假币盲点有凹凸感，但不细致，有点粗粗的手感。

三、20 元及 10 元面值（见图 5-5、图 5-6）

图 5-5

（1）20 元真币的纸张都是特制的，弹、折叠时都能发出清脆的声音，而假币声音不同。

（2）真币图案清晰，用手触摸有明显的凹凸感；假币图案模糊，色彩偏重，无凹凸感。

（3）真币的安全线在钞票纸中间，明暗相间，假币的安全线是从正面加印上去的，位置有偏差。

（4）假币有数字的重叠现象，没有无色荧光纤维丝，背面的桂林山水无绿色的荧光。

（5）假币从外观上看很逼真，但细看就可发现，假币颜色较深，手感较粗糙。而透过灯光，假币毛泽东头像缺乏立体感，水印相对模糊。

图 5-6

职业能力训练

一、填空题

酒店收取支票需核对________、________、________、________等。

二、单选题

办理退房结账手续是宾客离店前所接受的最后一项服务，一般要求（　　）完成。

A. 5 分钟　　　　B. 2~3 分钟　　　　C. 10 分钟　　　　D. 30 分钟

三、简答题

简述唱收唱付的优点。

技能训练

1. 参观酒店，现场观看酒店员工不同方式的结账手续。
2. 简述不同方式的结账手续。

观念应用训练

某日早班结账高峰期，一位客人将房卡放在台位上说了一句退房就匆匆离开，等收银员回过神时已经找不到客人。并且钥匙读磁条时已消磁，经多方面查证仍然无法确定客人房号。次日客人来结账时发现此房间仍没有退房，产生不满情绪，你该怎么做？

情景模拟训练

为散客或团队提供以下六种形式的结账服务：

1. 现金结账。
2. 转账。
3. 支票结账。
4. 信用卡结账。
5. 记账。
6. 快速结账。

要求：学生分角色扮演客人和收银员，分别采用以上六种不同方式完成结账服务。

项目六

总机服务

总机，多是酒店前厅部门的工作内容之一，按酒店规划不同也有与酒店客房服务中心合并的现象，但总机处理事务较多，大半部分还是独立部门。一间办公室内配置多部服务话机和适量的话务操作台（与话机相连接，用键盘拨号的电脑），总机工作员工通常被称作话务员或者接线员。电话是服务部门最常用的通信工具之一，在对客服务过程中扮演着十分重要的角色，因此，专门负责为客人提供电话服务的总机房就具有非常重要的作用。

项目导图

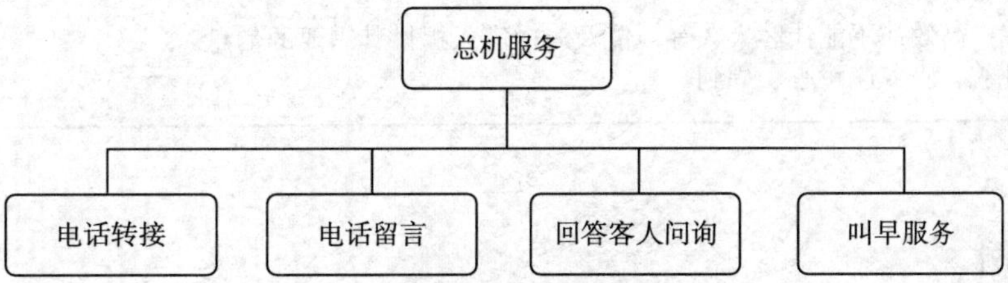

图 6–1　总机服务

学习目标

知识目标

能够胜任四、五星级酒店的总机服务的基本服务工作和接待工作，能够高水准、高效率地为客人服务

技能目标

熟练掌握总机服务的基本知识及总机各项业务的程序与标准

任务1 电话转接

任务目标

能够胜任四、五星级酒店总机房工作。

项目任务书

任务名称	电话转接	任务编号		时间要求	270分钟
训练要求	能够熟练地转接电话				
培养能力	话务员转接电话业务				
涉及知识	1. 总机房的设备 2. 总机服务的基本要求 3. 转接电话的功能、技巧，礼貌用语				
教学地点	教室、实训室	参考资料			
教学设备	投影设备、电话、电脑、传真机、前厅软件、预订表格、纸、笔				
训练内容					
转接电话的功能、技巧，礼貌用语					
实训成果评价标准					
1. 熟练地进行电话转接服务 2. 服务要快捷、准确、高效，不能让客人久等，能及时向客人提供其需要的信息 3. 语言应亲切、有礼貌，服务应耐心、周到					

引导案例

一日，一位先生打长途电话来说，有一件棘手的事情非常紧急，希望北京昆仑饭店总机的话务员给予帮助。总机领班说："请您不要着急，慢慢说，看我是否能帮您解决问题。"这位先生说他有一位朋友出差现住在北京丰泽苑宾馆，因有急事需要立即与他取得联系，但北京市电话局114查号台说查不到丰泽苑宾馆的号码。他听说北京昆仑饭店总机的服务热情、周到，能够帮助客人解决各种困难，因此抱着试试看的想法打长途电话来寻求帮助。总机领班马上安慰这位先生，请他不要着急，并问清了他朋友的姓名。总机领班又找出电话簿仔细查询，终于查到了丰泽苑宾馆的电话号码，马上打电话与丰泽苑宾馆核对，证实这位先生的朋友确实住在这家宾馆。总机领班立即打电话将查询结果告诉这位先生，这位先生连连道谢，说："昆仑饭店是一流的酒店，昆仑饭店的总机是一流的总机，我要告诉我的朋友们以后到北京一定要住昆仑饭店。"

另一日，店外一位孙小姐打电话来说："真对不起，我不转电话，只想查一个号码可以吗？”总机话务员毫不犹豫地说：“没关系，小姐，您打电话请我们帮助查号这是对我们的信任，请问您查哪里的号码，我们一定尽力帮您查找，如果您在线上等的时间太长不方便的话，您可以留下号码，等我们查到后打电话通知您，好吗？”孙小姐说她家的狗病了，想查找一家离家近的宠物医院的电话号码和地址，总机话务员非常痛快地帮孙小姐查了几家宠物医院的号码以便孙小姐选择，孙小姐非常感动，说：“我打了几家饭店的总机，她们都拒绝了我的要求，没想到你们那么痛快地答应了，并且还帮我找了几家医院供选择，真是太感谢你们了。”总机话务员说：“不用客气，我们非常高兴能为您提供帮助，希望您今后有机会光临昆仑饭店，再见!”

知识链接

总机的工作看似比较简单，综合来讲话务员只需要接电话而已，但事实上想做一名优秀的接线员还需要付出很多努力，在接听电话时有很多标准语言需要记忆，这些东西在多次练习熟练之后可以在很大程度上提高我们的工作效率。我们的顾客不仅仅是住店客人，还包括能与酒店有所联系的潜在客户，每一个致电过来的问询者，都可能成为我们的客户，所以好的话务服务，可以为酒店争取到更多的潜在客户，这需要在工作中付出更多的努力。

一、接听报岗

接听电话第一步要做的就是报岗，让致电者清楚是哪里在接听电话，具体操作内外线是不一样的。因为话务员一接起电话就要马上反应报岗内容，所以这段语言必须记忆非常熟悉，达到惯性本能的反应。具体操作如下：

外线：您好，××酒店，请问有什么可以帮您？（Good morning/afternoon/evening，×× hotel，how may I help you?）

内线：早上好/下午好/晚上好，电话服务中心，请问有什么可以帮您？（Good Morning/afternoon/evening，this is guest service center ××speaking，how may I help you?）

电话转接：

（1）向来电话者热情问好，然后认真聆听客人讲话再转接，并说“好的，马上为您转接”，如果客人需要其他咨询、留言等服务，应对客人说：“好的，马上为您查询。”

（2）在等候转接时，为客人播出悦耳的音乐。

（3）接转之后，如果对方无人接听，话务员应在铃响五次之后向客人说明：“对不起，电话没人接，请问您是否需要留言？”若是需要留言，则问清客人是要语音留言还是文本留言。多数情况下为语音留言，则马上将电话转至需要留言的房间话机。若是给酒店管理人员的留言，则由话务员清楚地记录下来，通过寻呼或其他方式尽快将留言转达给有关人员。

二、“免电话打扰”服务

（1）话务员要将所有提出免电话打扰服务要求的客人姓名、房号记录在交接本上，并注明接到此通知的时间。

（2）话务员将这些客人房间的电话号码通过话务台锁上，并要及时准确地把这一信息通知给所有的当班人员。

（3）客人取消了免打扰服务后，接到通知的话务员应立即通过话务台释放被锁住的电话号码，并在交接班本上注明取消的时间。

（4）在客人接受免打扰服务期间，若有来人来电要求与客人通话联系，话务员应将客人不愿意被打扰的信息礼貌地告知来人，并建议其留言或是等客人取消免打扰服务之后再进行联系。

三、要求服务

住店客人通常会有很多额外的要求服务，比如点餐、洗衣、租车、购买物品等，话务员接到这样的要求电话时一定要清楚地表达需要加收 15%的服务费后询问客人是否继续服务。

以下是具体操作程序（以送洗衣物为例）：

——××先生/女士，您是需要现在洗衣对吗？

——是的。

——我们的洗衣服务需要在每件衣物上加收 15%的服务费，您看可以吗？

——可以。

——好的，您的电视柜抽屉里有洗衣单，请您现在填写一下，我马上派服务生去您房间取衣物和单子。

——好的。

四、跟进服务

一般我们处理完客人的要求后会跟进一下结果，看看客人是否满意。

要求处理前跟进：

××先生/女士，您是需要一床新被子对吗？是。

请问还有什么可以帮您的吗？不用了，谢谢。

这里的“请问还有什么可以帮您的吗”就是服务前跟进。

要求处理后跟进：

（打电话到客人房间）××先生/女士，您需要的一床被子已经送到，请问您还满意吗？

谢谢！满意。

祝您今天过得愉快！

五、骚扰电话

我们在为客人提供服务的同时，当然不会排除遇到一些无聊的客人打来骚扰电话和你聊天，这个时候我们要态度坚决地拒绝他们的要求，如果来电者出言不逊，我们可以这样回复：

Q：先生，您好，请问有什么可以帮您的吗？

A：我喝多了睡不着，小妹你陪我聊聊天吧。

Q：先生您喝酒了是吗，我让服务生给您送杯茶水好吗？

A：我不需要，我就是要让你陪我说话。

Q：对不起，先生，现在是上班时间，不允许打电话聊天，先生如果没有其他事请您挂断电话好吗？

这里注意，话务员是不允许挂客人电话的，必须等客人挂断电话方可轻轻挂断电话。如果客人还不挂电话，则告诉他：

Q：先生，请您马上挂断电话，我们的所有通话都在监控当中，如果您再不挂断的话，我们的保安员将在五分钟后到您的房间。

这样说通常情况下骚扰电话都会自动挂断。

六、过滤电话

过滤电话是在接听外线电话时查询住店客人或酒店高层领导人所必经的一个环节，如果住店客人有免打扰或有其他原因，对来访电话有所要求，我们必须经过过滤才可进行转接，还有酒店高层领导的电话不是谁都可以打进的，通常情况下这种电话我们可以直接转到领导秘书那里进行过滤。

具体操作如下：

（1）您好先生，您是要找杜乐乐女士对吗？对，是的。

好的，马上为您查询。（放音乐保留来电者的电话。通过电脑查询后确定有这位女士，但这个时间段杜女士设定了免打扰。马上致电杜女士）

杜女士您好，这里是电话服务中心，很抱歉打扰您，外线有一位先生需要和您通话，请问您需要接听吗？哦，你帮我问问是谁吧？

（接起保留电话）先生您好，您能提供一下您的姓名吗？××。

（再次保留来电者电话，穿梭通话到杜女士）杜女士，是××先生在线上，请问您需要接听吗？接听。好的，马上为您接通。（如果客人不想接听，则回复来电者杜女士现在不方便接听电话，请您稍后再打来好吗）

（2）您好，您是要找我们酒店的营销部赵总对吗？是的。

（保留来电，拨通赵总秘书电话）您好，这里是电话服务中心，外线有客人找赵总，我把电话转过去可以吗？

可以，转过来吧。（马上为其转接）

秘书回答再过滤一下，则穿梭回到来电，您好，您能提供一下您的姓名和公司吗？

提供后将电话再次保留，穿梭到秘书回复，接听则转，不接则委婉回复来电者，对不起，赵总现在正在开会，不方便接听电话，请您稍后再打过来好吗？

服务流程

工作任务	怎么做	影响业务水平的因素
吐字清晰切勿含糊	话务员必须发音清晰，表意明确，不说多余的废话	客人看不见你，他们说话和理解的70%都是视觉性的。因此，你必须口头表达清楚简练来弥补视觉上的欠缺
不要使用俚语和首字母缩写词	请勿使用下列词语： 是……今天天气不错……他出去了 什么？……等一下……为什么 我……再见 你是在开玩笑吧…… 你要留言	只用大家熟知的英语，不是所有的人都明白我们说的缩略语的意思。比如说一名英国籍的来电者不知道 GST 是什么意思（他们说 VAT），因此要说包括商品服务税房间价格是 125 美元
接外线	说“早上好/下午好/晚上好” ××酒店——我是约翰（报你的名字） 我能为您做些什么	在问候时报出酒店和你自己的名字，你实际上是在告诉打电话的人他是否拨对了号码找对了人
如果打电话的人想和其他人通话	试着得到打电话人的姓名并且给他们介绍 打电话的人：“请转预订处。” 话务员：“好的，先生/女士，我能告诉他们您是谁吗？” 打电话的人：“我是史密斯太太。” 话务员：“正在转接，史密斯太太。” 话务员接通预订处：“凯西·史密斯太太在一号线。”	在刚才的例子中，接待员可以这样回答：“下午好，史密斯太太，我能为您做点什么吗？”这当然比仅回答“预订处”要礼貌得多。 这个过程占用话务员的时间，可是却能把优质酒店和其他酒店区分开来
如果你正在接电话又有新电话进来	不要说“请等一下”，设法从第一个电话抽身几秒，恰当得体地接电话	这个打电话的人可能来自海外，如果你不给他们时间说清自己的需要，他们可能会非常不满并挂断电话
如果电话是找酒店的一位客人	询问打电话人的姓名	客人享有隐私权，因此一家好的酒店绝对不能不通报就直接把电话接到客人房间
如果客人出去了	留言，仔细地听，把细节向打电话的人重述一遍告诉打电话的人你一定会转交留言的	仔细记录留言十分重要，话务员应该拼出不常见的名字和指示确保信息的准确

案例分析

某日 22 时，一位客人从店外打电话到前台查询另一位住店客人冯先生，总机将电话转接前台后半天无人接听，后来电话被接起又放下不理，客人感到非常生气，向夜间值班经理投诉。

阅读资料，分析上述行为有何不良影响？

【案例分析】

1. 总机话务员一般不与客人见面，但时时刻刻与客人打交道，一个合格的话务员在为客人服务时应该让客人能够听见和感受到你发自内心的、真诚的微笑。

2. 话务员的语音语调应该亲切、甜美、悦耳、动听、统一。

3. 话务员应能熟练掌握服务技能，热情为宾客提供优质服务。

4. 优秀的话务员应该能够为宾客解决疑难问题和提供个性化超常规服务。

酒店服务名言

通过各种方式知道客人的姓名后，不要再称呼先生或女士，可加上客人的姓氏。因为宾客总是乐意接受你使用其姓氏称呼，这样可以使宾客感觉自己受到关注。

知识拓展

酒店发展史（节选）

经济型酒店：

经济型酒店最早出现在20世纪50年代的美国。如今，在欧美国家已是相当成熟的酒店形式。其便利性、经济性、简单化的服务风格带有明显的美国式生活的烙印。经济型酒店又称为有限服务酒店，其最大的特点是房价便宜，其服务模式为“b&b”（住宿+早餐）。

经济型酒店是相对于传统的全服务酒店而存在的一种酒店业态。从理论上讲，此类型的酒店是按照普通商务旅行者、度假旅游者选择酒店的核心评价要素，重新设计建造的新的酒店。

目前，国际上经济型酒店做得比较成功的有美国的圣达特（温德姆）集团的速8、英国洲际酒店的快捷假日酒店和法国雅高集团推出的宜必思等品牌。

国内做得比较成功的经济型连锁酒店有如家快捷、锦江之星、汉庭、7天、格林豪泰、莫泰168和万好万家、中州快捷等。

中国的经济型连锁酒店诞生于1996年，作为国内经济型连锁酒店的始作俑者，锦江之星早在1996年就成立了国内第一家经济型酒店。

然而，经济型酒店真正得到发展却是从2004年开始的。那一年，我国的商旅市场已经逐渐成熟，几个强势品牌（如家、锦江之星、莫泰168）迅速崛起在一线城市。于是，那一年又被业内人士称之为“中国经济型酒店元年”。经济型酒店作为酒店行业的一种新兴事物，其区分于传统酒店的显著特征是：酒店规模小，投资回报快；房价适中，基本设施齐全；功能简化，干净、方便、舒适。

经济型酒店它主要是从商务旅游顾客的需求角度出发，重在提供物超所值的客房产品，它不同于传统的星级酒店标准，是对星级酒店的创新。

经济型酒店把服务功能集中在了简单的住宿功能上，力求在核心服务上精益求精，而把餐饮、购物、娱乐功能大大简化或取消。

所以，经济型酒店的特点可概括为："一星级的墙、二星级的堂、三星级的房、四星级的床、五星级的服务"。

经济型酒店以"务实"为服务理念，提供的是有限服务，内部管理主要突出"扁平式管理，一岗多职；注重成本控制，讲究细节服务"。

经济型酒店的人员非常精简，都采取了"一人多能"的岗位设置，运营成本也很低。

比如人力成本这一项，星级酒店的客房数与员工数的比例通常在1∶1.2以上，而经济型酒店仅为1∶0.3以下。优惠房价也是其一大卖点。由于设备精简、附加服务弱化，酒店客房价格也随之大幅降低，比高档星级宾馆价格便宜好几个档次。经济型酒店与低档的招待所相比，它提供了更加优质安全的住宿功能，综合比较经济型连锁酒店的性价比最高。经济型酒店以优质住宿服务为出发点，强调"清洁、舒适、实惠、方便、安全"的专一化服务理念。从经济型酒店的外在表现来说，经济型酒店一般都会采取连锁经营的方式，通过连锁经营来达到规模经济，提高品牌价值。这种经营方式也是经济型酒店区别于其他星级酒店和社会旅馆的一个明显特征。

职业能力训练

一、填空题

一般我们处理完客人的要求后会_____一下结果，看看客人是否满意。

二、单选题

1. 不属于电话总机服务的是（　　）

A.转接电话　　B.接挂长途　　C.叫早服务　　D.聊天功能

2.总机发现客人对叫早通知无反应，应通知（　　）派人员前去探视。

A. 保安部　　B. 客房部　　C. 饭店代表　　D. 大堂经理

三、简答题

简述转接服务流程。

技能训练

1. 在实训室模拟酒店员工电话转接。
2. 在实训室模拟各种情景的总机服务。

观念应用训练

8月中旬，饭店的入住率一直很高，团队、散客纷至沓来，其中有个团队是国家某部委组织的各省市机关领导人哈尔滨会议。大约晚上10时20分左右，总机话务员小潘接到了一个北京长途，要找参加会议的某局局长许先生，来电人称是他的秘书，有极其重要的事情要向该领导汇报，可是拨叫手机无人应答，房间号码又不清楚，只好求助于总机。小潘按照程序查询了电脑，但电脑中没有记录，又向前台询问了领队的房间号，并立即给领队打电话。由于时间已晚，小潘首先讲明了原因并请对方谅解，因为只有领队掌握团队人员姓名及房间号，电脑登记的只是团队代码。通过领队的帮助，小潘很快找到了许先生，并为其接通了电话。大约10分钟过后，那位秘书又给总机打来电话，对小潘的帮助表示衷心的感谢，并对她的工作给予了充分的肯定。

分析小潘做法的优劣，如果是你会怎么做？

情景模拟训练

上午9:45左右，总机房业务异常忙碌，一会儿LDN（Listed Directory Number）外线电话指示灯亮起，一会儿ADM（Administration）内线电话指示灯亮起，各种指示灯此起彼伏，此刻话务员小鹿正戴着耳麦，紧张而有序地处理着各种业务。

要求：学生分角色扮演客人和话务员，模拟转接电话业务。

任务 2　电话留言

任务目标

能够胜任四、五星级酒店总机房工作。

项目任务书

任务名称	电话留言	任务编号		时间要求	
训练要求	能够根据操作程序和标准给客人留言				
培养能力	电话接听的礼仪和技巧				
涉及知识	对于客人电话转接未能成功时或客人需要留言转告时采用电话留言服务应注意的事项				
教学地点	教室、实训室	参考资料			
教学设备	电话				
训练内容					
电话留言服务					
实训成果评价标准					
1. 熟练地掌握留言服务流程，能为客人讲解 2. 服务要快捷、准确、高效，不能让客人久等，能及时向客人提供其需要的信息 3. 语言应亲切、有礼貌，服务应耐心、周到					

引导案例

周先生给饭店总机打电话，要求接到 921 房间，称有急事找客人。但是，房内客人正在通电话，电话长时间占线，总机话务员为周先生转接了几次仍然占线。由于周先生听不到占线的声音，每次电话打到总机时，总机话务员只能告诉周先生占线，由于等的时间太长，而且话务员总是称占线，周先生便以为总机话务员不愿意为他转电话，便开始对总机话务员发火，说了一些不堪入耳的话。总机话务员感到十分委屈，虽然没有与周先生争吵，但向周先生表示将不再接他的电话，并在 921 房间客人挂断电话后仍然拒绝为周先生接通电话。最终导致周先生向饭店投诉。经过调查，饭店对总机话务员进行了相应的处罚。

知识链接

访客留言单 Message from Visitor to Guest

××HOTEL
Message from Visitor to Guest
For________ Room No.________
From________ Date________
□Please call to________
□Will call again
□Message________

访客留言单——一式三联。

首先应开启被访者客房的留言灯；

而后将访客留言单的第一联放入邮件架；

第二联送电话总机；

第三联交行李员送往客房，将留言单从房门底下塞入客房。

住客留言单 The Guest Gomments List

××HOTEL
Message from Guest to Expected Visitor
To________
expected visitor's name
From________ Room No.________
I will be at________
am
am
between________pm and
pm
Message________

住客留言单——一式二联。

问询组和电话总机各一份，尽量让客人注明有效时间。

留言服务可分为访客留言、住客留言。

访客留言：是来访客人给住店客人的留言，可由来访者口述、问询员记录，再请其过目签字，或由来访者自己填写访客留言单，然后问询员签字，再通知被访的住店客人；接受客人留言后，必须在留言单上用打时机打上时间。可以由电话总机话务员开启客人房间的留言灯。

住客留言：是住店客人给来访客人或其他住客的留言，可填写住客留言单，并存放在前台；住客留言单一般一式两联，即问询组、电话总机各保存一联；且要在上面注明留言内容的有效时间。

服务流程

电话留言处理服务

1. 留言确认

（1）若来电找人，接待员应根据其提供的信息在电脑上查找。

（2）若被访者是已住店客人，应先与客人联系，按客人意见处理。

（3）若客人一时联系不上或是预订客人，可询问来访者、来电者是否留言。

2. 记录留言

（1）接待员要问清留言人的姓名、留言的内容（时间、地点等）、电话号码。

（2）记好后应向来电者复述一遍留言的内容。确保准确无误后，将留言按格式输入电脑，检查拼写和语法，确保正确后再打印出来。

3. 传达留言

（1）若是已住店客人留言，接待员请行李员将留言单的底单装入信封，打上客人姓名、房号和时间戳后送到客房；将面单放入留言柜以备查。

（2）若是当天预计到达的客人留言，把该客人的订单号或团体代号分别抄在文字留言单的底单和面单的左上角，面单放在“将入住”留言柜以备查，底单按散客接待、团体接待或商务楼层入住分类放置。

（3）若是已订房但非当天入住的客人的留言，将订单号或团号分别抄在文字留言单的底单和面单的左上角，将底单交给订房部并请其在面单上签收；面单暂放在“将入住”留言柜里，待客人入住后在面单上写上房号再归档备查。

（4）要定时检查“将入住”留言柜内的留言，如有已经入住的，则请行李员马上把留言单的底单送到房间并告知客人。

（5）客人到达或查询留言时，将底单交给客人或将电脑内的留言内容告知客人。

4. 留言管理

（1）接待员每天将归档柜中的留言条按房号顺序整理并存档，每月清理一次。

（2）常住客人的留言在客人提取留言后一周，由接待主管取消电脑文字记录。

案例分析

一天，有两位本地客人来到饭店问香港来的客人××是不是住在这里，并希望尽快见到他。

前台立即查询，确实有一位名叫××的香港客人在饭店。接待员接通该客人的房间电话，但长时间没有应答。接待员礼貌地告诉来访者确有这位客人，但此刻不在房间，请两位客人在大堂休息处等候，或在总台留言，另约时间见面。

两位客人对接待员的答复不太满意，一再声称他们与何先生是多年朋友，让接待员告诉他们客人的房间号码。接待员礼貌而又耐心地解释，为了保障客人的安全，在未征得客人同意的情况下不可以将其房间号告诉他人，同时建议来访客人留言。来人终于在留言后离开。

客人返回饭店后接待员便将留言交给他，并说明为安全起见没有将房间号告诉来人请客人理解。

阅读资料分析，接待员做得对吗？留言服务的意义是什么？

【案例分析】

接待员按照饭店的规定做好访客的接待工作，既给访客留下饭店管理严格的印象，又让住客觉得安全放心。所以该案例中接待员坚持而且婉转地拒绝告诉来人住客的房间号码，并且让他们留言，以便及时让住客知道有人来访。

处理结果：

为确保客人安全，饭店应为客人做好保密工作，这是饭店应尽的责任。但是在处理时应该注意方式方法，不能给访客留下粗暴的印象，并且要及时告诉客人来访者信息，尽量详细，以免耽误重要事情。

酒店服务名言

说话轻，走路轻，操作轻，服务快。

知识拓展

世界十大主题酒店之六——海神号度假酒店

（1）类型：水下度假。

（2）位置：斐济。

（3）主题：体验式度假。

（4）海神号水下度假区：一个完整的水下度假村坐落在一个极其丰富的海上社区，打造出对这个星球的环保理念；当客人从水下醒来，数以千计的充满活力和五颜六色的鱼在你周围。带给客人一种迷幻绚丽、超自然的亲身体验！

世界十大主题酒店之七——福克斯酒店

图 6-2

（1）类型：艺术酒店。

（2）位置：丹麦。

（3）主题：创意型酒店。

（4）于 2005 年开业的福克斯艺术酒店（Hotel Fox）位于丹麦首都哥本哈根，它的出现震撼了酒店以及涂鸦艺术界。该酒店邀请了全球 13 个国家，共 21 位著名的涂鸦艺术家、插画设计师，把原来的三星级酒店改头换面，61 个房间配以 61 种不同的装饰设计，不再是独沽一味，而是充满年轻活泼的感觉。把室内设计与街头艺术结合，让涂鸦也能登大雅之堂，在这充满无限创意的酒店住宿，令人惊喜。

职业能力训练

一、填空题

1. 任何时候，不准讲_______或说_______。

2. 声调要_______，不要装腔作势，音量不要过高，亦不要_______，以免客人听不清楚。

二、单选题

属于电话总机服务的是（　　）。

A. 转接电话　　B. 接挂长途　　C. 叫早服务　　D. 聊天功能

三、简答题

写出话务员在对客服务中必须牢记的几项原则。(有重要的八项原则)

技能训练

在实训室学生分组模拟酒店员工电话留言。

观念应用训练

2003 年 10月 11 日晚，502 房客人打电话给饭店总机服务员，说：“把我房间的电话外线开通。”随后，话务员打电话问询前台服务员，此房间是否可以开通外线，前台服务员查了付款方式和所交押金，回答可以。总机很有礼貌地对客人说：“请您稍等，马上给您开通。”同时前台以最快的速度开通了电话，并通知了总机人员。过了一会儿，客人打电话来问“我房间的电话开通了吗?”话务员回答：“已经开通了，您在号码前加拨‘9’就可以用了。”客人停顿了一会儿说：“我给你们提个意见，在开通房间电话后，要通知客人一声，以免他们在房间空等。”话务员听了之后，回答说：“对不起，先生，感谢您给我们提出的意见，希望您以后多给我们提宝贵意见。”

阅读资料，思考客人的意见。

情景模拟训练

苏先生打电话给 920 房的孙小姐，但客房内电话一直没人接，话务员小王建议苏先生用其他方式联系或留言，因为孙小姐的电话一直关机，于是苏先生选择给孙小姐留言，请小王转告给孙小姐：苏先生因有应酬晚上不回酒店吃饭了，另外要求她按原计划给客户单位发传真，不必等苏先生签字。

要求：学生分角色扮演客人和话务员，完成电话留言服务。

任务3 回答客人问询

任务目标

能够胜任四、五星级酒店总机房工作。

项目任务书

任务名称	回答客人问询	任务编号		时间要求	
训练要求	能够耐心周到地回答客人的电话信息咨询				
培养能力	能流利回答客人问题，对酒店客户信息查询有着基本的掌握				
涉及知识	1. 当客人需要某种服务求助于总机时，话务员应立即与有关部门联系，及时满足客人的要求 2. 对于常用的电话号码，话务员须对答如流，以提供快速查询服务 3. 如果查询非常用的电话号码，话务员须请客人保留线路等待 4. 如遇查询某单位地址的电话，话务员首先须问清客人是否有该单位的联系电话 5. 如遇查询客人房间的电话，在总台均占线的情况下，话务员应及时通过电脑记录为客人查询				
教学地点	教室、实训室	参考资料			
教学设备	电话、记录本				
训练内容					
查询客户信息					
实训成果评价标准					
1. 能够耐心周到地回答客人的电话信息咨询，服务要快捷、准确、高效，不能让客人久等，能及时向客人提供其需要的信息； 2. 语言应亲切、有礼貌，服务应耐心、周到					

引导案例

一个星期天，北京某宾馆服务台问询处，一位英国来华的乔治先生，在问询台前踌躇，似有为难之事，问询员小胡见状，便主动询问是否需要帮助。

乔治先生说："我想去游览八达岭长城，乘旅行社的专车去，他们配有讲英语的导游，对我游览有很大的帮助。"

小胡问："乔治先生，您昨天预订旅行车票了吗？"

乔治答："没有，因为昨天不想去，今天我又冒出想去的念头。"

小胡知道，宾馆规定，去长城游览的客人必须提前一天登记，这样旅行社的车第二天才会到宾馆来接客人，而昨天没有一个客人登记，这样旅行社的车肯定不会来了。小胡想了想对乔治先生说："请您稍等，我打电话给旅行社联系，若还没发车，请旅行社开车到宾馆来接您。"

小胡马上打电话给旅行社，旅行社告知：去八达岭的车刚开走，请直接与导游联系，并告知导游手机号。于是，小胡又马上与导游联系，导游同意并说马上将车开到宾馆接乔治先生。小胡放下电话，对乔治先生说："乔治先生，再过 10 分钟，旅行车就来接你，请您稍等。"乔治先生很是感动，连声说："谢谢！"

知识链接

宾馆问询服务最主要的任务就是解答客人有关宾馆服务、设施，及宾馆所在城市的交通、游览等内容的询问。所提供的服务有客人查询、问询、代客留言、物品转交、找人、联系旅游等。

一、查询住客情况

（1）客人是否入住本宾馆；

（2）客人入住的房号；

（3）客人是否在房间；

（4）打听住客情况。（姓名、地址、电话号码）

处理方法：

先问清访客情况→打电话告知住客→按住客要求处理。

二、有关宾馆内部的问询

（1）餐厅、商场所在的位置及营业时间；

（2）宴会、会议举办场所及时间；

（3）宾馆提供的其他服务项目、营业时间及收费标准。

三、宾馆外情况介绍

（1）宾馆所在城市的旅游景点及其交通情况；

（2）主要娱乐场所、商业区、政府部门、学校及其有关企业的位置和交通情况；

（3）近期内有关大型文艺、体育活动的基本情况；

（4）市内交通情况，如公共汽车、出租车、地铁、火车等。

四、问询服务要求

（1）为客人提供及时周到的问询服务，要求提供服务的人员掌握大量的信息，并且有很好的服务意识和对客技巧。在服务过程中需要做到：

①对待客人礼貌热情、彬彬有礼并且要一视同仁，避免让客人产生厚此薄彼的感觉。

②对饭店的各项服务项目要非常熟悉，记清饭店各服务部门的电话号码，以便能够及时地与其联系，减少客人等待的时间。

③对于性急的客人或是因着急询问而语无伦次、词不达意的客人，要帮助他们稳定情绪，

然后迅速、简明扼要地回答客人的问题。

④问询服务员要随时补充、修改、更新自己掌握的信息和资料，以便解答客人的各种问题。

⑤对于熟知的问题，回答时应简明扼要，不要模棱两可、含糊其辞，使客人无法明白理解。

⑥对于不太了解的问题，应向客人道歉并说明，请客人稍等，然后迅速借助手中资料或互联网等进行查找；如果一时查找不到，请求客人给予谅解，并将客人的姓名、房号及问询内容记录下来，事后再迅速进行查阅，一旦查到要立即告知客人；如果经过努力查找仍无结果，也应与客人取得联系，如实向客人说明情况，并请客人谅解。

（2）问询员在回答客人问询时，必须准确无误，态度温和，不能使用不确定的语言，如“我想可能”、“大概”、“也许”等。

（3）当几位客人同时进行询问时，应该遵循先问先答、急问急答、有问有答的原则，尽可能使每位客人都能得到热情的接待和满意的解答。

（4）要耐心、细致地回答客人的任何询问，做到百问不厌。

（5）在问询服务中，应保证客人的隐私权：

①接待员应主动热情回答客人所提出的问题，对国内外客人要一视同仁。

②只回答自己权限内的问题，对自己不了解的事情应当向客人表示歉意，同时尽可能请示有关方面负责人。

③每位客人的姓名、房号、国籍、活动、房价等资料均属保密范围，接待员不得随意泄露，要求给予保密的客人，对他们的来访者和来电都应委婉拒绝。

④对来电、来访者，接待员要先从电脑中查明被访者是否住在本酒店，如被访者不住在酒店应礼貌告诉客人。如被访者有预订，可建议来电、来访者留言。

⑤接待员在问明来访者姓名和单位后，以电话形式通知客人并征询客人意见，同意后方可将电话转入。

⑥电话振铃声之后客房无人接听，可告诉来访者客人不在房，建议来访者留言，不可将房号随便告诉来访者。对于询问“××住客叫什么名字？”之类问题的来访者，接待员要特别提高警惕。

五、回答问询及查询服务

无论是店内还是店外的客人，常常都会向酒店总机提出各种问询，因而，话务员必须了解店内外一般的信息资料，特别是酒店各部门及酒店附近的主要有关单位的电话号码，以方便客人。查询电话服务的工作程序通常是：

（1）如果客人查询的是常用电话号码，话务员须以最快的速度对答，体现工作效率。因此话务员平日应将那些常用的电话号码进行熟记、背诵。

（2）如果客人是查询非常用电话号码，话务员必须请客人稍等，保留线路，而后以最有效的方式为客人查询号码，在确认号码正确无误后，再及时通知客人。如果所查询的号码比较难查，一时之间查不出来，则应请客人留下电话号码，等查清后再主动与客人进行联系，将号码告诉客人。

（3）如果来电是查询客人房间的电话，话务员务必须要注意为客人保密，不能泄露住客的房号，应先接通，然后让客人直接与来电人通话。来电时如果总台电话占线，话务员可通过电脑为客人查询。

（4）若来电找人，则问清要查询的客人是酒店员工还是住店客人，若是酒店员工，则问清要查询人的姓名、部门，确有此人马上将电话转接至相关部门或人员。若查询住店客人，则问清客人要查找人的姓名、单位、国籍等相关信息，核对后将电话转入客人房间，如果转接时恰逢客人休息，则问清住店客人是否接听，如果需要接听马上将电话转入，如果不需要接听则告知来电者这个时间段客人不方便接听。

服务流程

（1）三声铃响前，话务员拿起话筒，按“应答”键。

（2）话务员问候来电者，并表明身份。

（3）“Good Morning，Operator”，“你好，总机。”或“Good Morning，×××Hotel.”您好，×××大酒店！”

00:00–12:00　Good Morning

12:00–18:00　Good Afternoon

18:00–00:00　Good Evening

要求声音清晰、口齿清楚，注意语音语调，使人感到悦耳动听。

查询住客情况	处理方法： 先问清访客情况→打电话告知住客→按住客要求处理
有关宾馆内部的问询、宾馆外情况介绍	1. 问询员在回答客人问询时，必须准确无误，态度温和，不能使用不确定的语言，如“我想可能”、“大概”、“也许”等 2. 要耐心、细致地回答客人的任何询问，做到百问不厌

注意：不能做出模棱两可的回答。

案例分析

“五一”黄金周的一天 19:40 左右，总机接到一位外地客人打来的电话，他是自己驾车携家人来新昌游玩，而且已在酒店订了房，但天色已黑，不知该如何行车才能到达酒店。总机服务员自认为对本城是最熟悉不过了，于是问清客人所在的位置后，给他指了一条最便捷的行车路线。

20分钟后，这位客人打来第三个电话，说他们已经在东门大转盘了。这不是离酒店很近了吗？就算是步行，最多也就五分钟的路程，于是总机服务员不假思索地告诉客人："绕过转盘上来100米左右，在国邦大酒店门口向左一拐就看见我们酒店了！"

"上来？上哪儿来？我面前有三四条路哎，小姐！我又不是本地人，你咋弄不清呢?!"电话那头突然的呵斥声让总机服务员愣住了。两秒钟后她才反应过来，其实在那个转盘里立有一块酒店的方向指示牌，因为不是很大，客人可能没注意。于是总机服务员赶紧说了一声对不起后，提醒他注意立在转盘里面的指示牌。一经提示，客人马上就看到了指示牌，说了句"知道了"就挂了电话。

阅读资料分析，总机服务员哪里做错了？

【案例分析】

旅游服务的特性要求从业人员特别是一线工作人员在行、游、住、食、购、娱诸环节，对游客提供人对人、面对面的服务。游客的情况千差万别，因此他们的需求呈现着多样性，而在这些多样性中存有明显的共性，那就是希望受尊重的心理需要得到满足。这种心理需求的满足程度往往会成为游客对旅游服务的重要评价标准，也成为对整个旅游行程满意与否的不可或缺的方面。因此，在坚持按照标准对游客提供服务的同时，增强旅游服务的感情色彩就应该作为题中应有之义，融合到旅游服务的全过程之中。

酒店服务的最高境界是"用心去做"。由于服务的对象是有思想、有情感的人，而不同的人又有不同的特点和要求，因此仅仅停留在按程式化的标准去做，显然是不够的，应该是将心比心，设身处地，用心去实现与客人的情感沟通，达到使客人满意的最佳效果。在人对人、面对面这种服务特性的框架内，加以某种手拉手的友情和心连心的亲情，相信会大大提升旅游服务的水平，亦会明显增强游客的满意程度，收到"主雅客来勤"的好效果。

酒店服务名言

向宾客问候时，有动作但却一言不发，会令宾客感到不自在或者认为你根本不重视他；若无面部表情，则更可能会令宾客感到自己不受欢迎。相反，若能做到给宾客一个真挚和微笑的问候，可以让宾客感觉到温馨和周到。

知识拓展

酒店标准服务用语训练

1. 酒店礼仪的七声十七字

(1) 七声。

来有迎声、去有送声、服务宾客有称呼声、客人表扬有致谢声、客人批评打扰客人有致歉声、客人欠安有问候声、客人交办事宜有回声。

(2) 十七字。

您、您好、谢谢、请、对不起、再见、欢迎再次光临。

2. 酒店服务语言原则

(1) 主动。

(2) 热情。

(3) 真诚。

(4) 平等。

(5) 友好。

(6) 灵活。

3. 酒店服务语言的要求

(1) 明晰准确。

(2) 简明规范。

(3) 态度和蔼。

(4) 当好参谋。

4. 礼貌服务用语的正确使用

(1) 首先学好用日常礼貌用语。

久仰、拜访、留步、劳驾、借光、请教、赐教、光临、失陪、恭候、包涵、打扰、久违、拜托、告辞、请问、多谢。

(2) 注意说话时的举止。

与宾客说话时，应站立着始终保持微笑，用友好的目光关注对方，随时察觉对方对服务的要求，同时认真听取宾客的陈述，以示尊重，切忌口沫飞溅、手舞足蹈。

(3) 注意说话时的语气、语调和语速。

(4) 注意选择适当的词语。

(5) 注意语言要简练，中心要突出。

(6) 注意避免机械性地使用礼貌用语。

（7）注意不同语言在表达上的差别。

5. 酒店礼貌服务用语

（1）欢迎语：欢迎光临、欢迎您到××航空公司乘坐××航班！

（2）问候语：早上好、中午好、下午好、晚上好、晚安、先生好、太太好、女士好、您好。

（3）祝贺语：祝您生日快乐、节日快乐、新年快乐、圣诞快乐。

（4）征询语：请问您有什么事情？我能为您做些什么吗？您的事情我马上就办，您还有别的事情吗？请问您还需要别的吗？您还有其他需要吗？

（5）答应语：是的、好的、我明白了、我知道了；请稍等、请稍候；马上就到，这是我应该做的；照顾不周的地方请多多指教（原谅）。

（6）道歉语：实在对不起，请您原谅；打扰您了请原谅；感谢您的提醒，对不起，这是我的错误（过失）；对不起让您久等了；对此向您表示歉意。

（7）指路用语：请往这边走，请跟我来。

（8）答谢语：感谢您的光临、能为您服务感到非常高兴（荣幸）、感谢您的支持。

（9）告别语：再见，欢迎再次光临；祝您一路平安；请走好，欢迎再来；非常感谢，欢迎再次光临。

职业能力训练

一、填空题

问询员在回答客人问询时，必须________、________，不能使用不确定的语言。

二、单选题

不属于问询范围的是（　　）。

A. 宾馆内部情况　　　　B. 本市的交通

C. 近期的文艺活动　　　D. 接待员的住址

三、简答题

做到全面的电话转接服务至少要做到哪几点？（有重要的四点）

技能训练

1. 参观酒店，现场观看酒店员工回答客人问询。

2. 模拟电话问询服务。

观念应用训练

一位姓陈的非住客对你说，住在你店的某客人欠了他许多钱，现陈先生无钱回香港，希望你帮忙查询并告知房号，以便他可把欠款追回，你应该怎么做呢？

情景模拟训练

2223 房的姜小姐在客房内做了多次上网尝试后失败，打电话给总机咨询上网手续及收费情况。

要求：学生分角色扮演客人与话务员，为客人解答上网服务及费用情况。

任务4 叫早服务

任务目标

能够胜任四、五星级酒店总机房工作。

项目任务书

任务名称	叫早服务	任务编号		时间要求	
训练要求	能够准确地为客人提供叫早服务				
培养能力	1. 为团队客人、散客提供叫早服务 2. 正确填写相关表格				
涉及知识	1. 无论人工叫早，还是自动叫早，话务员都应认真仔细填写叫早记录单 2. 一旦出现失误，不管责任是酒店还是客人，都应给予高度重视，积极采取补救措施，而不要在责任上纠缠不清				
教学地点	教室、实训室	参考资料			
教学设备	电话、记录单				
训练内容					
进行叫早服务					
实训成果评价标准					
能够准确地为客人提供叫早服务，认真仔细填写叫早记录单，尽量避免失误，一旦出现失误，不管责任是酒店还是客人，都应给予高度重视，积极采取补救措施					

引导案例

一天，一位客人为自己和同行的另一房间的客人预订叫早服务。第二天，总机话务员在叫早时发现另外一间房是空房，便马上和预订叫早的客人及时进行联系，核对叫早房号，原来客人昨晚说错了房号，由于话务员及时核对才避免耽误客人的安排，客人对此表示非常感谢。

知识链接

叫早服务

住过酒店的人都知道，一般的酒店都有 Morning Call Service，就是早上根据客人指定的时间打电话（也有直接敲门的）叫客人起床，或是早上用餐，或是次日有要事。这样的服务常常让客人可以安安稳稳地睡觉而不用担心睡过头而错过了要事。一般是电脑叫早（比较及时，不容易忘记)，如遇没叫醒客人的情况，才人工叫早。

一、客人叫早服务准备

(1) 当客人需要叫早服务时，需问清房号、姓名、叫早时间。

(2) 复述客人叫早要求，以获客人确认。

(3) 检查叫早房间的种类和客人的种类，如是套房、VIP，必须做出特别提示。

(4) 祝客人晚安。

(5) 让客房服务员再次对房间叫早服务做确认填写叫早记录本。

叫早服务步骤：

(1) 将叫早时间输在机台后，在(叫早登记本)上按时间顺序填写叫早客人的房号，客人叫早时间。

(2) 认真复查，签上话务员的姓名。

(3) 把信息输入机台。

(4) 按机台的叫早健，输入叫早时间和房号。

(5) 按机台执行健。

(6) 将套间客房的叫早信息输入在卧室分机号上。

(7) 夜班服务员再次检查输入的叫早情况，客服情况，套房情况等。

(8) 打开叫早打印机并检查叫早系统的工作情况。

二、人工为 VIP 叫早

(1) 准时叫早：根据“叫早服务记录表”上要求的时间和房号准时叫早。

(2) 准时拨打房间电话。

(3) 话务员拿起话筒，拨房间号。

(4) 问候客人：话务员根据不同的时间、客人、国籍选择不同的问候语。

(5) 话务员称呼客人姓名，并询问客人是否需要了解当天的天气情况。

(6) 祝福客人。

(7) 做好记录：当班话务员将叫早时间、结果记录在二次叫早记录本上签字。

(8) 话务员在没人接听或占线的房号备注写“HSKP”并通知客房服务中心协助叫早。

(9) 总机领班在协查检查当日所有的叫早记录后签字。

(10) 核对信息：团队、散客全部提供电话叫早服务，VIP 客人直接提供人工叫早服务。团队房提供电脑叫早时，只需核对叫早结果记录，没人接听或占线时，先备注“HSKP”后通知领队或陪同，并在团队“叫早服务记录表”上注明。

(11) 听到较“模糊”的声音，话务员应重新再叫一遍。通知客房服务中心帮助叫早的房间，要求在 5 分钟之内得到反馈，没有收到反馈的，应主动询问，并把结果写在“叫早服务记录表”上，以备查询。

三、团队叫早

（1）接到客人要求将整个旅游团的客人全部叫早时，应礼貌地请客人到前台登记。

（2）受理 23:00 以后的团队叫早预订，记录团号、叫早时间、预订人姓名、预订人房号。

（3）根据前台问讯处的叫早记录，中班话务员负责找出团队用房表，并与“叫早服务记录表”核对，夜班话务员必须再次复核。

（4）根据“叫早服务登记表”和团队分房表，然后按要求将团队叫早时间输入机器。

（5）检查叫早团队客人的情况，如有问题必须马上纠正。

特殊情况处理：

（1）如发现漏叫或没有打印出来的客人，话务员必须用电话叫早客人，并做好记录。

（2）如客房叫早无人应答，话务员必须立即通知客房中心或大堂经理去客房检查并做好记录。

（3）如有客人取消叫早服务，话务员必须在登记本、黑板、电脑上同时做出更正。并在交班笔记本上说明。

如有客人要求多次叫早时，话务员必须在“叫早服务记录表”做出说明。

以下是叫早的具体操作标准用语：

——好的，先生/女士，您需要早上/中午/下午××点的叫早对吗?

——已经为您设定，请问您还需要二次叫早吗?

——请问您的二次叫早是在五分钟后还是其他时间呢?

——好的，先生/女士，我再为您重复一遍。

注意，叫早时间一定要让客人重复确认，是早上六点还是晚上六点，不要怕麻烦，以确保万无一失。下面是正式二次叫早用语：

——早上好，××先生/女士，这里是电话服务中心，现在是早上/中午/下午××点，您的叫早时间已到，今天的天气是××，气温是××，祝您今天过得愉快。

Good morning/afternoon/evening，this is guest service center，×× speaking，this is your wake up call，today is sunny/rainy/windy，the tempreture is ×× centigrade，have a nice day.

服务流程

酒店叫早服务的流程

1. 接听客人叫早服务	(1) 当接到客人需要叫早服务时，要问清客人房号、姓名及叫早时间； (2) 复述客人叫早的要求，以获客人确认； (3) 检查叫早客房的种类和客人类型，如是套房、VIP，必须做出特别提示； (4) 祝客人晚安； (5) 通知客房服务员再次对房间叫早服务做确认

续表

2. 填写叫早记录本	(1) 将叫早时间输入机台后，在 “叫早登记本”上按时间顺序填写客人的房号，客人叫早时间； (2) 认真复查，签上话务员姓名
3. 把叫早信息输入机台	(1) 按机台上的叫早健，输入客房号码和叫早时间；具体操作： 电脑操作：SE—WA—房间号—TI—时间（24 小时） 交换台操作：环路—自动叫早—房间号—#—时间（24 小时）—自动叫早—释放 (2) 首先在电脑上给房间做叫早，如果客人没有接听，十分钟后会自动弹回来，正常情况下是机器做一遍，人工做一遍，如果没有人接听，要立即通知房服中心，由服务员再次到房间进行叫早服务
4. 人工为 VIP 叫早	(1) 在客人指定的叫早时间，按下客人的房间号码； (2) 用亲切和蔼的语气称呼客人的姓名； (3) 叫早时要讲：早上好……现在是×点钟，已到您的叫早时间； (4) 祝客人愉快
5. 团队叫早	(1) 接到前台的团队叫早单，把叫早信息输入机台； (2) 检查叫早团队客人的情况，如有问题及时纠正； (3) 如果没有人接听，要立即通知房服中心，由服务员再次到房间进行叫早服务
6. 取消叫早	(1) 如有客人要求取消叫早服务，话务员必须在登记本、电脑上同时做出更正，并在交接本上说明； (2) 如有客人要求多次叫早时，话务员必须在“叫早登记本”上做出说明

案例分析

小明是刚从旅游院校毕业的大学生，到某酒店工作后，因为要在基层接受锻炼，他被安排在房务中心工作。今天是他到房务中心上班的第二天，轮到他值大夜班。接班没多久，电话铃响了，小明接起电话：“您好，房务中心，请讲。”“明天早晨 5 点 30 分叫早。”一位中年男子沙哑的声音。“5 点 30 分叫早是吗？好的。没有问题。”小明知道，叫早虽然是总机的事，但一站式服务理念和首问负责制要求自己先接受客人的要求，然后立即转告总机，于是他毫不犹豫地答应了。

当小明接通总机电话后，才突然想起来，刚才竟忘了问客人的房号！再看一下电话机键盘，把他吓出一身冷汗——这部电话机根本就没有号码显示屏！小明慌了，立即将此事向总机说明。总机说无法查到房号。于是小明的领班马上报告值班经理。值班经理考虑到这时已是三更半夜，不好逐个查询。再根据客人要求一大早叫早情况看，估计十有八九是明早赶飞机或火车的客人。现在只好把希望寄托在客人也许自己会将手机设置叫早；否则，只有等待投诉了。

早晨 7 点 30 分，一位睡眼惺忪的 VIP 客人来到总台，投诉说酒店未按他的要求叫早，使他误了飞机，神态沮丧而气愤。早已在大堂等候的大堂经理见状立即上前将这位 VIP 客人请到大堂咖啡厅接受投诉。

原来，该 VIP 客人是从县郊先到省城过夜，准备一大早赶往机场，与一家旅行社组织的一个旅游团成员会合后乘飞机出外旅游。没想到他在要求叫早时，以为服务员可以从电话号码显示屏上知道自己的房号，就省略未报。

酒店方面立即与这家旅行社联系商量弥补的办法。该旅行社答应可以让这位 VIP 客人加入明天的另一个旅行团，不过今天这位 VIP 客人在旅游目的地的客房预订金 270 元要由客人负责。接下来酒店的处理结果是：为 VIP 客人支付这笔预订金，同时免费让 VIP 客人在本酒店再住一夜，而且免去 VIP 客人昨晚的房费。这样算下来，因为一次叫早失误，导致酒店经济损失共计 790 元。

阅读上述资料，进行案例分析。

【案例分析】

因为一次叫早的失误，酒店为此付出了 790 元的代价。这 790 元既是成本，也是“投资”——花钱买教训！由本案例得出的教训和应采取的改进措施有两个：

一是所有的“新手”上岗，都应当有“老员工”或领班带班一段时间，关注他们的工作情况。包括哪怕一次电话的全部过程。比如，与客人的对话是否得体完整、是否重复、是否记录，等等。必要时要做好“补位”工作。

二是所有接受客人服务来电的电话机都必须有来电显示屏，并有记忆功能。这样既有利于提高效率、方便客人，也可防止类似本案事件的发生。

要杜绝类似本案事件的发生，是否应当让当事人“埋单”？让当事人的上司负连带责任？对此暂且不论，但是不论怎样处理这两位员工，如若不接受教训并采取有效改进措施的话，将来还有可能产生“小明第二”。因此，总结教训，采取相应的改进措施（比如，换有来电显示的电话机，新手由领班“跟踪”一段时间等），防患于未然才是根本，酒店各级管理人员应当充分利用自身的工作经验和教训，有预见性地去寻找问题，并采取预防性的措施，这才是提高管理水平和服务质量的关键。

酒店服务名言

在和宾客交谈的过程中，仔细地聆听。这不但可以使你准确地明白客人的意思，更能够了解客人的心情，从而提供更加优质的服务。

知识拓展

酒店的优雅仪态培训

一、酒店站姿标准

图 6-3

（1）头部微微抬起，面部朝向正前方，双眼平视，下颌微微内收。

（2）颈部挺直，双肩平正，微微放松，呼吸自然，腰部直立，上体自然挺拔。

（3）双臂自然下垂，处于身体两侧，手部虎口向前，手指自然弯曲，指尖朝下，中指压裤缝。

（4）两腿立正，两脚跟并拢，双膝紧靠在一起。

（5）两脚呈“V”状分开，二者之间相距 45~60 度。

（6）注意提起髋部，身体的重量应当平均分布在两条腿上。

二、酒店站姿的基本形式

（1）侧立式：腿呈“V”形，两手放在腿部两侧，手指稍弯曲，呈半握拳状。

（2）前腹式：腿呈“V”形，双手相交放在小腹部。

（3）后背式：两腿稍分开，两腿平等，比肩宽要窄，两手在背后轻握放在后腰处。

（4）丁字式：一脚在前，将脚尖外略展开，形成腹前相交，身体重心在两腿上，只限女性使用。

三、酒店不良的站姿

（1）弯腰驼背。

（2）趴伏倚靠。

（3）双腿叉开。
（4）手位不当。
（5）脚位不当。
（6）浑身乱动
（7）半坐半立。
（8）身体歪斜。

四、酒店的走姿标准

（1）体态优美。
（2）重心放准。
（3）身体协调。
（4）摆动适当（手臂与身体的夹角在10~15度）。
（5）走成直线。
（6）步幅适当（男：40厘米；女：36厘米）。
（7）速度均匀（60~100步/分钟）。

五、酒店的特殊情况走姿

（1）陪同引导（左前两步）。
（2）上下楼梯（专用、右行、礼让）。
（3）进出电梯（先进后出）。
（4）变向行走（后退步、侧行步、前行转身步、后退转身步）。

六、酒店的不良走姿

（1）头部不正。
（2）摇晃肩膀。
（3）手位不正。
（4）步伐过大或过小。
（5）落脚过重。
（6）横冲直撞。
（7）抢道而行。
（8）阻挡道。

七、酒店的蹲姿标准

（1）站在所取物品的旁边，蹲下屈膝去拿，抬头挺胸，再慢慢地将腰部放下。

（2）两腿合力支撑身体，掌握好身体的重心，臀部向下。
（3）蹲下的时候要保持上身的挺拔，神情自然。

八、酒店的蹲姿形式

（1）交叉式（右前左后，重叠，合力支撑身体，特点：双腿交叉在一起）。
（2）高低式（左前右后，不重叠，右腿支撑身体，特点：双膝一高一低）。
（3）半蹲式（左前右后，不重叠，左腿支撑身体，特点：半立半蹲）。
（4）半跪式（右前左后，身体重心在右腿，特点：一蹲一跪，女穿超短裙）。

九、酒店蹲姿的禁忌

（1）突然下蹲。
（2）离人过近。
（3）方位失当（忌正或背对客人）。
（4）毫无遮掩。
（5）随意滥用。
（6）不合适的地方。
（7）蹲着休息。

十、酒店坐姿的标准

（1）得到允许，方可坐下。
（2）不坐满座（3/4）。
（3）从左侧就座。
（4）以背部接近座位。

图 6-4

十一、酒店坐姿的形式

（1）正襟危坐式。

（2）垂腿开膝式（不能超过肩宽）。

（3）双腿叠放式。

（4）双腿斜放式。

（5）双脚交叉式。

（6）双脚内收式（大腿并拢，小腿稍许分开，双脚脚掌着地）。

（7）前伸后屈式（女：前后两腿保持在一条直线）。

（8）大腿叠放式（男：非正式场合）。

十二、酒店坐姿的禁忌

（1）双腿开叉过大。

（2）架腿方式欠妥。

（3）将腿搁在桌椅上。

（4）双腿过分前伸。

（5）腿部抖动摇晃。

（6）脚姿不安分。

（7）手部放在隐私处。

（8）用双肘支于桌上。

职业能力训练

一、填空题

当接到客人需要叫早服务时，要问清客人________、________及________。

二、单选题

“叫早服务”英语读作（　　）。

A. morning call　　B. awake service

C. wake service　　D. morning service

三、简答题

1. 在电话服务工作中要保持怎样的态度？

2. 在对方等候接通期间，话务员应怎样做？

技能训练

1. 在实训室模拟酒店员工叫早服务。

2.叫早服务的规范实训考核。

观念应用训练

某日上午，3F服务员因日清洁敲308号房门，一直无人应答，后按程序开门，发现门被反锁，故当时未进房。中午12:00时，服务员再次前往308号房敲门询问是否打扫，发现房门仍为反锁，很久客人才开门，后得知客人昨晚喝醉酒了。（经查：当第一次服务员无法开启房门时已报领班处理，领班也立即将情况反馈于大堂经理，而大堂经理未及时前往解决）

如果你遇到这种情况，要怎么做？

情景模拟训练

一天深夜，“丁零零”的电话惊醒了某酒店总机服务员小杜，她立刻接起电话用英语说：“接线员”，话筒中一位中年女士用英语说：“叫早服务？”“好的，我帮您做些什么？”小杜积极热情地问询。“您能在7:00钟叫早我吗？这是407房间。”“当然，女士，407房，7:00！”“我会很晚才睡，请多叫我几次。”“好的，晚安。”

挂断电话，小杜抬手看了一下手表，已是凌晨两点，客人既然要求多叫几遍，必定有急事需赶时间。在本酒店，话务台叫早时间只能每隔五分钟设定一次，且叫早的铃声响过，电话被拨后是无声的，没有电脑语音，一般情况下，设两遍叫早。客人规定的时间后15分钟时才会响起，这对于时间观念很强的商务客人最致命。想到此，小杜在电话记录本上记下：ROOM407，7:00叫早，电话系统设两遍，请于7:06人工进行一次叫早。

清晨，小杜看看时间已是7:00，过了7:05，她查查407房的状态，两遍铃都已响过。此时小杜想，客人起了没有呢？如果起来了，再打电话，算不算打扰客人？如果没有起来，不打电话，万一客人误事了怎么办？

可是，客人的确并没有让人工叫早，也没有强调必须7:00叫早她，可是……

小杜的直觉总认为应该打电话，如果客人起床了，就问声早，如果客人没起床，就算人工叫早。7:06小杜拨通了407房的电话，铃声响到第6次，客人才接，“HELLO”声音有点发涩，估计客人没有完全清醒，小杜连忙微笑着说：“早上好，女士，我是接线员，您现在起床吗？现在7:06。”“我马上就起，谢谢。”“不客气，再见。”小杜确认客人已经起床了，一颗悬着的心终于落了地。

要求：分角色扮演客人和接线员，完成叫早服务。

项目七

商务中心服务

商务中心是为宾客提供传真、复印、中英文打字、国际国内长途直拨电话、洽谈室服务、国际互联网接入、特快专递等商务服务的岗位。

项目导图

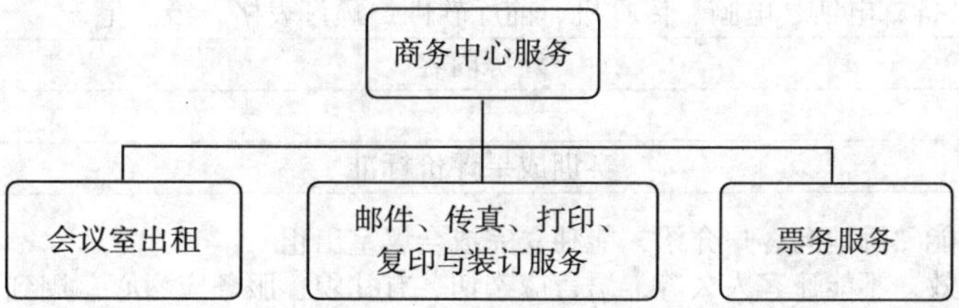

图 7-1　商务中心服务

学习目标

知识目标

1. 能够熟练操作复印机、打印机、传真机、多功能打字机、程控直播电话机、录音机、装订机、碎纸机等办公设备

2. 能够根据标准和程序，向商务客人提供传真收发服务、电子文件、打印、复印与装订服务

3. 能够根据标准和程序，向客人提供会议室出租服务

4. 能够根据标准和程序，为客人提供票务服务

技能目标

1. 会议室出租

2. 邮件、传真、打印、复印与装订服务

3. 票务服务

任务1　会议室出租

任务目标

能够胜任四、五星级酒店商务中心工作的基本服务工作和接待工作，能够高水准、高效率地为客人服务。

项目任务书

任务名称	会议室出租	任务编号		时间要求	
训练要求	能够根据标准和程序，向客人提供会议室出租服务				
培养能力	办理一次会议室的出租业务				
涉及知识	会议室出租应注意的事项				
教学地点	教室、实训室	参考资料			
教学设备	投影设备、电话、电脑、传真机、前厅软件、预订表格、纸、笔				
训练内容					
会议室出租业务					
实训成果评价标准					
1. 了解会议室出租业务，能熟练地向客户介绍，能独立完成会议室出租 2. 服务要快捷、准确、高效，不能让客人久等，语言应亲切、有礼貌，服务应耐心、周到					

引导案例

每到年底，很多会议都会在酒店举行，每个会议都会在大堂里放一个指示牌，所以经常能看见大堂里有很多会议指示牌。12 月 30 日，某酒店大堂里同样放置了很多会议指示牌，酒店管理人员小刘在大堂里值班。早晨大约 8:30，他看见大堂经理站在指示牌前正在和一位女士激烈地谈论着什么，所以就悄悄地走近了他们。

原来他们是对指示牌放置的位置产生了不同的看法。负责会议的女士见大堂里放置了这么多的会议指示牌，自己的会议指示牌不显眼，参加会议的客人很难找到，所以这位女士要求把指示牌放到大堂中央或者紧靠门口的柱子旁。而大堂经理的意见是会议指示牌都统一放置在大堂里侧柱子旁，放在大堂中央或者紧靠门口的柱子旁，不美观不规范也不可能，酒店那么多会议，给一家放也就得给别人放，都那样放就会把门口堵住，其他客人进进出出都会不方便。

客人非常生气，说："我们在你们酒店举办这么大个会议，吃住都在你们酒店，有你们这么服务的吗？不说要你们给予特别的照顾，一个小小的指示牌，你们总该方便我的客人找到会议场地吧。"说着就动手搬会议指示牌，准备换位置，小刘看大堂经理准备动手阻止客人，立刻上前一步弯腰帮客人搬起指示牌，说道："我来帮您搬。"客人抬头看见又一位酒店管理人员出现，不是阻止她而是帮她搬，神情上明显对小刘有好感。"是放在大堂中央还是放在门口柱子旁呢？"小刘非常友好地询问客人。这位女士犹豫了一下，大概觉得酒店人来人往的，把牌子放在大堂中央也不合适，就说："放在大堂门口柱子旁吧。"小刘搬动会议指示牌朝门口迈动了一步说："放在门口虽然靠近客人一进门的地方，但是人的习惯是一进门就往里看，很少有人进门后往门的两边看，您一进的时候也是先看见的这些会议指示牌，而不是门口柱子旁的酒店宣传牌吧。"小刘看客人明显地犹豫了，就进一步说："您看这样行不行，我把您的会议指示牌放在众多会议指示牌中间最显眼的位置。"客人明显是同意了小刘的建议，便开始在众多会议指示牌中寻找最合适的位置，最后小刘根据她指定的位置就把指示牌给她替换了下来，客人后退几步左看右看，显得非常满意。

虽然小刘并没有对客人多做什么，但站在客人的角度用服务的态度处理问题，避免了冲突，达到了让客人满意的效果。

知识链接

文件名	会议室出租服务标准
接收预订	1.店内客人预订会议室须问清姓名、房间号并告诉客人租金 2.店外客人来电话预订会议室须留下客人的姓名和电话号码 3.客人来商务中心预订会议室，请客人在"会议室预订日记本"上签字并交押金 4.所有商务中心的会议室预订必须在"会议室预订日记本"上记录
询问客人	1.询问是否需要饮品，如茶、咖啡、点心等 2.询问是否需要投影仪、录像机、放大机、信纸等 3.询问客人有无特殊要求，提前做好准备
检查会议室	1.在会议室出租一小时前检查会议室布置规格和用品摆放 2.检查会议室是否整洁，确保为客人提供整洁、舒适的开会环境，发现问题及时解决

酒店各类会议室介绍

项目	多功能厅	1 号会议室	2 号会议室	3 号会议室	4 号会议室	贵宾接待室	宴会厅
面积（平方米）	360	171	60	78	78	78	
楼层	6F	3F	3F	3F	3F	3F	2F
长/宽（米）	22.5/16	16.6/10.6	8.0/7.5	10/7.8	10/7.8	10/7.8	
剧院式（平方米）	360	180	60	72	72		
课桌式（平方米）	180	100	30	36	36		
回字形（平方米）	90	60	30	30	30		
U 形（平方米）	70	54	22	24	24		
围桌（平方米）	280	80	20	40	40		300
鱼骨式（平方米）	100	54	24	24	24		
报价							
执行价							

续表

项目	多功能厅	1号会议室	2号会议室	3号会议室	4号会议室	贵宾接待室	宴会厅
投影仪数量（台）	3	2	1	1	1		1
背景墙尺寸（英寸）	7.0/2.7	7.3/2.3	6.0/2.4	7.8/2.7	7.8/2.7		LED（大）5.0/5.0 LED（小）2.0/2.3
幕布尺寸（英寸）	2.3/5.0	1.57/2.04	1.57/2.04	1.57/2.04	1.57/2.04		
舞台尺寸（米）	9.7/5.0						
横幅尺寸（米）	9.7	6.0	5.5	4.7	4.7		

服务流程

案例分析

2004年7月26~28日，华能国际电力集团在某饭店预订了工作会议，因该团人数较多、用房量较大（220间房），饭店已提前就房号向客户确认并在电脑中将房号锁定，主楼的房间为了保证该团的顺利接待，没有接待任何客人的预订，但在24日，华能集团因特殊情况临时取消了此次会议的安排，使饭店非常被动，同时餐饮也受到了极大的损失。

阅读上述案例，分析如何能避免此类损失？

【案例分析】

1. 第一时间与原来某些想在26~28日预订会议的单位、团队电话联系，争取已经被推掉的团队，将损失减少到最低点。

2. 与华能会务组协商，对此次临时取消的会议进行赔偿，以减少饭店的损失。

处理结果：

1. 销售部注意加强与会务组的联系，及时洞悉会议团信息，并及时做好信息传递。

2. 前台灵活排房，可部分锁房，避免全部锁掉。

3. 销售预订或前台留好其他预订客户信息，及时做好回访，以便补救突发事件。

酒店服务名言

遇到困难冷静点，商业秘密保守点。

知识拓展

世界十大主题酒店之八——地中海酒店

图 7-2

（1）类型：休闲度假。

（2）位置：印度尼西亚巴厘岛。

（3）主题：养生，SPA。

（4）50 多年来，Club Med 会聚了来自世界各地的游客。一次 Club Med 假期就是一次探索发现的旅程——不仅仅是在尝试新鲜事物，还可以认识来自五湖四海的新朋友。

（5）1950 年，杰勒德·布利茨（Gerard Blitz）在法国巴黎创立了 Club Med。他想在地中海创建一种别致的度假模式，能提供舒适的住宿、体贴的服务、丰富的运动和美味的饮食。这一切都包含在一种非常方便的一价全包度假套餐中。

（6）5 年之后，他将度假村扩展到大溪地等热带地区。不久之后，又展开了冬季度假旅游的新篇章，奠定了 Club Med 辉煌的历史。

（7）珍拉丁湾度假村引以为傲的是一座临海的豪华 SPA 村，这是个真正的“村中之村”，专为客人提供极致 SPA 享受而建。设有单人房以及浪漫色彩的情侣房。

（8）可以选择多种放松和恢复的传统护理来犒劳自己。如巴厘式按摩，足部反射按摩，传统全身磨砂以及世界知名的热石按摩。

职业能力训练

一、填空题

店内客人预订会议室须问清______、______并告诉______。

二、单选题

1. 双边会谈的厅室布置形式，通常将桌椅摆放成（　　）。

A. 长方形　　B. 马蹄形　　C. T 字形　　D. 凹凸形

2.为了做好会谈服务工作，服务员应事先掌握会谈（　　）。

A. 内容　　B. 服务要求　　C. 特点　　D. 性质

3.布置成 T 字形的会议厅适用于（　　）性质的会议。

A. 发号施令　　B. 做报告　　C. 学术研讨　　D. 会谈

4.一般对于学术讲座或报告会，服务员要随时为（　　）。

A. 主讲人续水送巾　　B. 与会者续水送巾

C. 主讲人更换烟缸　　D. 与会者更换烟缸

技能训练

在实训室模拟酒店员工会议室出租。

观念应用训练

客人到了退房日期仍未离去，你怎么办?

情景模拟训练

海特房地产有限公司的威廉先生在商务中心要求为其公司预订一间会议室，会议时间为本月 15 日下午，时间为 14:00~17:00，预计有 200 位客人到会，要求布置会场，并准备点心。

要求：学生分角色扮演，为威廉先生办理好会议室出租业务。

任务 2　邮件、传真、打印、复印与装订服务

任务目标

能够胜任四、五星级酒店商务中心工作的基本服务工作和接待工作，能够高水准、高效率地为客人服务。

项目任务书

任务名称	邮件、传真、打印、复印与装订服务	任务编号		时间要求	
训练要求	1. 能够熟练操作复印机、打印机、传真机、多功能打字机、程控直播电话机、录音机、装订机、碎纸机等办公设备 2. 能够根据标准和程序，向商务客人提供传真收发服务、电子文件、打印、复印与装订服务				
培养能力	1. 熟悉邮件服务程序及有关要求，遵守职业道德，不传播商业秘密 2. 住客通知、信件传送记录、邮件登记表等填写正确 3. 邮件服务操作规范 4. 传真的相关单据填写正确，完成传真的发送与接收 5. 熟练地打字、复印和装订				
涉及知识	邮件、传真、打印、复印与装订服务应注意的事项				
教学地点	教室、实训室	参考资料			
教学设备	能上网的电脑、打印机、复印机				
训练内容					
邮件、传真、打印、复印与装订服务					
实训成果评价标准					
能独立完成邮件、传真、打印、复印与装订业务					

引导案例

某五星级酒店的一位经商的住客弗兰克先生，一天下午 14:45 来到商务中心，告诉早班服务员陈小姐 15:15 将有一份发给他的加急传真，请收到后立即派人送到他房间或通知他来商务中心领取。15:15 这份传真发到了商务中心。15:10 时，中班小张已经上班，15:15 时早班陈小姐正向小张交代刚接收到的一份紧急文件的打印要求，并告诉她有一份传真要立即给客人送

去，然后按时下班。恰巧在这时，有一位商务客人手持一份急用的重要资料要求打印，并向小张交代打印要求；此时又有一位早上打印过资料的客人因为对打印质量不满而向小张交代修改要求。忙乱之中，小张在 15:40 才通知行李员把传真给弗兰克先生送去。弗兰克先生拒绝收传真。他手指传真说因为酒店商务中心延误了他的传真使他损失了一大笔生意，并立即向大堂经理吴先生投诉。大堂经理吴先生看到发来的传真内容是：如果下午 15:30 没有收到弗兰克先生发回的传真，就视作弗兰克不同意双方上次谈妥的条件而终止这次交易，另找买主。弗兰克自称为此损失了 3 万美元的利润，要求酒店或者赔偿他的损失，或者开除责任人。

思考：

大堂经理吴先生应当怎样处理这件事？

知识链接

商务中心各项服务

（一）复印服务

（1）主动、热情迎接客人，介绍收费标准。

（2）接过客人的复印原件，按客人的要求，选择纸张的规格、复印张数及深浅程度。

（3）将复印原件在复印平面上订好位置，检查纸张是否准备好，按动复印键。

（4）需放大或缩小的复印，按比例调整好尺寸，查看第一张复印效果，如无问题，即可连续复印。

（5）复印完毕，取出复印原件交给客人，如原件是若干张，不要将顺序搞乱。

（6）问明客人是否要装订文件，替客人装订。

（7）根据复印张数和规格，开立账单。

（8）如客人要挂账，请客人出示房卡，并签字。

（9）账单一式三联，开好后，将二、三联撕下，第二联交财务结账处，第三联交给客人，如客人不要，立即碎掉。

（10）如客人要开发票，将发票第二联交给客人，第三联需同账单的二、三联一起交给前厅收银。

（11）把账单号码、房号、金额、付款方式分项填在“商务中心日复印、打字报表”上。

（二）打字印刷服务

（1）主动热情迎接客人，介绍收费标准。

（2）接过客人原稿文件，了解客人要求及特殊格式的安排，浏览原稿，看是否有看不清楚的地方或字符。

（3）告知客人大概完成的时间。

（4）文件打出后，必须请客人校对。

（5）修改后，再校对一遍。

（6）将打好的文件交给客人，根据打字张数，为客人开单收费，请客人签字后，将账单转前厅收银处。

（7）填写“商务中心日复印、打字报表”。

（8）每份文件都要询问客人是否存盘及保留时间，如不要求保留，则删除。

（9）客人多或暂时不能给客人打字时，应有礼貌地向客人解释，若客人不着急，告诉客人打好后，会通知房间，请他来校对。

（三）传真接收

（1）认真阅读来件抬头，与前厅确认收件人的姓名及房号，并将接收“OK”报告单与来件放在一起。

（2）填写“商务中心日传真来报统计报表”。

（3）电话通知客人有传真来件，如客人在房间，告诉客人将派行李员送到房间，然后开账单，不需客人签字，立即交前台收银；若客人不在房间，立即留言一式三联，黄联请行李员送至房间，白联留给前厅，绿联与原件放在一起。留言单注明请客人回来后通知商务中心，以便行李员将传真送到房间。

（4）留言单右上角注明客人离店时间，以便商务中心能够在客人离店前将传真送给客人。

（5）客人拿留言单取走传真后，要立即通知前厅取消留言灯。

（6）有问题来件及时请示大堂经理，妥善处理查无此人的来件；传真来件按酒店规定收费。

（四）传真发送

（1）主动、热情地迎接客人，问明发往国家和地区。

（2）查看客人提供的国家、地区号码，确认无误。

（3）输入传真号码后，先与稿件上号码核对一下，确认无误后，按发送键。

（4）事先向客人说明传真价格是3分钟起算，并将每分钟价格告诉客人。

（5）传真发送后，要将“OK”报告单连同原件一起交给客人。

（6）如发送时对方没有接通传真机，而是通话状态，这种情况需拿起电话告知对方接通传真机，但要事先向客人讲明，如拿起电话，须收长途话费，按时间计算。

（7）请客人付款或签单，账单上注明传真号码及发送所用时间。

（8）将账单送至前厅收银。

（9）客人多或线路不通暂时发不出去时，应有礼貌地向客人解释。若客人不着急发，告诉客人发出后将通知房间，请客人先签单；若非住店客人，应先付100%押金，发出后通知客人来取。

（10）填写“商务中心日发送传真报表”。

（11）传真计费方法：

国际收费标准：线路费 =（每分钟价格 + 0.2元电信费）× 时间

附加费 = 线路费 × 70% + 纸张费

总计 = 线路费 + 附加费

国内收费标准：线路费 =（每分钟价格 + 0.1 元电信费）× 时间

附加费 = 线路费 × 70% + 纸张费

总计 = 线路费 + 附加费

（五）电传发送

（1）确认客人的手写体字迹清楚，号码正确。

（2）在账单上填好项目，并注明时间。

（3）打印一份草稿请客人核对，若客人等不及或已经离开，请主管或大堂经理核对草稿，确认无误后才可发出，并将稿件留存待客人来取。

（4）根据字数计算电传价格，请客人付款或签单。

（5）客人多或线路不通暂时发不出去时，应有礼貌地向客人解释。若客人不着急发，告诉客人发出后将通知房间，请客人先签单；若非住店客人，应先付 100%押金，发出后通知客人来取。

服务流程

程序项目	1.受理客人传真服务程序		
管理类别	商务中心		
执行部门 Department	商务中心	管辖区域 Section	商务中心
实施岗位 Performer	商务中心文员	督导落实 Supervised by	商务中心主管

工作步骤	工作标准及要求
一、接收客人需要发送的文件	1. “您好，× × 先生/女士，您需要帮助吗？” 2. “× × 先生/女士，请问您要发送传真到哪里？” 3. 向客人报清收费标准 4. 与客人核对传真号码，确保号码无误
操作要点： 1. 发送传真费用：按发送地区不同，每页纸张 × 元 2. 接过客人文件，与客人核对国家、地区号码、电话号码 3. 检查传真件的质量是否符合标准 4. 按客人要求进行发送，结束后核对发送报告 5. 如发现“ERROR PAGE”标记，应将该页重发	
二、发送传真	“× ×先生/女士，这是一份发送报告单，请您过目”上面显示发送成功
操作要点： 1. 服务人员发送传真时应避免阅读客人传真内容，以免引起误会 2. 对于有红头标、反动、机密的文件，应予以关注，不可发送此类文件，通知保安部	
三、结账	1.问清客人付款方式（现金还是挂账） 2.查验客人房卡，挂账 3.填写账单并请客人签字确认

续表

工作步骤	工作标准及要求
操作要点： 1. 检验客人的签字笔体、房卡有效期 2. 收取现金时注意唱收唱付	
四、道别	致谢，向客人道别并欢迎客人下次光临
操作要点： 微笑道别	

程序项目	2. 受理客人复印服务程序		
管理类别	商务中心		
执行部门 Department	商务中心	管辖区域 Section	商务中心
实施岗位 Performer	商务中心文员	督导落实 Supervised by	商务中心主管

工作步骤	工作标准及要求
一、问清客人复印要求	1. “您好，××先生/女士，您需要帮助吗？” 2. “××先生/女士，请问您需要复印多少份？” 3. 向客人报清收费标准 4. 确认复印要求 5. “好的，我马上为您复印”
操作要点： 1. 接过客人的复印原件，详细了解客人的复印要求 2. 要求双面复印的原件，要注意摆放顺序	
二、确认复印效果	“××先生/女士，这是您的复印件，请您确认”
操作要点： 1. 核对复印件，确保正确无误，然后将原件及复印件一并送还客人 2. 如客人要求复印的份数多，要在复印第一页后，与客人确认复印效果	
三、核对	1. “××先生/女士，这份是您的原件，这份是复印件” 2. “××先生/女士，您需要装订吗？”
操作要点： 1. 熟知本酒店复印收费标准 2. 注意不能复印反动及国家机密文件 3. 彩色复印按国家规定	
四、结账	1. “××先生/女士，您一共复印了××张，费用是××元” 2. “请问您是付现金还是入房账？”
操作要点： 1. 收取现金时注意唱收唱付 2. 每一位员工都应知道几种常见结账方式	
五、感谢客人	“好的，××先生/女士，这是您的账单，请您签字确认，谢谢”
操作要点： 开具付款凭证并请客人签名，做好结账工作	
六、道别	“再见，欢迎再次光临”
操作要点： 面带微笑，服务热情、礼貌	

程序项目	3. 受理客人租用电脑服务程序		
管理类别	商务中心		
执行部门 Department	商务中心	管辖区域 Section	商务中心
实施岗位 Performer	商务中心文员	督导落实 Supervised by	商务中心主管

工作步骤	工作标准及要求
一、接受客人租用电脑的要求	1. "您好，× × 先生/女士，您需要帮助吗？" 2. "请问您是现在租用电脑吗？"
操作要点： 告诉客人租用电脑的费用	
二、使用电脑	1. "收费标准是× ×" 2. 告知客人可以直接使用 3. 开始计时
操作要点： 1. 根据客人的要求，选择合适的电脑 2. 确保电脑正常工作 3. 准确记录客人使用电脑的起始时间和结束时间，以便客人产生疑问的时候可以出示给客人看 4. 在客人使用完电脑后，应与客人确认电脑中的资料信息已清除，避免不必要的麻烦	
三、结账	1.填写账单 2.告知客人使用××时间，费用是× ×元，请客人确认签字，并道谢
操作要点： 1. 收取现金时注意唱收唱付 2. 根据客人使用电脑的时间，计算费用并开具付款凭证	
四、道别	"再见，欢迎再次光临"
操作要点： 面带微笑，服务热情、礼貌	

程序项目	4. 受理客人上网服务程序		
管理类别	商务中心		
执行部门 Department	商务中心	辖管区域 Section	商务中心
实施岗位 Performer	商务中心文员	督导落实 Supervised by	商务中心主管

工作步骤	工作标准及要求
一、接受客人网络服务要求	1. "您好，× × 先生/女士，您需要帮助吗？" 2. "× × 先生/女士，我们的收费标准是× ×" 3. 注意计时
操作要点： 1. 须在客人上网前告知收费标准 2. 提前询问客人对电脑语言系统的要求，根据客人需要提供中文或英文的电脑系统 3. 上网期间关注客人，及时提供帮助	
二、适时为客人提供服务	关注客人的需求

续表

操作要点： 1. 由于客人有时使用酒店的邮箱收发邮件，对于有红头、反动的文件，应予以关注，不可收发此类文件给对方，安抚住店客人并及时通知保安部 2. 如果酒店邮箱为中文系统，外国客人看不懂，员工应及时给予帮助，并随时关注客人 3. 当客人需要查找某个网页时，员工应协助客人打开网络实名网页，方便客人查找 4. 员工为客人提供的网站应该是被广泛应用的，同时也是安全的网站	
三、结账	填写账单，告知客人费用 1. 询问客人付款方式（现金、挂房账） 2. 如费用挂入房账，应请客人签字，并致谢
操作要点： 1. 准确记录客人上网所花费的时间并开具付款凭证 2. 收取现金时注意唱收唱付 3. 客人要求开具发票时，要询问单位名称，注意不要写错，盖章有效 4. 如有无法解决的问题，要通知电脑部相关人员帮助解决	
四、道别	“再见，欢迎再次光临”
操作要点： 面带微笑，服务热情、礼貌	

程序项目	5. 受理客人打字服务程序		
管理类别	商务中心		
执行部门 Department	商务中心	管辖区域 Section	商务中心
实施岗位 Performer	商务中心文员	督导落实 Supervised by	商务中心主管

工作步骤	工作标准及要求
一、受理客人打字服务	1. “您好，××先生/女士，您需要帮助吗？” 2. 向客人说明费用 3. 问清客人具体要求 4. 问清要求打印完成时间 5. 问清文件的格式要求及所需字体、字号
操作要点： 1. 接到客人中、英文打字服务，仔细阅读文字原稿，对不清楚的字迹先向客人问清楚，同时询问客人对字体、字号及排版的要求 2. 服务员的打字速度要达到80字/分钟，并且尽量确保文字的正确率，避免花费时间核对	
二、进行录入	按照客人要求进行录入，打字完成后，仔细核对
操作要点： 1. 严格按照客人要求进行操作，做到准确迅速，打字结束后应自行检查，然后打印成稿送给客人核对 2. 客人核对后形成正式打印文稿，征询客人意见是否进行保存 3. 将打印件与原件一并送还客人	
三、核对	请客人核对
操作要点： 态度友善、热诚	
四、结账	1. “××先生/女士，您的费用一共是××元，请问您的费用是付现金还是签入房账？” 2. 填写账单，请客人签字，致谢
操作要点： 做好结账工作，并开具付款凭证，收取现金时注意唱收唱付	
五、道别	“再见，欢迎再次光临”
操作要点： 客人文件如需保存在商务中心，要认真做好登记工作，文件保留一个月，并在交接本中记录好存储的路径	

程序项目	6. 受理住店客人接受传真服务程序		
管理类别	商务中心		
执行部门 Department	商务中心	管辖区域 Section	商务中心
实施岗位 Performer	商务中心文员	督导落实 Supervised by	商务中心主管

工作步骤	工作标准及要求
一、客人从房间打电话要求收传真	1. "您好！这里是商务中心，请问需要帮助吗？" 2. 向客人说明传真号码，并与客人确认房间号码
操作要点： 1.住店客人接收传真收费标准：× × 元 / 页 2.注意：钻石卡客人收传真免费	
二、收到传真后与客人电话确认	打电话至客人房间，通知客人已收到传真，并询问客人是否需要将传真送到房间，或是来商务中心取传真
操作要点： 收到传真后核对进报页数，及时与客人进行确认	
三、客人到商务中心接收传真	"您好，× × 先生/女士，请问我能为您做什么？"
操作要点： 客人在商务中心等候时，员工要随时到传真机旁查看传真状态，让客人感觉自己受到重视	
四、收到传真后交与客人	1. "您好，这是您的传真，请您查阅" 2. "您的费用一共是× × 元，请问您是付现金还是入房账？"
操作要点： 如果等候时间长，员工可询问客人要不要看杂志，并向客人递一杯水，安抚客人	

程序项目	7. 受理店外客人接受传真服务程序		
管理类别	商务中心		
执行部门 Department	商务中心	管辖区域 Section	商务中心
实施岗位 Performer	商务中心文员	督导落实 Supervised by	商务中心主管

工作步骤	工作标准及要求
一、店外客人打电话要求收传真	1. "您好！这里是商务中心的××在讲话，请问我能为您做什么？" 2. 向客人说明传真号码，并尽量在传真上注明收件人姓名，以便我们确认，记下客人联系方式
操作要点： 1. 店外客人接受传真收费标准：××元/页 2. 店外客人来电话要求接受传真时，首先告诉客人饭店的传真号码，向客人说明收费标准	
二、收到客人的传真后通知客人	1. "您好，先生，我们已经收到您的传真，一共是××页，对吗？" 2. "我们为您保留传真，请您在方便的时候来取传真"
操作要点： 如果长时间未收到应及时与客人联系，让客人了解情况，并逐一告诉其他员工，随时关注传真动态	
三、客人来商务中心取传真	1. "您好，先生，请问您贵姓？×××先生，这是您的传真，请您查阅" 2. "您的费用一共是××元，请问您是付现金还是刷卡？"
操作要点： 1. 客人确认传真无误后，将文件妥善收存，直到客人来取 2. 向取件人询问姓名，在确认无误后，开具付款凭证	

程序项目	8.受理接受客人传真程序（员工操作备注）		
管理类别	商务中心		
执行部门 Department	商务中心	管辖区域 Section	商务中心
实施岗位 Performer	商务中心文员	督导落实 Supervised by	商务中心主管

工作步骤	工作标准及要求
一、收取传真	核对进报页数，如有差错或漏页、文章不清现象，应及时通知客人联系重发或补页
操作要点： 随时关注传真机动态，如有传真件进入应及时取下	
二、登记客人姓名、房号	通过电脑系统核对客人姓名、房号，做好登记，登记时要注明收报时间、收报人姓名、房号、页数
操作要点： 认真核对、仔细登录	
三、整理传真	将传真件按编页顺序整理号，收入信封，并在信封上注明收件人房号
操作要点： 字迹清晰、书写准确	
四、送件	经由两人核对无误后，将传真送到客人房间
操作要点： 20 分钟内将传真送到客人房间	
五、预抵客人传真	预订未到店客人的传真在电脑中给客人做留言，并随时查询，在第一时间将传真交给客人
操作要点： 跨越班次要进行交接，确保客人抵达后第一时间能够收到	
六、房号与姓名不符的传真	当客人在传真上写的姓名与电脑中不符时，应给客人做留言条，当客人确认传真时，在留言条上注明时间及客人的签字
操作要点： 认真办理、仔细核对、落实到位	
七、其他	当客人到商务中心询问传真时，应根据提供的信息认真查找，查到后及时送与客人。如无进报，则记下客人姓名、房号，一有进报则立即通知客人
操作要点： 认真办理、仔细核对、落实到位	

案例分析

怀特先生拿着那份密密麻麻刚整理好的数据单匆忙来到酒店商务中心，还有一刻钟总公司就要拿这些数据与比特公司谈笔生意。“请马上将这份文件传去美国，号码是××××××”，怀特先生一到商务中心赶紧将数据单交给服务员要求传真。服务员一见怀特先生的紧张表情，拿过传真便往传真机上放，通过熟练的程序，很快将数据单传真过去，而且传真机打出报告单为“OK”！怀特先生直舒一口气，一切搞定。

第二天，商务中心刚开始营业，怀特先生便气冲冲赶到，开口便骂：“你们酒店是什么传真机，昨天传出的这份文件一片模糊，一个字也看不清。”服务员接过怀特手中的原件，只见传真件上写满了蚂蚁大小的数据，但能看清。而酒店的传真机一直是好的，昨天一连发出二十多份传真件都没有问题，为什么怀特先生的传真件会是这样的结果呢？

阅读上述资料，进行案例分析。

【案例分析】

对于一些字体小、行间间隔距离太短的文件要求传真时，服务员一定要注意提醒客人，再清晰的传真机也传达不清楚此类文件，所以商务中心服务员对传真的每份文件要大体看一下，如有此类情况应当首先提醒客人，可以采取放大复印再传出的办法来避免传真件模糊不清。同时，要将传真机调至超清晰的位置，尽量放慢传真的速度，以提高其清晰度，对于上述案例所发生的情况是完全可以避免的，如果服务员注重细节，事先查看传真件，相信一个不必要的投诉就在你一瞥中避免。

酒店服务名言

效率高一点，行动快一点。

知识拓展

酒店发展史（节选）

商务型酒店：

商务型酒店是以商务客人而非旅游度假客人为主的酒店。

所以，它的主要客源是针对因公出差的公司人员，大部分都为业务骨干、主管级或者经理层人士。

这类客人对酒店的各方面要求都比较高，相对市场容量不大，因而商务型酒店的客房数不多，装修豪华，房价很高。与旅游度假客人相比，商务客人非常注重客房设施的舒适程度，追求的是“宾至如归”的感觉。因此，他们对于酒店的选择更挑剔，但同时也愿意为服务支付高价格。

按照目前比较流行的说法，区分一家酒店是否为商务型酒店，主要依据其客源的构成比例。

商务型酒店更注重于老客户、协议单位的客人入住，如果这家酒店的主要客源中，商务客源能占到70%以上，那么可以判断这家酒店为商务型酒店。商务型酒店的客房数一般都控制在120~200间，酒店营业利润通常会在40%以上。除了在客源上有别于其他类型酒店之外，商务型酒店在地理位置、酒店设施、服务项目、价格等方面都以商务为出发点，尽可能地为商务客人提供便利。

商务型酒店还具有以下几个特征：

1. 地理位置

商务型酒店的地理位置应当位于或尽量靠近一个城市的商务核心区，这样便于商务人士出行（商务客人的时间通常很宝贵，不愿意在交通上花太多时间）。

2. 酒店设施

对于日理万机的商务客人来说，他们希望酒店有停车场、会议室、简易餐厅、自助洗衣房。希望宽带网速要快，最好有无线上网的功能，他们也希望酒店周边各类生活配套设施，诸如超市、购物中心、精品餐饮店等齐全。

3. 服务项目

商务型酒店一切围绕着商务活动，提供的酒店服务越完善越会受到商务客人的喜欢，比如传真、打印、复印、快递、代办票务、预订出租车等。

4. 产品定位

一家好的商务型酒店应当是时尚的、高档的，也可以是顶级奢华。至于价格，可以比经济型酒店价格略高，也可以是极其高档、奢华的超高价格。

5. 营销模式

商务型酒店主要以客房经营为主，以客房盈利为核心，餐饮比重占得较少。

商务型酒店的选择余地是非常有限的，如果这家商务型酒店在立项之前，就对酒店所在城市或地区的商务城市的现实及潜在的客源量，未来 3 年内可能出现的市场竞争者，城市交通、所在城市潜在市场，商务发展趋势等因素进行过详细调研，并能判断这些因素对酒店有利，则这家商务型酒店的市场定位与开拓，都会朝好的方向发展。

但如果这家商务型酒店所在的区域，在开业的 2 年内都是属于成长期，商务氛围不浓，市场量不稳定，而散客的波动性，又会受到多种因素的影响，这样的酒店，如何开展有效的营销呢？

职业能力训练

一、填空题

商务中心是商务客人“办公室外的办公室”，其主要职能是为客人提供各种______服务，为客人提供和传递各种信息。

二、单选题

（　　）是与客人进行订房联系的最理想的通信方式。

A. 电传　　B. 电话　　C. 电报　　D. 信函

三、简答题

如何处理收发电传和传真？

技能训练

在实训室分组模拟酒店员工邮件、传真、打印、复印与装订服务。

观念应用训练

酒店一住客在退房时将一包物品交给你，要求你转交他的朋友王先生，并说王先生会取这包东西的。你怎么办？

情景模拟训练

2017 房间的王先生是富川酒店的常客，与其有业务往来的凯特贸易有限公司有一份重要的文件要邮寄给王先生，恰逢王先生外出办事，请根据相关操作程序完成邮件的接收工作。

要求：

1. 熟悉邮件服务程序及有关要求。
2. 住客通知、信件传送记录、邮件登记表填写正确。
3. 邮件服务操作规范。

任务3　票务服务

任务目标

能够胜任四、五星级酒店商务中心工作的基本服务工作和接待工作，能够高水准、高效率地为客人服务。

项目任务书

任务名称	票务服务	任务编号		时间要求	
训练要求	能够根据标准和程序，为客人提供票务服务				
培养能力	1.操作娴熟、正确，能当场出票 2.能正确处理无法正确出票等问题 3.有关表单正确填写				
涉及知识	票务服务应注意的事项				
教学地点	教室、实训室	参考资料			
教学设备	票单、笔、电脑				
训练内容					
进行票务服务，出票，填单					
实训成果评价标准					
操作娴熟、正确，能当场出票，能正确处理无法正确出票等问题，有关表单正确填写，语言应亲切、有礼貌，服务应耐心、周到					

引导案例

一位客人急匆匆从电梯出来，拐到礼宾部，“哈喽，帮我订一张后天去北京的机票。”

接待员应声招呼，立即作了记录并储存进电脑。言谈中，客人与接待员有点熟。

客人交代完毕欲走，忽又转身，似真似假地笑着说：“我要东航，东方航空公司的票。”边说边用食指向天划一下。

接待员用手势做了个“O”形：“OK。”

客人匆匆走出酒店。

下午，酒店的旋转门闪进了早上的那位客人，大步走向礼宾部，满面春风：“嗨，搞定啦？”

客人笑着接过机票，低头一看，傻了眼，一脸不悦的神情。

机票——西南航空公司。

“有没有搞错啊，跟你说要东航机票，你还是给我其他航空公司的机票。”说罢，摇头。

接待员："对不起，东方航空公司的机票已订完。我还以为你是随便说说的，并不一定……"

客人打断接待员的话："我是随便说说还是你随便订订啊？"

接待员忙不迭："对不起，对不起，是我们……"

"算啦，算啦。"客人晃着头，按着手。

这时，大堂经理闻声赶来。

客人已走，大堂经理不停地拨打电话，每放一次电话，脸上都显出无奈与焦急。

"什么，还有东航余票，好，谢谢，谢谢，我马上来取，好，再见。"

客人房间，门铃"叮咚"一声，客人起身开门，进来的是大堂经理。

大堂经理脸上流着汗，手里拿着机票。

"张先生，这是您订的机票，因为我们服务不够周到，忽视了您指定的东航班机，真是对不起。现我们通过其他途径买到了东航机票，请您核收，最后再一次道歉。"

客人与大堂经理握手，经理右手握着对方，左手拍着对方的手。

知识链接

票务服务

1. 代办邮件、快递、包裹及发送邮票

（1）准备不同面值的邮票，根据客人要求，出售给客人所需面值、图案和数量的邮票。

（2）每天早上与前厅交接昨晚或当日所收客人交寄的信件，核对邮票和信件是否相符。

（3）根据邮件大小、重量、所寄不同国家、省市，贴足邮票。

（4）对酒店内部所寄邮件，应按部门分类登记，做好原始记录，贴足所需邮票，记好邮资账，以备月底汇总报销。

（5）对于酒店客人所寄的重要邮件，如挂号信、快递、小包裹等，客人需亲自填委托单，并与客人核对所填内容，在确认地址、人名等准确无误后，请客人交足押金，方可寄出，并将邮局回执、收据复印件留底（原件交客人），以备发生问题时查找。

（6）所有贴好邮票的邮件、国外航空信件，如不是航空信封，应加盖航空字样的章，国内信件应查邮编是否填写，如未填写应协助查找，填好邮编。

（7）当日所收邮件应在当日 16:00 前寄出，特殊邮件，应收后马上为客人寄出。

2. 代购机票

（1）订购国内航段机票，国内客人需提供身份证或身份证复印件，未满 18 岁的乘客，应有户口本或独生子女证，国外乘客应出示护照或回乡证。

（2）请客人填写委托单，写清客人要订的航班、到达地点、所乘的仓位（头等、公务、普通）。

（3）如预订国际航段机票，需有客人英文名字或汉语拼音，特别要注意香港、台湾地区的汉语拼音与大陆不同。

（4）客人须交足机票预订金。

（5）国际或国内预订机票，需提前 4 天预订，否则不予以保证。

（6）机票出票后，立即通知客人或送票到客人房间。

3. 代购火车票

（1）国内客人预订车票需提前 4 天预订，请客人填写委托单，注明时间、车次、软、硬卧或普通坐票。

（2）向客人收取车票预订金。

（3）车票订好后，提前一天通知客人取票。

（4）接受客人委托订票后，应在订票记录本上详细记录。

（5）外籍宾客预订车票需提前 6 天预订。

（6）代客人填写委托预订单，注明时间、车次、软、硬卧或软、硬席。

（7）需向客人收预订金及本人原始护照，并在订票记录本上做好记录，妥善保管客人护照。

（8）提前两天取票，并通知客人或为客人送票到房间。

服务流程

酒店顾客机票服务标准操作规程

STEPS 步骤	How / Standards 标准
1. Airline Ticket Reconfirmation/Changing 机票确认/改签	Ask the guest to bring airline ticket to the Air Ticket Desk for reconfirmation/changing. 让客人带上机票到票务台做确认/改签。 Or pass the air ticket to us and we will confirm/change the ticket for guest. 或者将机票交给我们，我们代客人确定。 Give guest's ticket to Air Ticket Counter and ask for confirmation/changing. 把客人的机票交给票台，要求确认/改签。 After flight changes or confirmation，put ticket into the Insider Concierge envelope and note Guest Name and Room Number on envelope. 航班改签或确认后，把机票放入礼宾专用信封，并在信封上写明客人姓名及房号。 Keep the envelope with the ticket information. 装好机票信息，保存好信封。 Leave a message to the guest for collection or additional information. 客人机票领取或额外信息留言。 Return the ticket to guest neatly and clearly. 把机票干净、整洁地还给客人。 Offer Transportation. 提供交通帮助。
2. Flight Booking 航班预约	When a guest requests a new flight booking，we need guest passport or ID card，expect flight time. 当客人需要预订新航班，需要客人护照或身份证，以及期望的航班时间。 Check with the Air Ticket Counter and list all available flights and rates for guest decision. 从票台得到所有相关的航班信息及价格以便客人决定。
3. Extra Service 额外服务	Ask the guest for his CC number to confirm the flight booking. 询问客人他的信用卡号并确认航班预约。 Once the flight is confirmed，ask guest if he/she need Limousines Service and we could book car for him/her. 一旦客人机票确定，询问客人是否要预订轿车送机，我们可以代客人安排。

案例分析

下午16:00，大堂经理小周处理完意见投诉事件回到大堂，总台有人告诉她，大堂吧有一位姓郭的客人一直在等她，说是一定要见大堂经理。小周立即迎了上去，郭先生非常生气地说：他前天入住时在商务中心订了3张今天下午15:26回上海的火车票。酒店昨天把票交给他，他未查验，直到今天下午去火车站，才发现酒店给他订的是昨天下午15:26的车票，他要求酒店赔偿损失。由于酒店本身并没有票务人员，均是委托中旅票务中心代订，如果确定是中旅出的差错，那么损失就得由他们承担。小周请郭先生先别着急，在大堂吧休息片刻，她马上着手调查此事。她找到商务中心的小郑，恰好前天当班的也是小郑。她记得那天的情景，然而究竟订的是哪天的票，她记不清楚了。小周要求小郑立即将订票的存根联找出来，一查就会明白真相，谁知小郑找了半天却说找不到了。

阅读材料回答问题：郭先生急着赶回上海，此情况下已经没有时间再查下去。试问，小周这时应当如何处理呢？

【案例分析】

小周可以采用的方法：

（1）与中旅票务中心联系，说明此事的经过，要求中旅票务中心处理此事。目前旅行社票务中心常常会有求于酒店，双方合作关系较好时票务中心也许会承担此事的责任，故此方法可行，但可能要耽误客人的一些时间。

（2）在无法查清责任的情况下，让商务中心的当事人承担损失，让她花钱买教训，避免同类事情再次发生。这样做严惩了员工，但是并没有彻底解决问题。

（3）委婉地向客人解释，订票委托单已经由客人签字认可，出现了差错责任不在酒店，损失应当由客人自己负责。这种方法会招致客人的不满，客人也许会进一步投诉，也许会承担损失但不再回头。

这件事情给酒店带来的启示：

（1）酒店服务员在受理客人订票委托时，应当请客人自己填写票务委托单并签字认可。如果客人要求服务员代填订票委托单，服务员应根据客人的陈述仔细填写，然后向客人复述要点，请客人核实后签名认可。

（2）店外票务代办机构送票时，酒店应核对所收到的票是否与订票委托单一致，准确无误后，登记签收，以明确送票、收票的时间和出现差错的责任，避免合作中的纠纷，杜绝因票务问题而影响客人行程的问题。

（3）订票客人取票时，服务员应请客人再核对一遍，并在票务登记簿上签字。

（4）酒店服务人员应当做好各项委托单据的登记存档工作，一旦出现差错应立即对责任人进行惩罚并改善管理，以避免同类事情再次发生。

（5）出现问题后应尽快妥善解决，全力消除客人的不满。

酒店服务名言

不要展示缺乏信心的精神面貌。这会直接影响到其他员工的精神面貌，同样地，这也会令宾客感觉你并不尊敬他，而导致宾客认为酒店的服务水准并不专业。所以，良好的精神面貌在工作中对酒店员工和宾客都起着很大的作用。

知识拓展

一、什么是正确的服务意识？

（1）我为什么而工作？

（2）我为谁而工作？

（3）我应该怎么做？

二、打造服务人员阳光心态

三、酒店的服务“三宝”

（1）性格分析。

（2）沟通技巧。

（3）亲和亲善。

四、服务人员“五大元素”

（1）服务人员第一元素——责任心。

（2）服务人员第二元素——爱心。

（3）服务人员第三元素——包容心。

（4）服务人员第四元素——同情心。

（5）服务人员第五元素——耐心。

五、酒店服务的五星秘籍

（1）热切星（仪容仪表、身体语言；称呼适当、语调亲切；迎送到位、接待热切）。

（2）互动星（发问倾听、推介推荐；灵活处理、异议投诉；提供服务、有问有答）。

（3）沟通星（魔术语言、说话清晰；交代行动、汇报跟进；同事之间、配合流畅）。

（4）团结星（乐于帮助、汇报进度；提出意见、寻求协助；互相提醒、互动进步）。

(5) 自省星（每日：一分钟重温；每周：记录一强项；每月：记录一改善）。

六、服务人员的内在美

(1) 学会控制不良言行与情绪。

(2) 塑造个人与团队的“健康形象”。

七、酒店服务人员的服务原则

(1) 持重原则。

(2) 平衡原则。

(3) 身体力行。

(4) 附近操作。

(5) 避免重复。

八、酒店服务人员应备的职业素养

(1) 亲和力。

(2) 舒心的问候。

①问候积极热情。

②问候清晰简洁。

③人、物登机状况。

④正确的体态与称谓。

(3) 雅洁的仪表。

(4) 得体的语言。

①酒店常用服务语。

②相关服务忌语与敬语。

(5) 诚恳态度。

①真诚原则。

②明朗原则。

③善意原则。

④智慧原则。

九、酒店服务人员礼仪培训总结

职业能力训练

一、填空题

代购火车票，国内客人预订车票需提前______天预订，请客人填写______，注明时间，车次，软、硬卧或普通坐票。

二、单选题

不属于票务范围的是（　　）。

A. 火车票　　B. 机票　　C.　邮件　　D.邮票

技能训练

1. 在实训室模拟酒店员工票务服务。
2. 模拟票务服务流程。

观念应用训练

2005 年 4 月 7 日 21:10，梁先生投诉饭店票务中心：购机票付款时，服务员告知他只能付现金不能用信用卡，这与五星级饭店不符，况且台面上摆有 POS 机，服务员告诉他用信用卡支付需加收相应手续费，致使客人很费解。

分析服务员的做法正确吗？

情景模拟训练

有一酒店协议户客人当日在总台寄存两条苏烟，由于他是常客，当班人员未按规定填写“留物表”，并遗忘了交班。次日早客人来取物品时，夜班人员未得此交班，早班接班人员也翻看“留物表”无此记录，又联系礼宾处也无此物品，就断然告知客人未寄存。客人回去联系之后确在总台故而投诉，再经主管找寻，发现两条苏烟就在留物柜中。

项目八

客户管理服务质量

我们正生活在服务经济时代。服务已渗透到生活中的诸多细节，每个人既是享受服务的“客户”，又是为“客户”提供服务的个体。客户享受服务的经历多了，对酒店的客户服务质量自然会有更高的期待，这就给酒店的客户服务质量管理不断提出更高的要求。客户服务质量是一个管理的过程。客户服务质量的管理要以客户的需求为基础、为中心、为出发点，要以酒店的策略为条件，最终要以客户的感受为结果，它要遵循以下内容来进行。

项目导图

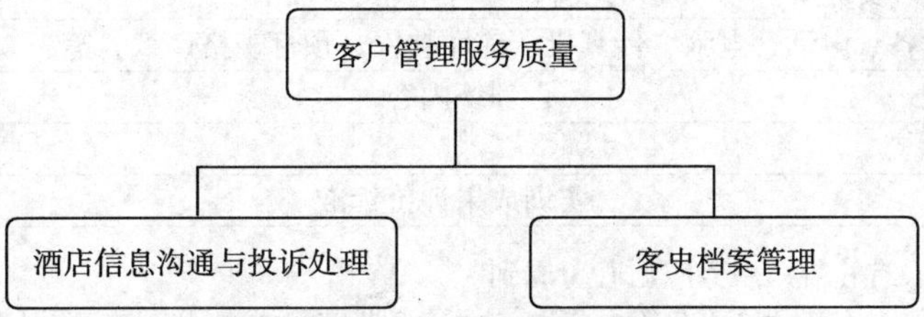

图 8-1　客户管理服务质量

学习目标

知识目标

1. 讲究沟通的技巧
2. 会根据投诉处理的原则及程序，处理一般的宾客投诉事件
3. 掌握客史档案的建立和使用

技能目标

1. 客人投诉处理
2. 宾客关系管理

任务1　酒店信息沟通与投诉处理

任务目标

能够正确地处理好客人的投诉，熟练地掌握与客人沟通时的技巧。

项目任务书

任务名称	酒店信息沟通与投诉处理	任务编号		时间要求	
训练要求	1. 客人投诉处理 2. 紧急事务处理 3. 情绪管理能力				
培养能力	1. 能当众演讲，当众处理投诉事件 2. 课外收集酒店投诉案例，与同学进行讨论，能当众提出自己的解决方案，当别的同学提出反对意见时能坚持自己的观点并试着说服同学				
涉及知识	1. 处理投诉的基本原则 2. 投诉的种类 3. 处理宾客投诉的程序				
教学地点	教室、实训室	参考资料			
教学设备	投影设备、电话、电脑、传真机、前厅软件、预订表格、纸、笔				
训练内容					
信息沟通与投诉处理					
实训成果评价标准					
1. 处理投诉时态度应亲切、有礼貌，服务应耐心、周到 2. 服务要快捷、准确、高效，不能让客人久等，需对酒店情况非常熟悉，能及时向客人提供其需要的信息 3. 若因特殊情况不能马上答复，应请客人留下电话号码和姓名，等了解清楚情况之后再告知客人					

引导案例

5月15日23:55，IBM公司预订客人钟先生到前台要求办理入住手续，因客房已满，未能安排客人入住。客人对此非常不满。并称他的飞机晚上21:00才从上海飞往广州，故到店时肯定已过23:00，而他是酒店的常客，没有预订不到的不良记录，对于晚到而不为他保留房间，钟先生表示失望，并表示回到公司会做出投诉。当值大堂经理向当值接待员了解情况，据当值接待员讲客人的订单确认最晚到达时间为晚上23:00，在最后到达时间过后，客人仍未到店，而当晚亦有相当多的未预订客人要求入住而未能满足，直至23:53，在一个顾客的一再要求下，且在当晚23:00至23:53期间经过多次联系钟先生未果的情况下，决定将剩余的一间房出售给该顾客。

思考：

1. 如何平息此投诉？

2. 今后如何避免类似事情发生？

知识链接

一、目的

在处理各种宾客投诉时，保持冷静、耐心、微笑，采取果断、灵活而又令客人乐意接受的方式，妥善、及时地解决宾客投诉，在不损害酒店利益的前提下，既能让宾客感受到酒店的诚意，也能让宾客觉得在酒店内受到重视，变不满意为满意，从而争取更多的回头客，为酒店带来更多的社会效益和经济效益。

二、宾客投诉各类内容处理

1. 对设施设备的投诉

宾客对企业设备的投诉主要包括：空调、照明、水电、家具等。

即使企业建立了各种设备的检查、维修、保养制度，也只能减少此类问题的发生，而不能保证消除所有设备潜在的问题。服务员在受理客人有关设备的投诉时，最好的办法是立即去实地观察，然后根据情况，采取措施。事后，再次与客人电话联系，以确认客人的要求已得到了满足。

2. 对服务态度的投诉

宾客对服务员服务态度的投诉主要包括：粗鲁的语言，不负责任的答复或行为，冷冰冰的态度，若无其事、爱理不理的接待方式，过分的热情，待客不主动、不热情，不注意语言修养，冲撞客人，挖苦、辱骂客人；拿物品给客人不是“递”而是“扔”或“丢”给客人；无根据地乱怀疑客人取走酒店物品，或者误以为他们没有结账就离开。

3. 对服务质量的投诉

宾客对服务质量的投诉一般包括：服务员没有按照客人要求提供服务，电话无人接听，取送物品不及时甚至送错，未经客人同意私闯客人房间，不尊重客人的风俗习惯，忘记或搞错了客人交代办理的事情，损坏、遗失客人的物品，房间床铺不干净、不换床单，房间/浴缸内有头发丝或污垢等。

4. 对异常事件的投诉

停电、停水、偷窃、伤病、醉酒、电梯卡人、房内反锁等情况引起的投诉，要求服务员尽量在力所能及的范围内帮助解决，做好解释、协调、善后处理工作。

三、宾客投诉类型分析

1. 处理客人口头投诉	(1) 对待任何一位客人的投诉都要认真、耐心听取，表现出高度的负责态度，代表饭店向客人表示歉意与感谢 (2) 注意倾听客人投诉的具体内容（发生的时间、地点、经过、涉及人员等），并及时填写客人投诉记录表。如客人情绪激动，要有技巧性地将客人请到合适的地方进行交谈 (3) 在听取客人的意见时，避免怀有敌对情绪或与客人争论，对客人的遭遇应适时地表示理解并不失时机地表示歉意，让客人感到饭店是重视、理解其意见并且尽力帮助他解决问题的 (4) 在听取客人投诉时，要保持头脑冷静，在没有查明事件原因及经过的情况下，不可随便代表饭店承担责任，待弄清事情原委后，再做出判断 (5) 与有关部门联系，对客人所投诉的事件进行调查处理，或随客人到出事地点处理问题，把将要采取的措施及所需要的时间告知客人并征求客人的同意 (6) 恰到好处地回答客人的疑问，如有可能，给客人提供几种选择的机会 (7) 对超过权限或解决不了的问题，要及时与上级联系以得到指令，不能无把握、无根据地向客人提出任何保证，以免妨碍事务的进一步处理 (8) 将客人的投诉意见及时通知有关部门，使问题得到及时妥善的解决 (9) 代表饭店管理层采取补救措施，如赠送水果、礼品、致歉信等给投诉者作为礼貌性的致歉，使客人感到饭店的诚意，变不满意为满意 (10) 对一些无理取闹的客人，在处理过程中要做到不卑不亢，坚持原则，但应注意态度、语言、举止要有礼貌，并根据情况采取有效措施 (11) 将客人的投诉及处理经过详细记录在案，加强培训，避免类似的情况重复出现
2. 处理客人书面投诉	(1) 认真阅读客人投诉信件，了解客人不满之处 (2) 查阅客史档案，掌握有关情况 (3) 约见被投诉服务点负责人，了解事情具体情况 (4) 如客人尚未离店，应尽快与客人联系，当面与宾客沟通 (5) 若客人已离店，则应代表饭店给客人写一份致歉信，在得到总经理的许可后再通过传真、邮寄或E-mail及时发送至客人手中 (6) 填写客人投诉记录表并发送到相关部门

四、顾客投诉处理的原则

1. 投诉语言要礼貌

客人向服务员询问或投诉时，绝不能说：不、不懂、不行、不对、不会、不知道、不是我管的。而要实行“一次到位法”，即客人的问题在你这里一次获得解决，绝不能以不是自己部门的事为由往外推诿。如遇自己解决不了的事，应婉转地请客人稍等，同时立即向上级或值班经理询问，从而给客人以满意的答复。

2. 承认宾客投诉的事实，认真听取意见

为了很好地了解宾客所提出的问题，必须认真地听取宾客的叙述，使客人感到企业管理者十分重视他的问题。

倾听者要注视着客人，不时地点头示意，让客人明白我们在认真听取他的意见，而且听取客人意见时要不时地说：我理解，我明白，我们一定认真处理这件事情！

为了使宾客能逐渐消气息怒，企业部门主管或值班经理可以用自己的语言重复客人的投诉或抱怨内容，若遇上的是认真的投诉客人，在听取客人意见时，还应做一些听取意见的记录，以示对客人的尊重及对反映问题的重视。

3. 保持冷静

在投诉时，客人总是有理的。不要反驳客人的意见，不要与客人争辩。为了不影响其他客人，可将客人请到办公室内，最好个别地听客人的投诉，私下交谈容易使客人平静。

4. 表示同情和歉意

首先要让客人理解，你是非常关心对方的所受服务是否令人满意。如果客人在谈问题时表现出十分认真，作为代表企业的领导，处理投诉事件的当事人，要不时地表示对客人的同情，如：我们非常遗憾，非常抱歉地听到此事，我们理解您现在的心情！谢谢您告诉我们这件事！对于发生这类事件，我们感到很遗憾！我完全理解您的心情！等等。

如果客人投诉的事情属实，企业要对此负责并要给予一定的补偿，这时我们就要向客人表示歉意并说：我们非常抱歉，先生（女士），我们将对此事负责，感谢你对我们企业提出的宝贵意见！

5. 同意客人要求决定采取措施，给予足够的关心

当客人的抱怨和投诉属实，你要表示同情和理解，同时当你决定采取行动纠正错误时，你一定要让客人知道并同意，你采取的处理决定及具体措施内容。

如果客人不知道或不同意你的处理决定，就不要盲目采取行动。首先，你要十分有礼貌地通知客人，你将要采取的措施，并尽可能让客人同意你的行动计划；这样你才会有机会使客人的抱怨变为满意，并使客人产生感激的心情。

6. 感谢客人的批评指教

任何一位明智的服务性企业的各级领导甚至是服务员要经常感谢那些对企业服务水平或服务设施水准提出批评指导意见的客人，因为这些批评指导意见或抱怨甚至投诉，会协助我们提高管理水平和服务质量。

假如客人遇到不满意的服务，他不告诉我们，也不做任何投诉；但是，作为光顾过我们企业的客人，会讲给他的朋友和身边的人，这样就会极大地影响企业的未来客源市场，影响企业的声誉。为此，凡是对我们提出批评、抱怨甚至投诉的客人，我们不仅要欢迎，而且还要感谢。

7. 不转移目标

把注意力集中在客人提出的问题上，不随便引申，不嫁罪于人，不推卸责任，绝不能怪罪客人。

8. 记录要点

把客人投诉的要点记录下来，这样不但可以使客人讲话的速度放慢，缓和客人的情绪，还可以使客人确信，企业对他所反映的问题是重视的。此外，记录的资料可以作为解决问题的根据。

9. 快速采取行动，补偿客人投诉损失

当客人完全同意你所采取的改进措施时，你就要立即行动，一定不要拖延时间。耽误时间只能进一步引起客人不满，此时，时间和效率就是对客人的最大尊重，也是客人此时的最大需

求，否则就是对客人的漠视。

10. 要落实、监督、检查补偿客人投诉的具体措施

首先，要确保改进措施的进展情况；其次，要使服务水准及服务设施均处在最佳状态；再次，通过电话或当面拜访宾客问明客人的满意程度。

服务流程

客户投诉处理流程

客户投诉
↓
记录投诉内容（客户投诉记录表）
↓
判断投诉是否成立（24 小时内答复客户）
↓
确定投诉处理责任部门
↓
责任部门分析投诉原因（判定具体责任）
↓
提出处理方案（提交主管领导批示）
↓
通知客户（处理责任人）
↓
实施处理方案（5 个工作日内）
↓
投诉表格管理（存档）
↓
总结评价

案例分析

8月 10 日 11:25，酒店 1301 房客人王先生匆匆来到前台，将房间钥匙交给收银员小朱，并告诉她，要出去见个朋友，大概半小时后回来结账后直接去机场赶飞机。当时，小朱正准备去用午餐，考虑到王先生要半小时后才能回来结账，而自己用餐时间不到半小时，就顺手将客人交来的钥匙放到了柜台里面，未向其他同事交代就去吃饭了。大约一刻

钟后，王先生回到前台，询问另一名当值的收银员他的账单是否准备好，当值收银员称没有看到王先生的钥匙，王先生听后非常生气，于是投诉酒店。

阅读案例回答下列问题：

（1）产生此投诉的原因是什么？

（2）如何避免此类事情再发生？

【案例分析】

（1）接待员对客人的理解有误，客人称半小时后回来，其实是客人希望收银员马上准备好账单，因为他可能有事情要办而赶时间，不愿意在此等待。

（2）是沟通的方式问题，作为服务人员要注意客人口头承诺的随意性，比如该客人说半小时后回来但一刻钟后就回来，所以无论遇到什么情况，服务人员都要尽快做完自己手中的服务项目，而不要根据客人口头所说来安排自己工作，离岗时则一定要将工作移交同事，避免出现服务真空或盲点。

（3）当值服务人员与客人沟通问题，在未弄清楚的情况下，服务人员不应该随意对客人说“不”。要知道把责任推给客人是很容易引起客人的投诉的。

酒店服务名言

人生最美好的，就是在你停止生存时，也还能以你所创造的一切为人民服务。

知识拓展

世界十大主题酒店之九——米高梅大酒店

图 8-2

（1）类型：综合娱乐型酒店。

（2）位置：美国拉斯维加斯。

（3）主题：六星级酒店。

（4）酒店以翠绿色的玻璃外照造型，别具一格，在翠绿色玻璃笼罩之下的饭店是由四栋主要建筑物所组成，其酒店的建筑风格模仿的是18世纪意大利佛罗伦萨别墅，内部装潢分别以好莱坞、南美洲风格、卡萨布兰卡及沙漠绿洲等为主题。尤其以意大利大理石所铺成的浴室更为豪华。

（5）一进入大门，就看见采自意大利的大理石衬托着各种光怪陆离的装饰，耀眼夺目、极尽奢华。它保留着开发西部时代的粗犷和热情，它的魅力在于使人回想到拓荒时代的西部：赌场的老板就是国王，华都、美女、金钱都由他掌握，整个世界上，它大概是最接近于无结构社会的社会。酒店门口伫立着一只巨大的被喷泉围绕的金色狮子，酒店也正如屹立于门前的雄狮一样，傲视群雄，独占鳌头，无愧于“娱乐之都”的美誉。

（6）它的会场设施占地380000平方米，花园宴会厅可容纳9500人，其他30个功能齐全的会议室可以召开28~350人的会议。酒店另设有15000个座位的多用途剧院及两个剧场。娱乐设施包括室外游泳池、健身俱乐部、网球场、桑拿、高尔夫等，同时还有拉斯维加斯第一家设有大型游乐园的赌场。

职业能力训练

一、填空题

在处理各种宾客投诉时，保持______、______、______，采取果断、灵活而又令客人乐意接受的方式。

二、单选题

1.（　　）是处理宾客投诉过程中最关键的一个环节。

A. 虚心诚恳地听取意见

B. 记录要点

C. 采取行动，果断地解决问题

D. 检查落实记录存档，把将要采取的措施和所需时间告诉客人并征得客人同意

2. 在受理客人投诉所住客房卫生环境差时，做法欠妥当的是（　　）。

A. 不推卸责任，积极想办法解决　　B. 问清具体情况

C. 先作记录，等有空闲的时候再解决　　D. 与客房部联系，及时予以解决

3. 在受理客人投诉丢失行李时，做法欠妥当的是（　　）。

A. 及时协助有关人员寻找客人行李　　B. 了解情况，尊重事实

C. 满怀诚意帮助客人解决问题　　D. 当面训斥行李员工作不负责

4. 在受理客人投诉某位服务员的服务态度差时，做法欠妥当的是（　　）。

A. 记录要点，填写报告

B. 对客人投诉持欢迎态度

C. 代表饭店表示歉意

D. 请客人提供该服务员的工号，否则无法受理投诉

三、简答题

怎样处理客人投诉？

技能训练

1. 在实训室模拟酒店员工如何处理客户投诉。
2. 模拟不同情景的投诉状况。

观念应用训练

6月20日15:00，客房服务员小王推着工作车在经过315房时，被该房的台湾客人王先生叫住，王先生投诉说315房间的电话没反应，不能用。小王听到客人的投诉马上打电话叫工程部派人来修，工程部小刘1分钟后即来到房间，小刘拿起电话，拨了一下，发现可以通话，没有问题，便对客人王先生说："电话没问题，没坏呀！"客人一听，生气了："难道我没事找事，明明电话就是打不通，你这样的服务态度，我要投诉你！"小刘一下子愣住了，也不知道自己是如何得罪了客人。

阅读资料回答下列问题：

1. 产生此投诉的原因是什么？
2. 如何在今后的工作中避免此类问题？

情景模拟训练

一日上午，秋久先生来到前台，前台接待员小刘接待了秋久先生。秋久先生表示周日想到青岛会朋友，不回来住，但想将行李放在房间。当时只有小刘和客人在，故两人协商内容，其他人员不知道。

月末，秋久先生结账，看账单时，大怒，携翻译至大堂经理处投诉。秋久先生："××日上午，我到前台，找的那个高个子大眼睛的女孩（正是小刘的外貌特征）说过此事。她答应我周日外出可以把行李放在房间，而且这天的房费是不收的。但我今天结账，却发现收了我那天的房费。我认为酒店不讲信用，对酒店的服务产生怀疑，要将店内常住客全部搬走。"

大堂经理就此事展开调查。询问前台接待员小刘，小刘说："当日客人确实到过前台，说过他要外宿的事情，因为觉得对方公司是我们酒店的重要客户，就答应了他的要求。而且告诉他，外宿时可以将行李存礼宾处，我们将给他保留房间，等他周一回来时还可以住在相同的房间。客人当时听了还很高兴，还以为客人已经明白我说的意思，虽然觉得有点奇怪，但也没深问。"

由于秋久先生认为酒店已经答应他行李可放在房间且不收当日房费，就开开心心地到青岛去玩了。而店方因房间内有行李，客人又是常住客，就很自然地加了一夜的房费。

结合此案例，请回答：

1. 酒店造成客人投诉的主要原因有哪些？

2. 如何你是大堂经理，将如何处理此事？

任务2　客史档案管理

任务目标

能够做好客史档案管理。

项目任务书

任务名称	客史档案管理	任务编号		时间要求	
训练要求	1. VIP客人接待服务 2. 与人沟通能力 3. 协调能力				
培养能力	1. 收集、整理客史资料 2. 在酒店管理系统中输入客史资料信息 3. 会使用客史档案				
涉及知识	1. 客史档案的意义 2. 客史档案的资料来源 3. 客史档案的内容 4. 客史资料收集与整理 5. 客史档案的建立与使用 6. 客史档案的删除				
教学地点	教室、实训室	参考资料			
教学设备	电脑、档案				
训练内容					
客史档案的收集、整理、输入					
实训成果评价标准					
能单独完成客史档案的收集整理工作，正确地完成电脑录入					

引导案例

宾馆的客房内，按常规要为客人准备茶叶。上海某宾馆依据多数客人的习惯统一放上绿茶，一次一位香港客人无意中说到他不喜欢绿茶。不久客人第二次入住，走进房间发现准备的是红茶，他十分高兴，一连几天都是如此，临行前他问楼层服务员：“你们在我房内始终放红茶，为何服务车上都是绿茶？”服务员答道：“您上次入住时说不喜欢绿茶，我们就在客史档案上加了一笔。”这位客人惊喜地说道：“你们的工作真细致！这样高水平的服务，生意肯定会红火。”

思考：上述案例说明了什么？

知识链接

为了更好地为客人提供服务，饭店管理者要求对每一位到饭店入住客人的信息都要进行储存，以便客人下次入住的时候可以提供个性化的、更完美的服务。这就需要为宾客建立客史档案。

建立客史档案是饭店了解客人、掌握客人的需求特点，从而为客人提供有针对性服务的重要途径。对于那些力图搞好市场营销，努力使工作卓有成效，并千方百计使自己的一切活动都针对每个客人个性的饭店管理者和工作人员来说，客史档案是一个珍贵的工具。建立客史档案对提高饭店服务质量、改善饭店经营管理水平具有重要意义。

客史档案管理主要是客人信息的存储，包括客人的常规档案、消费特征档案、个性档案及反馈意见档案等信息。计算机信息系统可以很方便快速地记录这些档案，存储容易，更改简便，查找快捷，最主要的是不容易丢失。可以大大提高饭店的工作效率。

酒店客史档案建立及管理应用

建立客史档案，能够使酒店更准确地了解市场动向，把握自身客源结构、消费构成以及顾客对酒店服务产品的要求、意见等情况，这样酒店才能适应变化的趋势，制定正确的决策，提高产品针对性，增强顾客满意度，从而实现稳固地占有市场及拓展市场的目的。

一、酒店客史档案的功能表现

1. 增强酒店的创新能力

酒店产品体系的创新是酒店生命力所在，而客史档案的科学建立和运用是提升酒店创新能力的基础。通过客史档案的管理和应用，酒店能够及时掌握顾客消费需求的变化，适时地调整服务项目，不断推陈出新，确保持续不断地向市场提供具有针对性、有吸引力的新产品，满足顾客求新、求奇、求特色的消费需要。

2. 提升酒店的服务品质

客史档案是酒店客户关系管理系统和客户忠诚系统的组合平台，一方面，客户关系管理系统的作用就在于通过对客户信息的深入分析，能够全面了解客户的爱好和个性化需要，开发出“量身定制”的产品，大大提高客人的满意度；另一方面，客户忠诚系统的作用则体现在通过个性化服务和一系列酒店与客户间“一对一”的情感沟通，客户对酒店会产生信任感，会认为在这里消费比其他地方更可靠、更安全、更有尊严感，顾客满意将升华为顾客忠诚，酒店服务的品质会得到客户进一步的认同。

3. 提高酒店的经营效益

客史档案的科学运用将有助于酒店培养一大批忠诚顾客，一方面可以降低酒店开拓新市场的压力和投入；另一方面由于忠诚客户对酒店产品、服务环境熟悉，具有信任感，因此他们的综合消费支出也就相应比新客户更高，而且客户忠诚度越高，保持忠诚的时间越长，酒店的效益也就越好。

4. 提高酒店的工作效率

客史档案为酒店的经营决策和服务提供了扎实的基础材料，使得酒店的经营活动能够有较强的针对性，避免许多不必要的时间、精力、资金的浪费。由于对客户消费情况的熟悉，员工的服务准备更为轻松。良好客户关系的建立，也有助于酒店工作氛围的改善，员工的工作热情、主动精神将得到有效的发挥，酒店整体的工作效率也将极大地提高。

5. 塑造酒店品牌

根据客史档案划分、培育忠诚客户，可以为酒店创造更为重要的边际效应及口碑效应。口碑效应是酒店品牌塑造的关键因素，忠诚客户一个显著的特点是会向社会、同事、亲戚朋友推荐酒店。义务宣传酒店的产品和优点，为酒店树立了良好的口碑，带来新的客源。

二、客史档案包含的基本内容

1. 客户的常规档案

包括单位客户档案和散客档案。单位客户档案主要有双方协议签订时所提供的单位名称、性质、经营内容、地址、负责人姓名、联系人姓名、联系方式、主要消费需求、认定的房价、消费折扣率、付款方式等信息。散客档案则是指客人在办理预订和入住登记时所留下的第一手资料，主要包括客人姓名、性别、出生年月日、所属单位、常住地、有效身份证件类别、号码、联系方式、到达原因、入住房价、入住时间、付款方式等要素。

2. 酒店有意识收集的顾客消费个性化档案

这主要是指在酒店各服务区域，通过不同渠道、方式，饭店有意识、主动去收集的顾客消费需求特点、行为特征、个人嗜好等信息，包括：顾客家庭状况、学历、职称、职务；对客房房型的要求；洗浴用品的品牌追求；枕头高低、床垫软硬度选择；阅读习惯；电视节目、娱乐喜好；饮食习惯、口味特征，茶叶、咖啡、酒类爱好；灯光、空调温度、洗澡水热度要求；卫生标准；个人其他嗜好；对酒店产品与服务的评价等。

3. 客户信息分析档案

客史档案是客户信息的汇总，客户信息分析主要从以下几方面进行：

（1）客户概况分析，包括客户层次、经济风险、爱好、习惯等；

（2）客户忠诚度分析，主要指客户对酒店各项服务产品的认同度和购买热情；

（3）客户利润分析，主要指客户消费不同产品的附加利润、总利润额、净利润等；

（4）客户未来分析，包括客户数量、类别、潜在消费能力等未来发展趋势，争取客户的手段、方法等；

（5）客户促销分析，包括广告、宣传、情感沟通计划等；

（6）客户维护服务，客户的店庆、婚庆、厂庆、生日、客户特殊意义纪念节日、儿女升学等。

只有上述三项内容有机组成的客史档案才能形成一个完善的体系，构筑起酒店客户关系管理系统和客户忠诚系统的组合平台，实现客史档案为经营决策提供依据。

三、客史档案的建立与实施

在错综复杂、千头万绪的客户信息中提取出有效的信息，形成科学的客史档案是一项十分困难的工作。因此，客史档案的建立必须做到以下几点：

1. 树立全店的档案意识

客史档案信息来源于日常的对客服务细节中，需要饭店全体员工高度重视，在对客服务的同时有意识地去收集，因此酒店在日常管理、培训中应向员工不断宣传客史档案的重要性，培养员工的档案意识，形成人人关注、人人参与收集客户信息的良好氛围。

2. 建立科学的客户信息制度

把客户信息的收集、分析作为酒店日常工作的重要内容，在服务程序中将客户信息的收集、分析工作予以制度化、规范化。要求各部门各级管理者及对客服务的员工每天在接触顾客的过程中，必须将客户信息及需求填写到宾客意见表中，在日常服务中应给员工提示观察客人消费情况的要点。客房部员工在整理客房时应留意客人枕头使用的个数、茶杯中茶叶的类别、电视停留的频道、空调调节的温度数、客房配备物品的利用情况等。餐饮部员工可注意客人菜品选择的种类、味别，酒水的品牌。遗留菜品的数量，就餐过程中对酱油、醋、咸菜的要求等，从这些细节中能够捕捉到客人的许多消费信息。同时应以班组为单位建立客户信息分析会议制度，每个员工参与，根据自身观察到的情况，对客人的消费习惯、爱好做出评价，形成有用的客史档案，在客人再次来店时可以有针对性地实施。

3. 形成计算机化管理

客史档案的管理必须纳入酒店计算机管理系统中。计算机管理系统中的客史档案应具备以下特点：第一，信息共享功能，通过酒店计算机管理系统达到客史档案的资源共享功能是客史管理的基本要求，对客各部门能够相互传递信息，才能发挥相应作用。第二，检索功能，便于随时补充、更改和查询。第三，及时显示功能，在酒店每个服务终端，输入客户基础数据，系统能够立即自动显示客人的相关信息资料，并为对客接待提供依据。

4. 利用客史档案进行常规化的经营服务

酒店营销部门、公关部门应根据客史档案所提供的资料，加强与 VIP 客户、回头客、长期协作单位之间的沟通和联系，使之成为一项日常性的常规工作；可以通过经常性的回访、入住后征询意见、客户生日时赠送鲜花、节日期间邮寄贺卡、酒店主题活动、新的菜式产品推出时给予推荐等方式来拉近酒店与客户之间的关系，让客人感到亲切和尊重。

总之，酒店客史档案的管理和应用是一项系统性工程，需要酒店高度重视，积极挖掘，形成严密完整的体系，并对宾客日积月累的消费记录进行各方面的分析，从而提供有利的决策依据，才能使之成为酒店经营决策的基石。

四、建立客史档案的意义

建立客史档案是饭店了解客人、掌握客人的需求特点，从而为客人提供针性服务的重要途径。对于那些力图搞好市场营销，努力使工作卓有成效，并千方百计使自己的一切活动都针对每个客人个性的饭店经理和工作人员来说，客史档案是一个珍贵的工具。建立客史档案对提高饭店服务质量、改善饭店经营管理水平具有重要意义。

服务流程

（1）客史档案的内容如表 8–1 所示。

表 8–1

常规档案	包括客人姓名、性别、年龄、出生日期、婚姻状况以及通信地址、电话号码、公司名称、头衔等，收集这些资料有助于了解目标市场的基本情况，了解“谁是我们的客人”
预订档案	包括客人的订房方式、介绍人，订房的季节、月份和日期以及订房的类型等，掌握这些资料有助于饭店选择销售渠道，做好促销工作
消费档案	包括包价类别、客人租用的房间、支付的房价、餐费以及在商品、娱乐等其他项目上的消费；客人的信用、账号；喜欢何种房间和饭店的哪些设施等，从而了解客人的消费水平、支付能力以及消费倾向、信用情况等
习俗、爱好档案	这是客史档案中最重要的内容，包括客人旅行的目的、爱好、生活习惯；宗教信仰和禁忌；住店期间要求的额外服务。了解这些资料有助于为客人提供有针对性的“个性化”服务
反馈意见档案	包括客人在住店期间的意见、建议；表扬和赞誉；投诉及处理结果等

（2）客史档案的管理：饭店的客史档案管理工作一般由前厅部承担，而客史信息的收集工作要依赖于全饭店的各个服务部门。客史档案的管理工作主要如表 8–2 所示。

表 8–2

分类管理	为了便于客史档案的管理和使用，应对客史档案进行分类整理。经过分类整理的客史档案是其有效运行的基础和保证
有效运行	建立客史档案的目的，就是为了使其在有效运行中发挥作用，不断提高经营管理水平和服务质量。客人离店后，要将客人的客史档案再次输入新的内容，使客史档案的内容不断得到补充
定期整理	为了充分发挥客史档案的作用，饭店应每年系统地对客史档案进行 1~2 次的检查和整理。检查资料的准确性，整理和删除过期档案

案例分析

211 房客人 Ms. Angulo 向 AM 反映 20 分钟前有一陌生男子从大堂尾随其乘电梯到二楼，并对其说出轻佻的语言；待 Ms. Angulo 进房后，电话铃响，为一男子（说中文），此后门铃响，客人从门猫眼看出是刚才尾随其回房间的男子，该男子猛敲三次门后离开。客人十分害怕，认为饭店能够提供安静和安全的环境才考虑入住的，现发生此事让其大失所望，并要求饭店做答复。

阅读以上资料，对于这样的客人，建立客史档案有什么好处？

【案例分析】

1. 大堂等公共区域保安人员应加强巡逻，对可疑行为举止予以制止与规劝。

2. 加强查控力度，有可疑事项第一时间通知 AM。

3. 对骚扰其他客人的客人列入不欢迎客人名单，下次入住时注意。

酒店服务名言

当你服务他人的时候，人生不再是毫无意义的。

知识拓展

世界十大主题酒店之十——亚马逊塔酒店

图 8–3

（1）类型：绿色度假。

（2）位置：巴西阿里亚乌。

（3）主题：原生态酒店。

（4）阿里亚乌亚马逊塔是在亚马孙雨林唯一的饭店，酒店风格充满了异国情调，舒适和豪华的阿里亚乌亚马逊塔酒店是一个独特的原生态地！这座生态酒店，是建设在巴西中东亚马孙热带雨林的包容性度假村，八木公寓水塔相连，由 10 英里的水道作为主体建设方式。共有 291 间客房和套房，2 间餐厅，3 个游泳池，提供给客人所有舒适的五星级酒店，和大多数丛林之旅一样，客人可以享受垂钓，鳄鱼鉴赏，徒步旅行，参观原住民村庄和观看日出的原生态的享受。

职业能力训练

一、填空题

建立客史档案是饭店______，掌握客人的______，从而为客人提供针对性服务的重要途径。

二、单选题

客史档案的内容不包括（　　）。

A. 民族　　B. 单位　　C. 收入　　D. 住店客人

三、简答题

简述客史档案包含的基本内容。

技能训练

1. 在实训室模拟酒店员工建立客史档案。
2. 为全班同学建立一次档案。

观念应用训练

1984 年美国总统里根到上海访问，下榻锦江酒店，里根总统和夫人南希早晨起来，服务员已经准备好了晨衣，里根和夫人穿上之后，不由得惊呼，“这么合适，像是量身定做的。”里根和夫人没有想到，锦江酒店早已掌握这方面的档案资料，而且还知道南希喜欢鲜艳的红色服饰，事先专门为她定做了大红缎子的晨衣。为了感谢出色的服务，里根在离开锦江酒店时，特地留下夫妇的合照和签名。

结合案例说说建立客史档案的意义。

情景模拟训练

Anson 和她的服务团队是一群神通广大的人，他们常会给人带来意外的惊喜，他们不仅可以准确地称呼回头客的姓名，记得他们的生日、结婚纪念日，而且还知道他们的一些生活习惯、饮食偏好等，从预订客房开始，这个服务团队就为客人准备了最惬意的生活，他们优质的服务赢得了大批客人的心，使得一些中高层次的消费者成为了常客，他们并没有超能力，只是使用了一个秘密武器，那就是客史档案，今天我们也要学习好这个“超能力”，管理好酒店宾客历史档案。

要求：

1. 明确客史档案的资料来源。
2. 收集整理客史资料。
3. 在酒店管理系统中输入客史资料。

课后基础知识训练答案

项目一

任务 1

一、相关信息、便捷

二、C

三、ABC

四、1.（1）接听电话时，必须使用礼貌用语，口齿清晰，应酬得体。

（2）接到预订函电后，应立即处理，不能让客人久等。

（3）填写预订单时，必须认真、仔细，逐栏、逐项填写清楚。否则，稍有差错，将会给接待工作带来困难，影响服务质量和酒店的经济效益。

（4）遇有大团或特别订房时，订房确认书要经前厅部经理或总经理签署后发出。这时如确实无法满足其预订要求，要另发函电，表示歉意，并同样经前厅部经理或总经理签署后发出。

2. 订房员接受客人预订时，首先要查阅电脑，如有空房，则立即填写“预订单”。该表通常印有客人姓名、抵离店日期及时间、房间类型、价格、结算方式以及餐食标准、种类等项内容。

确认预订。预订员在接到客人的预订要求后，要立即将客人的预订要求与酒店未来时期客房的利用情况进行对照，决定是否能够接受客人的预订，如果可以接受，就要对客人的预订加以确认。

任务 2

一、打钩

二、D

三、（1）电话预订。

（2）传真预订。

（3）国际互联网预订。

（4）信函订房。

（5）口头订房。

（6）合同订房。

任务 3

一、1. 客房预订

2. 用建议代替拒绝

二、A

三、（1）诚恳解释原因并致歉意，请求宾客谅解；

（2）立即与其他同等级的饭店联系，请求帮助；

（3）免费提供交通工具和一夜房费；

（4）免费提供一至二次长话费和传真费；

（5）临时保存宾客的有关信息，便于为宾客提供邮件和查询服务；

（6）征得客人同意后，做好饭店的接待工作；

（7）向预订委托人致歉；

（8）向提供援助的宾馆致谢。

任务 4

一、当天客人来到之前，为客人预先编排好房间。

二、1.C　2.D

三、1.（1）了解 VIP 客人的姓名、职务、习惯及到店时间；检查 VIP 房的分配情况和房间状况，确保 VIP 房的最佳状况。

（2）在 VIP 到达前一小时，检查鲜花、水果和欢迎卡的派送情况，督促接待人员半小时前到位，提醒总经理十分钟到位，确保一切接待工作准确无误。

（3）VIP 进入大堂时，要用准确的客人职务或客人姓名来称呼和迎接客人。迎领客人进入房间，向客人介绍客房及酒店的设施设备。

（4）征求客人意见，随时提供特殊的服务。

（5）做好 VIP 的接待记录，必要时及时向总经理报告 VIP 客人到店情况和接待情况。

（6）建立 VIP 客人的档案，作为以后服务的参考资料。

2.（1）了解客情；

（2）布置房间；

（3）楼层迎客。

项目二

任务 1

一、1. 微笑，热情、亲切、真实、友好，同情，精神振奋、情绪饱满、不卑不亢

2. 门厅处，综合

二、B

三、ABCD

任务 2

一、1. 致意、提行李　2. 机场、火车站迎宾员

二、A

三、1.（1）首先保持微笑。

（2）面对客人要表现出热情、亲切、真实、友好，必要时还要有同情的表情，做到精神振奋、情绪饱满、不卑不亢。

（3）站立时应抬头挺胸，不得弯腰驼背，以精神饱满、微笑的面容与宾客接触。

（4）和客人交谈时应眼望对方，频频点头称是。

2.（1）客人姓名。

（2）房间号码。

（3）寄存日期。

（4）行李件数。

（5）领取日期。

（6）行李生签名。

（7）备注。

项目三

任务 1

一、入住手续

二、C

三、（1）客人到店时，行李员应致欢迎词并微笑以示欢迎，如客人有行李，行李员应主动帮助提拿。

（2）如果客人是乘车到达，行李员应帮助客人卸下行李，请客人清点并检查行李是否破损。

（3）接过客人行李后，应该问清客人是否要开房，得到肯定答复后，行李员应走在客人斜前方两三步远的地方引领客人到接待处登记。

（4）客人办完入住登记手续后，行李员应主动上前从客人或接待员手中拿客房钥匙，然后引领客人到客房。

（5）搭乘电梯引领客人时，行李员应用一只手按住电梯外控制按钮，请客人先入电梯，进梯后靠近电梯控制台站立，便于操纵电梯；出电梯时，应请客人先出。

（6）进客房前，应先按门铃，停3秒，再敲门，再停3秒，若房内无反应，再用钥匙开门。

（7）开门后，先开总开关，或把钥匙插入节能孔即可，然后扫视房间。

（8）随客人进客房后，行李员应把行李放在行李架上或客人吩咐的地方，并向客人介绍客房设施。

（9）介绍应简短，常客只介绍新增服务设施即可。然后向客人道别，面对客人退出客房，轻轻地把门关上。

（10）完成每一次运送行李后，都应迅速返回工作岗位。

任务2

一、1. B　2. A　3. C

二、（1）把团体接待通知单、排房名单与团体行李入住登记表装订在一起；

（2）做好人员安排，准备好行李牌；

（3）行李到达后应记录车号，组织行李员仔细地卸下行李，清点件数并与陪同或领队核对，发现行李有短缺、增多或损坏的情况，必须立即告诉团体领队或陪同，发现没有姓名的行李应立即报告；

（4）将行李拴上行李牌；

（5）根据排房名单，在行李牌上标房号，把每个客房行李数量记录在排房名单上；

（6）将标上记号的行李按楼层分开排列；

（7）清洁肮脏的行李；

（8）将行李送往房间；

（9）留在行李堆放处的行李应由专人负责照顾；

（10）行李应送入客房，请客人确认后再离开，如客人不在房内应请楼层服务员打开房门，将行李送入客房；

（11）行李应直接送入客房或者放在行李房内，绝不可留在酒店的公共区域内；

（12）返回大厅，填写团体行李入店登记表。

任务3

一、1. 易腐，弹药

2. 总经理

二、1.A　　2.A　　3.D　　4.C

三、ABC

四、1. 代表两种主要职能，一把金钥匙用于开启酒店综合服务的大门，另一把金钥匙用于开启城市综合服务的大门。

2.（1）团队客人。

（2）VIP 客人和常客。

（3）已付定金的保证类预订客人。

（4）要求续住的客人。

（5）确认预订的客人。

（6）无预订的散客。

（7）临时预订的客人。

任务 4

一、房价变更表

二、D

三、BCD

任务 5

一、前台，姓名、原因

二、D

三、客人要求，核查是否符合延迟退房标准，申请批准，续房卡，入住前做好交接班。

项目四

任务 1

一、热情，一视同仁

二、1.D 2. D 3.A

任务 2

一、1. 保密

2. 该客人没有入住，暂时没有入住

二、D

三、（1）问清要查找的住客姓名，通过电脑查出客人房号。

（2）对住客的房号要注意保密。

（3）如果住客不在房间又未留下去向，则询问来访者是否留言。

任务3

一、三

二、B

三、(1) 接听到客人留言电话。

(2) 询问客人姓名、房号、外出往返时间、联系电话，并用姓氏称呼客人。

(3) 向客人复述和核对留言内容，并提醒客人回酒店及时取消留言。

(4) 将客人留言内容登记到留言条上，并装入留言信封。

(5) 告知查询者留言内容。

项目五

任务1

一、前厅部接待处员工

二、1. B　　2. C　　3. B

三、(1) 收银员每天早上要按时收听并录音中国银行公布的外汇牌价，及时更改当天的外汇牌价表。

(2) 领用当天所使用的兑换水单，检查是否连号，是否有短号现象，并办理领用手续。

(3) 领用并配备大小面值的兑换周转金，办理出库手续。

任务2

一、1. 问、看、计算、签字、道别。

2. 验证、压印、填写、签字。

二、1. C　　2. D

三、ABCD

四、(1) 当宾客到前台结账时，确认宾客姓名是否正确，并随时称呼宾客的姓氏。

(2) 接待人员主动收取房间钥匙，并问询宾客是否发生其他消费。

(3) 宾客结账同时，前台接待人员要及时与客房服务中心联系，查清宾客房间酒水使用情况。

(4) 打印出电脑清单，交付宾客检查，经其认可在账单上签字，并确认付款方式。

(5) 在结账的同时，要清理宾客档案栏，取出登记卡、信用卡复印件，以便其他宾客重新使用。

(6) 宾客提前付清账目，但晚些离店时，接待人员要在电脑中注明延迟离店，以便提醒其他部门及人员注意。

(7) 在宾客结账时，要查看电脑中所注明的特殊注意事项。

(8) 确认一切手续，在最短时间内完成结账手续。

（9）微笑有礼貌地为宾客迅速、准确地办理离店手续，并表示欢迎宾客再次光临酒店，祝其旅途愉快。

任务 3

一、注意真伪、有效期、涂改印记、签字

二、B

三、一方面请用户确认应收付的款额是否正确，提示用户认真清点款额；另一方面也有利于集中收款员注意力，提醒自己不要出错，达到增强交易明晰程度、划清经济责任、提高工作精确度的目的。

项目六

任务 1

一、跟进

二、1. D　2. C

三、（1）向来电话者热情问好，然后认真聆听客人讲话再转接，并说“好的，马上为您转接”，如果客人需要其他咨询、留言等服务，应对客人说：“好的，马上为您查询。”

（2）在等候转接时，为客人播出悦耳的音乐。

（3）接转之后，如果对方无人接听，话务员应在铃响五次之后向客人说明：“对不起，电话没人接，请问您是否需要留言？”若是需要留言，则问清客人是要语音留言还是文本留言。多数情况下为语音留言，则马上将电话转至需要留言的房间话机。若是给酒店管理人员的留言，则由话务员清楚地记录下来，通过寻呼或其他方式尽快将留言转达给有关人员。

任务 2

一、1. 喂、不知道

2. 自然、清晰、柔和、亲切，过低

二、C

三、（1）客人喜欢进行积极的、建设性的对话。

（2）客人会忘记你讲话的内容，但不会忘记你说话时的态度。

（3）树立“服务第一”的指导思想，有助于工作取得成功。

（4）规范化的用语能使客人易于理解。

（5）让客人作选择，避免自作主张。

（6）认真处理好每一个电话，避免厚此薄彼。

（7）亲切、热情、和气、礼貌的话务员能赢得客人的好感。

（8）了解肩负的责任，努力通过自己的服务给客人留下良好的印象。

任务 3

一、准确无误、态度温和

二、D

三、(1) 应正确地了解来电者的需要。

(2) 尽可能为来电者提供其所需的服务。

(3) 使来电者感觉到自己受到了重视。

(4) 所有外来电话如需要有留言服务，话务员应将每一个留言的细项及要点向来电者重述一遍，以免有错误情形发生。

任务 4

一、房号、姓名，叫早时间

二、A

三、1. 对客服务过程中要保持礼貌、热心、机灵、耐心及容忍，即使对方发脾气，也不能态度粗鲁，任何情况下，不与客人发生争执。

2. 在对方等候接通期间，应不断地把进展情况告诉客人，使客人了解话务员正努力设法为他接通，不能对等候的电话不予理会。线路畅通后，应先通知等候的一方，再接通线路。

项目七

任务 1

一、姓名、房间号，客人租金

二、1. A　　2. B　　3. A　　4. A

任务 2

一、秘书性的

二、A

三、(1) 在为客人提供电传或传真服务之前，必须知会客人酒店所收取的服务费是多少。

(2) 当客人的信息传送后，必须通知客人其电传或传真结果是成功还是不成功。

(3) 若收到给客人的电传或传真时，记录收到的时间，并查出客人的房间号码，然后放入信封内，依正确的程序通知客人领取。

(4) 假若酒店对于传送给客人的电传或传真需要收取服务费，我们便要在客人领取前通知他们这项服务的收费。

(5) 假若传真是给予当日抵店的客人，我们把它与客人的登记单放在一起，以确保客人第一时间收到信息。

(6) 若传真是给予仍未抵店的客人，则放在信封内，写上“待领”及预期客人抵店日期，同时记录在客人的订房资料中。

任务3

一、4，委托单

二、D

项目八

任务1

一、冷静、耐心、微笑

二、1. C　　2. C　　3. D　　4. D

三、(1) 接受客人投诉。在确认是住店客人时，记录客人的姓名、房号、投诉部门和事项；听取客人投诉时，头脑要冷静、面带微笑、仔细倾听，对客人遇到的不快表示理解，并致以歉意，对火气大的或正在气头上的客人先不要解释，及时致歉和安慰。

(2) 处理客人投诉。一些简单易解决的问题要及时解决，并征求客人解决意见；对不易解决的投诉及时向有关经理汇报，核查事实并作处理，将处理结果通知客人，致歉，消除客人的不快。

(3) 记录成文，呈报总经理。

任务2

一、了解客人，需求特点

二、C

三、(1) 客户的常规档案。包括单位客户档案和散客档案。

(2) 酒店有意识收集的顾客消费个性化档案。这主要是指在酒店各服务区域，通过不同渠道、方式，饭店有意识、主动去收集顾客的消费需求特点、行为特征、个人嗜好等信息。

(3) 客户信息分析档案。客史档案是客户信息的汇总，是客史档案价值的真正体现。

只有上述三项内容有机组成的客史档案才能形成一个完善的体系，构筑起酒店客户关系管理系统和客户忠诚系统的组合平台，实现客史档案为经营决策提供依据。

酒店前厅常用语中英文对照

一、前台与客房部常用专业术语

1. 客房状态（Room Status）术语

住客房（Occupied，OCC）：即客人正在住用的房间。

走客房（Check Out，C/O）：表示客人已结账并已离开客房。

空房（Vacant，V）：昨日暂时无人租用房间。

未清扫房（Vacant Dirty，VD）：表示该客房为没有经过打扫的空房。

外宿房（Sleep Out，S/O）：表示该客房已被租用，但住客昨夜未归的房间。

维修房（Out of Order，OOO）：亦称病房。表示该客房因设施设备发生故障，暂不能出租。

请勿打扰房（Do not Disturb，DND）：表示该客房的旅客因睡眠或其他原因而不愿服务人员打扰。

贵宾房（Very Important Person，VIP）：表示该客房住客是饭店的重要客人。

常住房（Long Staying Guest，LSG）：即长期由客人包租的房间。又称 "长包房"。

请即打扫房（Make Up Room，MUR）：表示该客房住客因会客或其他原因需要服务员立即打扫的房间。

轻便行李房（Light Baggage，L/B）：表示住客行李很少的房间。为了防止逃账，客房部都应及时通知总台。

无行李房（No Baggage，N/B）：表示该房间的住客无行李。应及时通知总台。

准备退房（Expected Departure，E/D）：表示该客房住客应在当天中午 12:00 以前退房，但现在还未退房的房间。

2. 预订状态（Reservation Status）术语

Arrivals　预抵

Arrived　已到店

Stay Over　在店

Due Out　预离

3. 房间类型（Room Type）术语

（1）按床具种类分。

Twin-size Bed　单人床

Double-size Bed　双人床，包括大号双人床（Queen-size Bed）和特大号双人床（King-size Bed）

Murphy Bed　隐蔽床

Baby Bed　婴儿床

Extra Bed　加床

Rollaway Bed　折叠床

（2）按客房类型分。

Single Room　单人间

Standard Room　标准间：放置两张单人床，我国酒店的大多数客房属于这种类型。

Double Room　大床间：该房间放置一张双人床，一般适合夫妻或商务客人使用。新婚夫妇使用时称“蜜月客房”。

Triple Room　三人间：一般是房内放置三张单人床，供三位宾客同时入住，属经济房间。目前在中高档酒店中此类房间极少，多以在双人间加一张床的方式来满足三人同住一间客房的要求。

Suite Room　套房

Junior Suite　普通套间

Deluxe Suite　豪华套间

Duplex Suite　立体套间

Presidential Suite　总统套间

Handling Room　特殊客房（残疾人客房）

Inside Room　内景房

Outside Room　外景房

Corner Room　角房

Connecting Room　连通房

Adjoining Room　相邻房

在酒店里所使用的英语会话，基本上是属于商业英语，与日常生活会话中所使用的英语略有不同，较注重礼节。正式英语通常会让人误解为极艰深的英语，其实，只要套用一定格式的句子和单词，就可以了。例如：

非正式英语	正式英语
What's your name?	May I have your name?
您贵姓？	请问您贵姓大名？
Do you want some tea?	Could you like some tea?

您要喝茶吗?	请问您想喝茶吗?
Over here, please.	Could you come this way please?
这边请。	请您往这边走好吗?

- 不要说 OK, Sure, Yeah 等，而要说 Certainly, Sir。
- Hey, uh-huh, Hang on 等，也不适合在酒店中使用。
- 别说“I don't know.”回答“不知道”是非常不礼貌的说法。

可以说“Just a moment, please. I'll check that for you.”(请稍候，我来帮您确认)，然后请有能力处理的人前来协助。

- 对男性客人，尊称为 Sir；面对女性客人时尊称为 Ms.。

在招呼客人时，最好说“Excuse me, Sir (Ms.)”，不要直接称呼 Mr.或 Ms. 至于称呼小孩，可以直接使用 Excuse me，但是不可以直接称呼 boy 或 girl。

- 正视对方的眼睛，以显示出你的信心和诚意。但必须注意，注视对方的眼睛，并不是无理地盯着对方看。
- 在面对语言不通的外籍人士时，一定要多加利用手势和肢体语言。但是使用手势时要特别小心，因为对于不同国家、民族而言，手势的意义也大不相同。

二、基本待客英语

(一) 疑问句基本句型

在正式的英语表现里，疑问句基本句型可分为下列四种：

1. May I ...
2. Could you ...
3. Would you ...
4. Shall I ...

只要理解这四种基本的句型，就可以处理大部分业务上的状况。

1. 自己要做什么事时，就使用 May I ...

May I have your name, please?

请问尊姓大名?

May I have your check-out time, please?

请问您什么时候结账离开?

May I see your passport, please?

请让我看一下您的护照好吗?

May I know your nationality, please?

请问您的国籍是什么?

2. 麻烦客人时，可使用 Could you ...

Could you fill out the form, please?

请您填写这张表格好吗？

Could you write that down，please?

请您写下来好吗？

Could you draft the fax，please?

请您写下传真的草稿好吗？

Could you hold the line，please?

请不要挂电话好吗？

3. 询问客人的喜好或是做什么时，可使用 Would you …

Would you like tea or coffee?

请问您要喝茶还是咖啡？

Would you like to take a taxi?

请问您要搭计程车吗？

Would you mind sitting here?

请问您介意坐在这里吗？

只要在疑问词后加"Would you"，就可以提出大部分的询问。

When would you like to visit Kunshan?

请问您想要何时参观昆山？

Where would you like to have lunch?

请问您想在哪里用餐？

What time would you like to eat?

请问您想何时用餐？

Who would you like to contact?

请问您想和谁联络？

Which kind of room would you prefer?

请问您喜欢哪一种房间？

How would you like to settle your bill?

请问您的账单如何处理？

How long would you like to stay?

请问您要逗留多久？

How many tickets would you like to buy?

请问您要买几张票？

4. 在提供建议协助、征求意见时，可使用 Shall I … 或 Would you like me to do …

Shall I draw the curtains?

请问需要我把窗帘拉上吗？

Shall I draw you a map?

请问要我为您画一张地图吗?

Shall I make the reservation for you?

请问要我为您安排预约吗?

(二) 招呼语

Good morning. (用于中午以前)

Good afternoon. (用于中午至下午六点以前)

Good evening. (用于下午六点过后)

在这些招呼语的后面接句子,例如:

Good morning, sir. Are you checking-out?

早上好,先生,请问您要退房吗?

Good afternoon, sir. Welcome to LI JIA Hotel.

中午好,先生,欢迎光临丽嘉酒店。

Good evening, Ms. May I help you?

晚上好,小姐,请问我能为您服务吗?

后面也可以接上自己酒店名称、部门名称,如:

Good morning, sir. This is the Front Desk. May I help you?

早上好,先生。这里是服务台,请问您需要服务吗?

(三) 常用英语口语

Are these your baggage?

这些是您的行李吗?

Is this everything, sir?

这是全部东西吗,先生?

May I take them for you? / Let me help you with your luggage.

我来帮您拿好吗? / 让我来帮您拿吧。

I hope I'm not disturbing you.

我希望没有打扰您。

Just a moment, madam. I'll bring them to you right away.

等一会儿,夫人。我马上送来。

The bellboy will show you to your room, sir.

先生,行李员会送您到房间的。

Here is your room key.

给您房间钥匙。

You may [can] leave your luggage in the Concierge.

您可以把行李放在礼宾部。

Would you like to check your luggage here?

您要寄存行李吗？

Don't worry，your luggage will be sent up at once.

别担心，您的行李很快就会送上去的。

When you check out，please call No.6849 and we'll help you with your luggage immediately.

如果您要退房，请致电 6849，我们将马上帮您运送行李。

May I know your room number？ / What's your room number，please？

您能告诉我您的房间号吗？

May I have a look at your room card？

我可以看一下您的房卡吗？

Do you mind if I put your luggage here？

我把您的行李放在这里好吗？

Please sign your name here.

请您在这里签名。

Would you like me to call a taxi for you？ / Would you want a taxi？

你需要我为你叫一辆出租车吗？ / 需要出租车吗？

About 20 minutes by taxi from here to Airport.

从这里到机场大概需要 20 分钟。

I'm sorry to have kept you waiting ./Sorry to have kept you waiting.

对不起让您久等了。

Would you tell me your phone number？

您能告诉我您的电话号码吗？

After you，please./ You first，please.

你先请。

This way，please.

这边请。

Is there anything else I can do for you？

您还有什么事要我做吗？

I see what your mean.

我了解您的意思。

I'll send the luggage up by another lift.

我乘另一部电梯把行李送上去。

Here we are，sir，room 1101.

先生，1101 房到了。

三、常用单词

礼宾部 Concierge
行李员 Bell man / Bell boy
门童 Doorman
行李 Luggage / Baggage
行李架 Luggage rack
行李存放处 Luggage Depository
行李车 Baggage trolley
司机 Driver
导游 Tour guide
电梯 Elevator
洗手间 Toilet
机场 Airport
火车站 Railway station
商场 Shopping center
超市 Super market
小费 Tip
雨伞 Umbrella
接机服务 Pick-up service / Limousine service
行李寄存 Check baggage
叫早服务 Morning call
贵重物品 Valuables
易碎物品 Fragile objects
自助早餐 Buffet breakfast
往前直走 Straight on
五星级酒店 Five-star hotel
前厅部 Front office department
总台 Reception / Front desk
总机 Operator / Service center
商务中心 Business center
票务 Ticket service
游泳池 Swimming pool
西餐厅 Western restaurant
中餐厅 Chinese restaurant
大堂吧 Lobby lounge/医务室 Clinic Room
桑拿 Sauna/按摩 Massage /美容厅 Beauty salon
宝龙会 Powerlong Club
多功能厅 / 会议室 Powerlong Multi-Function Hall / Meeting room
停车场 Parking lot
总经理 General manager / 经理 Manager
大堂经理 Assistant manager（AM）
宾客关系主任 Guest relation officer（GRO）
主管 Director / 领班 Supervisor
楼层服务员 Room boy / Room waiter
总台接待 Receptionist/维修人员 Repairman
换钱 change money
明信片 postcard
洗衣袋 Laundry bag
小心轻放 Handle with Care
请勿倒立 Keep Top Side Up

四、常用英语情景对话

1. 客人在门口时

A car pulls up in front of Kingward International Hotel and a doorman goes forward to meet the Mr Steven, opening the door of the car for them.

汽车停在了庆华国际大酒店门口，门童上前为 Steven 先生开车门。

场景一：

Doorman [D]：Good evening，sir and madam.Welcome to our hotel.

门童 [D]：晚上好。欢迎光临！

Mr Steven [S]：Good evening.

Steven 先生 [S]：晚上好。

D：Excuse me，sir. So you have got altogether four pieces of luggage?

D：对不起先生，您一共带了 4 件行李是吗？

S：Yes.

S：是的。

D：Ok.Leave it to me，sir. I'll take care of your luggage.

D：好的，让我帮您拿吧，我会照看好行李的。

S：Thank you.

S：谢谢。

D：Not at all. The Reception Desk is straight ahead.This way，please.

D：不客气先生。总台就在前面，这边请。

场景二：

Bellboy [B]：Is this everything，sir?

B：这是全部的行李吗，先生？

Mr Steven [S]：Yes，that's everything.

S：是的。

B：Ok，May I have a look at your room card?

B：能不能让我看下您的房卡？

S：Oh，yes.is 1101.

S：噢，好的。我住 1101 房。

B：I see.Now please follow me.I'll show you to your room.

B：好的。现在我带您去您的房间。

S：Where is the Western restaurant?

S：西餐厅在哪呢？

B：Oh，it's on the First floor. Get out the lift and turn right，sir.

B：在一楼，先生。出电梯右转就到了。

S：When will it open?

S：什么时候开呢？

B：The service time is 6：30am. To 10：00am..

B：营业时间是早上 6 点半到 10 点。

S：OK。

S：好。

B：Here we are，sir. Room 1101.Let me help you to open the door.

B：我们到了先生，1101 房。让我帮您开门吧。

[门开后]

B：You first，sir. Do you mind if I put your luggage at here?

B：您先请先生，我把您的行李放在这里好吗？

S：It's OK，Thank you many much.

S：好的，非常感谢。

B：That's my job. How do you like this room?

B：这是我们工作。房间如何呢先生？

S：It's very cozy.I like it very much。

S：非常舒适，我很喜欢。

B：Right，is there anything else I can do for you?

B：还有其他需要吗？

S：No，Thank you.

S：没有了，谢谢。

B：OK，Good night.

B：不客气，晚安。

2. 客人寄存行李

Mr Steven [S]：I want to check my luggage.

S：我想要寄存我的行李。

Bellman [B]：Certainly，sir. You can check luggage here. Please go through the formalities.

B：当然可以，先生。你可以把行李寄存在这里。请您办一下寄存手续。

S：No problem.

S：没问题。

B：May I know your room number?

B：您是几号房的？

S：My room number is 1101.

S：1101。

B：When will you take them back? Sir.

B：您什么时候来取呢？先生。

S：About 30 minutes later.

S：大约半小时以后。

B：OK，please sign your name here.

B：好的，请在这里签个名。

B：Keep the luggage check card，and for drawing，please show the second half of this card.

B：请保存好行李寄存卡，当您来取回行李时，请出示这张卡的下半联。

S：OK，thank you very much. Bye bye.

S：好的，谢谢，再见。

B：See you. Sir.

B：再见。

3. 客人要出租车

Doorman [D]：Would you like me to call a taxi for you?

D：需要一辆的士吗？

Mr Steven [S]：Yes，thanks.

S：是的。

D：Where to？ Sir.

D：到哪里呢？先生。

S：To the airport，international line.

S：到机场，国际线。

D：OK，Just amoment，please.

D：好的，请稍等。

[的士叫来后]

D：Sorry to have kept you waiting，sir. Are there four pieces in all?

D：不好意思让您久等了，先生。您一共是4件行李对吗？

S：Yes.

S：是的。

D：Let me take them to the trunk.

D：让我把他们放到后备厢吧。

S：OK，thank you very much.

S：非常感谢。

D：You are welcome. Sir. Hope to see you again. Wish you good luck.

D：不客气先生，希望能再次见到您。祝你好运。

五、酒店总机常用服务英语

Operator 总机

1. Transfer the call 转接电话

（1）If you need outside call，please dial "9" first，and then the number. 要打外线的话，请先拨"9"，然后拨电话号码。

（2）One moment，please. 请稍等。

(3) Would you like to wait? 您愿意等会儿吗?

(4) I'll switch you to room 1501. 我给您转到 1501 房。

(5) The line is busy, would you mind calling back later? 电话占线，您待会再打来好吗?

(6) I'll transfer your call, you hold the line, please. 我给您转，请别挂机。

(7) I'll connect you to Mr. Smith's room straight away. 我会把您的电话直接接到史密斯先生房间。

(8) Just a moment, sir. I'll put you through. 稍等会，我替您接过去。

(9) You're through / The line is free. 线通了。

(10) May I tell him who is calling? 能告诉我谁打的电话给他吗?

(11) I'm afraid I cannot transfer calls from the house phone. Could you dial the number directly, please. 我恐怕我不能直接转房间之间的电话，请直接拨。

(12) Mr. Smith, someone wants to speak to you. 史密斯先生，有人打电话给您。

(13) Would you like me to place the call for you? 您想接这个电话吗?

2. Take a message 留言

(1) I'm sorry, sir. Mr. Smith is not in, would you like to take a message to him? 对不起，先生，史密斯先生不在，您需要留口信吗?

(2) Shall I ask him to return your call? 我要请他回您电话吗?

(3) I'm afraid we can only take simple messages. 抱歉，我们只能转达简短的口信。

(4) I will convey your message. 我会转达您的口信。

(5) The line is busy. (engaged) 电话占线。

(6) May I know who is calling? 我能知道是谁的电话吗?

(7) OK, go ahead, please. 请说。

(8) Is that the complete message? 您的口信说完了吗?

(9) OK, Let me repeat your message…Is it right? 好的，让我重复一下您的口信……对吗?

(10) We must take the message to him when he come back, please don't worry about this. 请别担心，他回来后我们一定会把口信留给他。

3. Morning (wake-up) call 叫早服务

(1) At what time? 什么时候?

(2) Could you tell me your room number? 您能告诉我房间号码吗?

(3) For all your group members' rooms at 7:00 am? 所有团队客人的房间都在早上 7:00 叫早吗?

(4) Wake-up service for what time and room number is? 什么时间，房号是多少呢?

(5) OK, we'll wake you up at… have a good sleep. 好吧，我们在……点叫早，睡个好觉。

六、商务中心英语 30 句

（1）欢迎光临，请问有什么可以为您效劳的吗？Welcome to our hotel. Is there anything I can do for you?

（2）好的，先生，您准备复印几张？Yes，sir. How many pages are you want to copy?

（3）我们发出传真后，会把您的原稿送到您的房间去的。We'll send your master copy to your room after we have faxed that.

（4）发传真费用是：一张 7 元钱，另收电话费。Fax rate are：one paper seven yuan，add telephone charges.

（5）您要订票的话我们可以帮您联系礼宾部，他们会帮您订的。If you want to book tickets，we can call concierge，they will help you.

（6）请告诉我您的传真号码，先生？Can you give me your fax number，please，sir?

（7）请稍等一下。Just a moment，please.

（8）对不起，请再说一遍好吗？I beg your pardon?(or Pardon?)

（9）对不起，让您久等了。Sorry make you waitting too long.

（10）请您写下传真的草稿好吗？Could you draft the fax，please?

（11）请您写下来好吗？Could you write it down，please?

（12）请问传真发到哪里？Where to please?

（13）我可以问一下您的房间号码吗？May I have your room number，please?

（14）对不起，现在占线。I'm sorry，the line is busy now.

（15）对不起，我们的传真机坏了。I'm sorry，our fax machine doesn't work.

（16）我为此道歉。I apologize for this.

（17）我们商务中心提供上网服务，费用是每小时 20 元。We have internet services in the business center. It costs 20 Yuan for one hour.

（18）对不起，先生。恐怕您的号码是错误的。您能核对一下或者再给我一个号码吗？Excuse me，sir. I wonder if the number is wrong. Would you please check the number again or give me another one?

（19）纸已经放进复印机里了，但复印机需要预热，恐怕您要稍等一下。The paper in the copier and it has to take a while to warm up. I'm afraid you have to wait a moment.

（20）请问您是付现金还是挂房账？Which payment do you want? cash or put in your room.

（21）请您在这儿签字。Could you sign here，please?

（22）您准备签字挂账吗？Would you like to sign for that?

（23）这是你的账单，您核对一下吗？Here is your bill. Would you like to check it?

（24）恐怕对方收到传真后字迹不是很清楚，您介意我再发一遍吗？I'm afraid the fax not clear. Would you like send it again?

(25) 对不起，我无法接通，房间里没人。I'm sorry sir, I can't get through. There's nobody in the room.

(26) 很高兴能为您服务。My pleasure. (or with pleasure)

(27) 别客气，不用谢。You are welcome./ Not at all./ Don't mention it.

(28) 请别遗忘您的东西。Please don't leave anything behind.

(29) 希望您入住愉快。Hope you will enjoy your stay here.

(30) 谢谢光临。Thank you for staying with us.

图书在版编目（CIP）数据

前厅服务实务/平文英，翟玮主编. —北京：经济管理出版社，2014.3
ISBN 978-7-5096-3281-9

Ⅰ.①前… Ⅱ.①平… ②翟… Ⅲ.①饭店—商业服务—中等专业学校—教材 Ⅳ.①F719.2

中国版本图书馆 CIP 数据核字（2014）第 174703 号

组稿编辑：魏晨红
责任编辑：魏晨红　周晓东
责任印制：黄章平
责任校对：超　凡

出版发行：经济管理出版社
（北京市海淀区北蜂窝 8 号中雅大厦 A 座 11 层　100038）
网　　址：www. E-mp. com. cn
电　　话：（010）51915602
印　　刷：三河市延风印装厂
经　　销：新华书店
开　　本：889mm×1194mm/16
印　　张：16.25
字　　数：448 千字
版　　次：2014 年 3 月第 1 版　2014 年 10 月第 2 次印刷
书　　号：ISBN 978-7-5096-3281-9
定　　价：39.00 元